CHECO

VOCABULÁRIO

PALAVRAS MAIS ÚTEIS

PORTUGUÊS
CHECO

Para alargar o seu léxico e apurar
as suas competências linguísticas

9000 palavras

Vocabulário Português-Checo - 9000 palavras
Por Andrey Taranov

Os vocabulários da T&P Books destinam-se a ajudar a aprender, a memorizar, e a rever palavras estrangeiras. O dicionário é dividido em temas, cobrindo todas as principais esferas de atividades quotidianas, negócios, ciência, cultura, etc.

O processo de aprendizagem, utilizando os dicionários baseados em temáticas da T&P Books dá-lhe as seguintes vantagens:

- Informação de origem corretamente agrupada predetermina o sucesso em fases subsequentes da memorização de palavras
- Disponibilização de palavras derivadas da mesma raiz, o que permite a memorização de unidades de texto (em vez de palavras separadas)
- Pequenas unidades de palavras facilitam o processo de estabelecimento de vínculos associativos necessários para a consolidação do vocabulário
- O nível de conhecimento da língua pode ser estimado pelo número de palavras aprendidas

T&P Books Publishing
www.tpbooks.com

ISBN: 978-1-78400-870-3

Este livro também está disponível em formato E-book.
Por favor visite www.tpbooks.com ou as principais livrarias on-line.

VOCABULÁRIO CHECO
palavras mais úteis

Os vocabulários da T&P Books destinam-se a ajudar a aprender, a memorizar, e a rever palavras estrangeiras. O vocabulário contém mais de 9000 palavras de uso comum organizadas tematicamente.

O vocabulário contém as palavras mais comummente usadas
Recomendado como adicional para qualquer curso de línguas
Satisfaz as necessidades dos iniciados e dos alunos avançados de línguas estrangeiras
Conveniente para o uso diário, sessões de revisão e atividades de auto-teste
Permite avaliar o seu vocabulário

Características especias do vocabulário

- As palavras estão organizadas de acordo com o seu significado, e não por ordem alfabética
- As palavras são apresentadas em três colunas para facilitar os processos de revisão e auto-teste
- As palavras compostas são divididas em pequenos blocos para facilitar o processo de aprendizagem
- O vocabulário oferece uma transcrição simples e adequada de cada palavra estrangeira

O vocabulário contém 256 tópicos incluindo:

Conceitos básicos, Números, Cores, Meses, Estações do ano, Unidades de medida, Roupas & Acessórios, Alimentos & Nutrição, Restaurante, Membros da Família, Parentes, Caráter, Sentimentos, Emoções, Doenças, Cidade, Passeios, Compras, Dinheiro, Casa, Lar, Escritório, Trabalho no Escritório, Importação & Exportação, Marketing, Pesquisa de Emprego, Desportos, Educação, Computador, Internet, Ferramentas, Natureza, Países, Nacionalidades e muito mais ...

TABELA DE CONTEÚDOS

Guia de pronunciação 11
Abreviaturas 12

CONCEITOS BÁSICOS 13
Conceitos básicos. Parte 1 13

1. Pronomes 13
2. Cumprimentos. Saudações. Despedidas 13
3. Como se dirigir a alguém 14
4. Números cardinais. Parte 1 14
5. Números cardinais. Parte 2 15
6. Números ordinais 16
7. Números. Frações 16
8. Números. Operações básicas 16
9. Números. Diversos 16
10. Os verbos mais importantes. Parte 1 17
11. Os verbos mais importantes. Parte 2 18
12. Os verbos mais importantes. Parte 3 19
13. Os verbos mais importantes. Parte 4 20
14. Cores 20
15. Questões 21
16. Preposições 22
17. Palavras funcionais. Advérbios. Parte 1 22
18. Palavras funcionais. Advérbios. Parte 2 24

Conceitos básicos. Parte 2 25

19. Opostos 25
20. Dias da semana 27
21. Horas. Dia e noite 27
22. Meses. Estações 28
23. Tempo. Diversos 29
24. Linhas e formas 30
25. Unidades de medida 31
26. Recipientes 32
27. Materiais 33
28. Metais 34

O SER HUMANO 35
O ser humano. O corpo 35

29. Humanos. Conceitos básicos 35
30. Anatomia humana 35

31. Cabeça   36
32. Corpo humano   37

Vestuário & Acessórios   38

33. Roupa exterior. Casacos   38
34. Vestuário de homem & mulher   38
35. Vestuário. Roupa interior   39
36. Adereços de cabeça   39
37. Calçado   39
38. Têxtil. Tecidos   40
39. Acessórios pessoais   40
40. Vestuário. Diversos   41
41. Cuidados pessoais. Cosméticos   41
42. Joalheria   42
43. Relógios de pulso. Relógios   43

Alimentação. Nutrição   44

44. Comida   44
45. Bebidas   45
46. Vegetais   46
47. Frutos. Nozes   47
48. Pão. Bolaria   48
49. Pratos cozinhados   48
50. Especiarias   49
51. Refeições   50
52. Por a mesa   50
53. Restaurante   51

Família, parentes e amigos   52

54. Informação pessoal. Formulários   52
55. Membros da família. Parentes   52
56. Amigos. Colegas de trabalho   53
57. Homem. Mulher   54
58. Idade   54
59. Crianças   55
60. Casais. Vida de família   55

Caráter. Sentimentos. Emoções   57

61. Sentimentos. Emoções   57
62. Caráter. Personalidade   58
63. O sono. Sonhos   59
64. Humor. Riso. Alegria   60
65. Discussão, conversação. Parte 1   60
66. Discussão, conversação. Parte 2   61
67. Discussão, conversação. Parte 3   63
68. Acordo. Recusa   63
69. Sucesso. Boa sorte. Insucesso   64
70. Conflitos. Emoções negativas   64

Medicina   67

71.   Doenças   67
72.   Sintomas. Tratamentos. Parte 1   68
73.   Sintomas. Tratamentos. Parte 2   69
74.   Sintomas. Tratamentos. Parte 3   70
75.   Médicos   71
76.   Medicina. Drogas. Acessórios   71
77.   Fumar. Produtos tabágicos   72

HABITAT HUMANO   73
Cidade   73

78.   Cidade. Vida na cidade   73
79.   Instituições urbanas   74
80.   Sinais   75
81.   Transportes urbanos   76
82.   Turismo   77
83.   Compras   78
84.   Dinheiro   79
85.   Correios. Serviço postal   80

Moradia. Casa. Lar   81

86.   Casa. Habitação   81
87.   Casa. Entrada. Elevador   82
88.   Casa. Eletricidade   82
89.   Casa. Portas. Fechaduras   82
90.   Casa de campo   83
91.   Moradia. Mansão   83
92.   Castelo. Palácio   84
93.   Apartamento   84
94.   Apartamento. Limpeza   85
95.   Mobiliário. Interior   85
96.   Quarto de dormir   86
97.   Cozinha   86
98.   Casa de banho   87
99.   Eletrodomésticos   88
100. Reparações. Renovação   88
101. Canalizações   89
102. Fogo. Deflagração   89

ATIVIDADES HUMANAS   91
Emprego. Negócios. Parte 1   91

103. Escritório. O trabalho no escritório 91
104. Processos negociais. Parte 1   92
105. Processos negociais. Parte 2   93
106. Produção. Trabalhos   94
107. Contrato. Acordo   95
108. Importação & Exportação   96

109.	Finanças	96
110.	Marketing	97
111.	Publicidade	97
112.	Banca	98
113.	Telefone. Conversação telefónica	99
114.	Telefone móvel	99
115.	Estacionário	100
116.	Vários tipos de documentos	100
117.	Tipos de negócios	101

Emprego. Negócios. Parte 2 — **104**

118.	Espetáculo. Feira	104
119.	Media	105
120.	Agricultura	106
121.	Construção. Processo de construção	107
122.	Ciência. Investigação. Cientistas	108

Profissões e ocupações — **109**

123.	Procura de emprego. Demissão	109
124.	Gente de negócios	109
125.	Profissões de serviços	110
126.	Profissões militares e postos	111
127.	Oficiais. Padres	112
128.	Profissões agrícolas	112
129.	Profissões artísticas	113
130.	Várias profissões	113
131.	Ocupações. Estatuto social	115

Desportos — **116**

132.	Tipos de desportos. Desportistas	116
133.	Tipos de desportos. Diversos	117
134.	Ginásio	117
135.	Hóquei	118
136.	Futebol	118
137.	Esqui alpino	120
138.	Ténis. Golfe	120
139.	Xadrez	121
140.	Boxe	121
141.	Desportos. Diversos	122

Educação — **124**

142.	Escola	124
143.	Colégio. Universidade	125
144.	Ciências. Disciplinas	126
145.	Sistema de escrita. Ortografia	126
146.	Línguas estrangeiras	127

147. Personagens de contos de fadas   128
148. Signos do Zodíaco   129

Artes   130

149. Teatro   130
150. Cinema   131
151. Pintura   132
152. Literatura & Poesia   133
153. Circo   133
154. Música. Música popular   134

Descanso. Entretenimento. Viagens   136

155. Viagens   136
156. Hotel   136
157. Livros. Leitura   137
158. Caça. Pesca   139
159. Jogos. Bilhar   139
160. Jogos. Jogar cartas   140
161. Casino. Roleta   140
162. Descanso. Jogos. Diversos   141
163. Fotografia   141
164. Praia. Natação   142

EQUIPAMENTO TÉCNICO. TRANSPORTES   144
Equipamento técnico. Transportes   144

165. Computador   144
166. Internet. E-mail   145
167. Eletricidade   146
168. Ferramentas   146

Transportes   149

169. Avião   149
170. Comboio   150
171. Barco   151
172. Aeroporto   152
173. Bicicleta. Motocicleta   153

Carros   154

174. Tipos de carros   154
175. Carros. Carroçaria   154
176. Carros. Habitáculo   155
177. Carros. Motor   156
178. Carros. Batidas. Reparação   157
179. Carros. Estrada   158
180. Sinais de trânsito   159

PESSOAS. EVENTOS 160
Eventos 160

181. Férias. Evento 160
182. Funerais. Enterro 161
183. Guerra. Soldados 161
184. Guerra. Ações militares. Parte 1 162
185. Guerra. Ações militares. Parte 2 164
186. Armas 165
187. Povos da antiguidade 167
188. Idade média 167
189. Líder. Chefe. Autoridades 169
190. Estrada. Caminho. Direções 170
191. Viloação da lei. Criminosos. Parte 1 171
192. Viloação da lei. Criminosos. Parte 2 172
193. Polícia. Lei. Parte 1 173
194. Polícia. Lei. Parte 2 174

NATUREZA 176
A Terra. Parte 1 176

195. Espaço sideral 176
196. A Terra 177
197. Pontos cardeais 178
198. Mar. Oceano 178
199. Nomes de Mares e Oceanos 179
200. Montanhas 180
201. Nomes de montanhas 181
202. Rios 181
203. Nomes de rios 182
204. Floresta 182
205. Recursos naturais 183

A Terra. Parte 2 185

206. Tempo 185
207. Tempo extremo. Catástrofes naturais 186
208. Ruídos. Sons 186
209. Inverno 187

Fauna 189

210. Mamíferos. Predadores 189
211. Animais selvagens 189
212. Animais domésticos 190
213. Cães. Raças de cães 191
214. Sons produzidos pelos animais 192
215. Animais jovens 192
216. Pássaros 193
217. Pássaros. Canto e sons 194
218. Peixes. Animais marinhos 194
219. Amfíbios. Répteis 195

220. Insetos   196
221. Animais. Partes do corpo   196
222. Ações dos animais   197
223. Animais. Habitats   197
224. Cuidados com os animais   198
225. Animais. Diversos   199
226. Cavalos   199

Flora   201

227. Árvores   201
228. Arbustos   201
229. Cogumelos   202
230. Frutos. Bagas   202
231. Flores. Plantas   203
232. Cereais, grãos   204
233. Vegetais. Verduras   205

GEOGRAFIA REGIONAL   206
Países. Nacionalidades   206

234. Europa Ocidental   206
235. Europa Central e de Leste   208
236. Países da ex-URSS   209
237. Asia   210
238. América do Norte   212
239. América Central do Sul   212
240. Africa   213
241. Austrália. Oceania   214
242. Cidades   214
243. Política. Governo. Parte 1   215
244. Política. Governo. Parte 2   217
245. Países. Diversos   218
246. Grupos religiosos mais importantes. Confissões   218
247. Religiões. Padres   220
248. Fé. Cristianismo. Islão   220

TEMAS DIVERSOS   223

249. Várias palavras úteis   223
250. Modificadores. Adjetivos. Parte 1   224
251. Modificadores. Adjetivos. Parte 2   226

500 VERBOS PRINCIPAIS   229

252. Verbos A-B   229
253. Verbos C-D   230
254. Verbos E-J   233
255. Verbos L-P   235
256. Verbos Q-Z   237

GUIA DE PRONUNCIAÇÃO

Alfabeto fonético T&P	Exemplo Checo	Exemplo Português
[a]	lavina [lavɪna]	chamar
[aː]	banán [banaːn]	rapaz
[e]	beseda [bɛsɛda]	metal
[ɛː]	chléb [xlɛːp]	plateia
[ɪ]	Bible [bɪblɛ]	sinónimo
[iː]	chudý [xudiː]	cair
[o]	epocha [ɛpoxa]	lobo
[oː]	diagnóza [dɪagnoːza]	albatroz
[u]	dokument [dokumɛnt]	bonita
[uː]	chůva [xuːva]	blusa
[b]	babička [babɪʧka]	barril
[ts]	celnice [ʦɛlnɪʦɛ]	tsé-tsé
[ʧ]	vlčák [vlʧaːk]	Tchau!
[x]	archeologie [arxɛologɪe]	fricativa uvular surda
[d]	delfín [dɛlfiːn]	dentista
[dʲ]	Holanďan [holandʲan]	adiar
[f]	atmosféra [atmosfɛːra]	safári
[g]	galaxie [galaksɪe]	gosto
[h]	knihovna [knɪhovna]	[h] aspirada
[j]	jídlo [jiːdlo]	géiser
[k]	zaplakat [zaplakat]	kiwi
[l]	chlapec [xlapɛts]	libra
[m]	modelář [modɛlaːrʃ]	magnólia
[n]	imunita [ɪmunɪta]	natureza
[nʲ]	báseň [baːsɛnʲ]	ninhada
[ŋk]	vstupenka [vstupɛŋka]	alavanca
[p]	poločas [poloʧas]	presente
[r]	senátor [sɛnaːtor]	riscar
[rʒ], [rʃ]	bouřka [bourʃka]	voz
[s]	svoboda [svoboda]	sanita
[ʃ]	šiška [ʃɪʃka]	mês
[t]	turista [turɪsta]	tulipa
[tʲ]	poušť [pouʃtʲ]	sitiar
[v]	veverka [vɛvɛrka]	fava
[z]	zapomínat [zapomiːnat]	sésamo
[ʒ]	ložisko [loʒɪsko]	talvez

ABREVIATURAS
usadas no vocabulário

Abreviaturas do Português

adj	-	adjetivo
adv	-	advérbio
anim.	-	animado
conj.	-	conjunção
desp.	-	desporto
etc.	-	etecetra
ex.	-	por exemplo
f	-	nome feminino
f pl	-	feminino plural
fem.	-	feminino
inanim.	-	inanimado
m	-	nome masculino
m pl	-	masculino plural
m, f	-	masculino, feminino
masc.	-	masculino
mat.	-	matemática
mil.	-	militar
pl	-	plural
prep.	-	preposição
pron.	-	pronome
sb.	-	sobre
sing.	-	singular
v aux	-	verbo auxiliar
vi	-	verbo intransitivo
vi, vt	-	verbo intransitivo, transitivo
vr	-	verbo reflexivo
vt	-	verbo transitivo

Abreviaturas do Checo

ž	-	nome feminino
ž mn	-	feminino plural
m	-	nome masculino
m mn	-	masculino plural
m, ž	-	masculino, feminino
mn	-	plural
s	-	neutro
s mn	-	neutro plural

CONCEITOS BÁSICOS

Conceitos básicos. Parte 1

1. Pronomes

eu	já	[ja:]
tu	ty	[tɪ]
ele	on	[on]
ela	ona	[ona]
nós	my	[mɪ]
vocês	vy	[vɪ]
eles, elas (inanim.)	ony	[onɪ]
eles, elas (anim.)	oni	[onɪ]

2. Cumprimentos. Saudações. Despedidas

Olá!	**Dobrý den!**	[dobri: dɛn]
Bom dia! (formal)	**Dobrý den!**	[dobri: dɛn]
Bom dia! (de manhã)	**Dobré jitro!**	[dobrɛ: jɪtro]
Boa tarde!	**Dobrý den!**	[dobri: dɛn]
Boa noite!	**Dobrý večer!**	[dobri: vɛtʃɛr]
cumprimentar (vt)	**zdravit**	[zdravɪt]
Olá!	**Ahoj!**	[ahoj]
saudação (f)	**pozdrav** (m)	[pozdraf]
saudar (vt)	**zdravit**	[zdravɪt]
Como vai?	**Jak se máte?**	[jak sɛ ma:tɛ]
O que há de novo?	**Co je nového?**	[tso jɛ novɛ:ho]
Até à vista!	**Na shledanou!**	[na sxlɛdanou]
Até breve!	**Brzy na shledanou!**	[brzɪ na sxlɛdanou]
Adeus!	**Sbohem!**	[zbohɛm]
despedir-se (vr)	**loučit se**	[loutʃɪt sɛ]
Até logo!	**Ahoj!**	[ahoj]
Obrigado! -a!	**Děkuji!**	[dekujɪ]
Muito obrigado! -a!	**Děkuji mnohokrát!**	[dekujɪ mnohokra:t]
De nada	**Prosím**	[prosi:m]
Não tem de quê	**Nemoci se dočkat**	[nɛmotsɪ sɛ dotʃkat]
De nada	**Není zač**	[nɛni: zatʃ]
Desculpa!	**Promiň!**	[promɪnʲ]
Desculpe!	**Promiňte!**	[promɪnʲtɛ]
desculpar (vt)	**omlouvat**	[omlouvat]

desculpar-se (vr)	omlouvat se	[omlouvat sɛ]
As minhas desculpas	Má soustrast	[ma: soustrast]
Desculpe!	Promiňte!	[promɪnʲtɛ]
perdoar (vt)	omlouvat	[omlouvat]
por favor	prosím	[prosi:m]

Não se esqueça!	Nezapomeňte!	[nɛzapomɛnʲtɛ]
Certamente! Claro!	Jistě!	[jɪste]
Claro que não!	Rozhodně ne!	[rozhodne nɛ]
Está bem! De acordo!	Souhlasím!	[souhlasi:m]
Basta!	Dost!	[dost]

3. Como se dirigir a alguém

senhor	Pane	[panɛ]
senhora	Paní	[pani:]
rapariga	Slečno	[slɛʧno]
rapaz	Mladý muži	[mladi: muʒɪ]
menino	Chlapče	[xlapʧɛ]
menina	Děvče	[devʧɛ]

4. Números cardinais. Parte 1

zero	nula (ž)	[nula]
um	jeden	[jɛdɛn]
dois	dva	[dva]
três	tři	[trʃɪ]
quatro	čtyři	[ʧtɪrʒɪ]

cinco	pět	[pet]
seis	šest	[ʃɛst]
sete	sedm	[sɛdm]
oito	osm	[osm]
nove	devět	[dɛvet]

dez	deset	[dɛsɛt]
onze	jedenáct	[jɛdɛna:tst]
doze	dvanáct	[dvana:tst]
treze	třináct	[trʃɪna:tst]
catorze	čtrnáct	[ʧtrna:tst]

quinze	patnáct	[patna:tst]
dezasseis	šestnáct	[ʃɛstna:tst]
dezassete	sedmnáct	[sɛdmna:tst]
dezoito	osmnáct	[osmna:tst]
dezanove	devatenáct	[dɛvatɛna:tst]

vinte	dvacet	[dvatsɛt]
vinte e um	dvacet jeden	[dvatsɛt jɛdɛn]
vinte e dois	dvacet dva	[dvatsɛt dva]
vinte e três	dvacet tři	[dvatsɛt trʃɪ]
trinta	třicet	[trʃɪtsɛt]

trinta e um	třicet jeden	[trʃɪtsɛt jɛdɛn]
trinta e dois	třicet dva	[trʃɪtsɛt dva]
trinta e três	třicet tři	[trʃɪtsɛt trʃɪ]

quarenta	čtyřicet	[ʧtɪrʒɪtsɛt]
quarenta e um	čtyřicet jeden	[ʧtɪrʒɪtsɛt jɛdɛn]
quarenta e dois	čtyřicet dva	[ʧtɪrʒɪtsɛt dva]
quarenta e três	čtyřicet tři	[ʧtɪrʒɪtsɛt trʃɪ]

cinquenta	padesát	[padesa:t]
cinquenta e um	padesát jeden	[padesa:t jɛdɛn]
cinquenta e dois	padesát dva	[padesa:t dva]
cinquenta e três	padesát tři	[padesa:t trʃɪ]

sessenta	šedesát	[ʃɛdɛsa:t]
sessenta e um	šedesát jeden	[ʃɛdɛsa:t jɛdɛn]
sessenta e dois	šedesát dva	[ʃɛdɛsa:t dva]
sessenta e três	šedesát tři	[ʃɛdɛsa:t trʃɪ]

setenta	sedmdesát	[sɛdmdɛsa:t
setenta e um	sedmdesát jeden	[sɛdmdɛsa:t jɛdɛn]
setenta e dois	sedmdesát dva	[sɛdmdɛsa:t dva]
setenta e três	sedmdesát tři	[sɛdmdɛsa:t trʃɪ]

oitenta	osmdesát	[osmdɛsa:t
oitenta e um	osmdesát jeden	[osmdɛsa:t jɛdɛn]
oitenta e dois	osmdesát dva	[osmdɛsa:t dva]
oitenta e três	osmdesát tři	[osmdɛsa:t trʃɪ]

noventa	devadesát	[dɛvadɛsa:t
noventa e um	devadesát jeden	[dɛvadɛsa:t jɛdɛn]
noventa e dois	devadesát dva	[dɛvadɛsa:t dva]
noventa e três	devadesát tři	[dɛvadɛsa:t trʃɪ]

5. Números cardinais. Parte 2

cem	sto	[sto]
duzentos	dvě stě	[dve ste]
trezentos	tři sta	[trʃɪ sta]
quatrocentos	čtyři sta	[ʧtɪrʒɪ sta]
quinhentos	pět set	[pet sɛt]

seiscentos	šest set	[ʃɛst sɛt]
setecentos	sedm set	[sɛdm sɛt]
oitocentos	osm set	[osm sɛt]
novecentos	devět set	[dɛvet sɛt]

mil	tisíc (m)	[tɪsi:ʦ]
dois mil	dva tisíce	[dva tɪsi:ʦɛ]
De quem são ...?	tři tisíce	[trʃɪ tɪsi:ʦɛ]
dez mil	deset tisíc	[dɛsɛt tɪsi:ʦ]
cem mil	sto tisíc	[sto tɪsi:ʦ]
um milhão	milión (m)	[mɪlɪo:n]
mil milhões	miliarda (ž)	[mɪlɪarda]

6. Números ordinais

primeiro	první	[prvni:]
segundo	druhý	[druhi:]
terceiro	třetí	[trʃɛti:]
quarto	čtvrtý	[ʧtvrti:]
quinto	pátý	[pa:ti:]

sexto	šestý	[ʃɛsti:]
sétimo	sedmý	[sɛdmi:]
oitavo	osmý	[osmi:]
nono	devátý	[dɛva:ti:]
décimo	desátý	[dɛsa:ti:]

7. Números. Frações

fração (f)	zlomek (m)	[zlomɛk]
um meio	polovina (ž)	[polovɪna]
um terço	třetina (ž)	[trʃɛtɪna]
um quarto	čtvrtina (ž)	[ʧtvrtɪna]

um oitavo	osmina (ž)	[osmɪna]
um décimo	desetina (ž)	[dɛsɛtɪna]
dois terços	dvě třetiny (ž)	[dve trʃɛtɪnɪ]
três quartos	tři čtvrtiny (ž)	[trʃɪ ʧtvrtɪnɪ]

8. Números. Operações básicas

subtração (f)	odčítání (s)	[odʧi:ta:ni:]
subtrair (vi, vt)	odčítat	[odʧi:tat]
divisão (f)	dělení (s)	[delɛni;]
dividir (vt)	dělit	[delɪt]

adição (f)	sčítání (s)	[stʃi:ta:ni:]
somar (vt)	sečíst	[sɛʧi:st]
adicionar (vt)	přidávat	[prʃɪda:vat]
multiplicação (f)	násobení (s)	[na:sobɛni:]
multiplicar (vt)	násobit	[na:sobɪt]

9. Números. Diversos

algarismo, dígito (m)	číslice (ž)	[ʧi:slɪtsɛ]
número (m)	číslo (s)	[ʧi:slo]
numeral (m)	číslovka (ž)	[ʧi:slofka]
menos (m)	minus (m)	[mi:nus]
mais (m)	plus (m)	[plus]
fórmula (f)	vzorec (m)	[vzorɛts]
cálculo (m)	vypočítávání (s)	[vɪpoʧi:ta:va:ni:]
contar (vt)	počítat	[poʧi:tat]

| calcular (vt) | vypočítávat | [vɪpotʃiːtaːvat] |
| comparar (vt) | srovnávat | [srovnaːvat] |

Quanto, -os, -as?	Kolik?	[kolɪk]
soma (f)	součet (m)	[soutʃɛt]
resultado (m)	výsledek (m)	[viːslɛdɛk]
resto (m)	zůstatek (m)	[zuːstatɛk]

alguns, algumas ...	několik	[nekolɪk]
um pouco de ...	málo	[maːlo]
resto (m)	zbytek (m)	[zbɪtɛk]
um e meio	půl druhého	[puːl druhɛːho]
dúzia (f)	tucet (m)	[tutsɛt]

ao meio	napolovic	[napolovɪts]
em partes iguais	stejně	[stɛjne]
metade (f)	polovina (ž)	[polovɪna]
vez (f)	krát	[kraːt]

10. Os verbos mais importantes. Parte 1

abrir (vt)	otvírat	[otviːrat]
acabar, terminar (vt)	končit	[kontʃɪt]
aconselhar (vt)	radit	[radɪt]
adivinhar (vt)	rozluštit	[rozluʃtɪt]
advertir (vt)	upozorňovat	[upozorɲovat]

ajudar (vt)	pomáhat	[pomaːhat]
almoçar (vi)	obědvat	[obedvat]
alugar (~ um apartamento)	pronajímat si	[pronajiːmat sɪ]
amar (vt)	milovat	[mɪlovat]
ameaçar (vt)	vyhrožovat	[vɪhroʒovat]

anotar (escrever)	zapisovat si	[zapɪsovat sɪ]
apressar-se (vr)	spěchat	[spexat]
arrepender-se (vr)	litovat	[lɪtovat]
assinar (vt)	podepisovat	[podɛpɪsovat]

atirar, disparar (vi)	střílet	[strʃiːlɛt]
brincar (vi)	žertovat	[ʒertovat]
brincar, jogar (crianças)	hrát	[hraːt]
buscar (vt)	hledat	[hlɛdat]
caçar (vi)	lovit	[lovɪt]

cair (vi)	padat	[padat]
cavar (vt)	rýt	[riːt]
cessar (vt)	zastavovat	[zastavovat]
chamar (~ por socorro)	volat	[volat]
chegar (vi)	přijíždět	[prʃɪjiːʒdet]
chorar (vi)	plakat	[plakat]

começar (vt)	začínat	[zatʃiːnat]
comparar (vt)	porovnávat	[porovnaːvat]
compreender (vt)	rozumět	[rozumnet]

| concordar (vi) | souhlasit | [souhlasɪt] |
| confiar (vt) | důvěřovat | [duːverʒovat] |

confundir (equivocar-se)	plést	[plɛːst]
conhecer (vt)	znát	[znaːt]
contar (fazer contas)	počítat	[potʃiːtat]
contar com (esperar)	spoléhat na ...	[spolɛːhat na]
continuar (vt)	pokračovat	[pokratʃovat]

controlar (vt)	kontrolovat	[kontrolovat]
convidar (vt)	zvát	[zvaːt]
correr (vi)	běžet	[beʒet]
criar (vt)	vytvořit	[vɪtvorʒɪt]
custar (vt)	stát	[staːt]

11. Os verbos mais importantes. Parte 2

dar (vt)	dávat	[daːvat]
dar uma dica	narážet	[naraːʒet]
decorar (enfeitar)	zdobit	[zdobɪt]
defender (vt)	bránit	[braːnɪt]
deixar cair (vt)	pouštět	[pouʃtet]

descer (para baixo)	jít dolů	[jiːt doluː]
desculpar-se (vr)	omlouvat se	[omlouvat sɛ]
dirigir (~ uma empresa)	řídit	[rʒiːdɪt]
discutir (notícias, etc.)	projednávat	[projɛdnaːvat]
dizer (vt)	říci	[rʒiːtsɪ]

duvidar (vt)	pochybovat	[poxɪbovat]
encontrar (achar)	nacházet	[naxaːzet]
enganar (vt)	podvádět	[podvaːdet]
entrar (na sala, etc.)	vcházet	[vxaːzet]
enviar (uma carta)	odesílat	[odɛsiːlat]

errar (equivocar-se)	mýlit se	[miːlɪt sɛ]
escolher (vt)	vybírat	[vɪbiːrat]
esconder (vt)	schovávat	[sxovaːvat]
escrever (vt)	psát	[psaːt]
esperar (o autocarro, etc.)	čekat	[tʃɛkat]

esperar (ter esperança)	doufat	[doufat]
esquecer (vt)	zapomínat	[zapomiːnat]
estudar (vt)	studovat	[studovat]
exigir (vt)	žádat	[ʒaːdat]
existir (vi)	existovat	[ɛgzɪstovat]

explicar (vt)	vysvětlovat	[vɪsvetlovat]
falar (vi)	mluvit	[mluvɪt]
faltar (clases, etc.)	zameškávat	[zameʃkaːvat]
fazer (vt)	dělat	[delat]
ficar em silêncio	mlčet	[mltʃet]
gabar-se, jactar-se (vr)	vychloubat se	[vɪxloubat sɛ]
gostar (apreciar)	líbit se	[liːbɪt sɛ]

gritar (vi)	křičet	[krʃɪtʃɛt]
guardar (cartas, etc.)	zachovávat	[zaxovaːvat]
informar (vt)	informovat	[ɪnformovat]
insistir (vi)	trvat	[trvat]
insultar (vt)	urážet	[uraːʒet]
interessar-se (vr)	zajímat se	[zajiːmat sɛ]
ir (a pé)	jít	[jiːt]
ir nadar	koupat se	[koupat sɛ]
jantar (vi)	večeřet	[vɛtʃɛrʒɛt]

12. Os verbos mais importantes. Parte 3

ler (vt)	číst	[tʃiːst]
libertar (cidade, etc.)	osvobozovat	[osvobozovat]
matar (vt)	zabíjet	[zabiːjɛt]
mencionar (vt)	zmiňovat se	[zmɪnʲovat sɛ]
mostrar (vt)	ukazovat	[ukazovat]
mudar (modificar)	změnit	[zmnenɪt]
nadar (vi)	plavat	[plavat]
negar-se a ...	odmítat	[odmiːtat]
objetar (vt)	namítat	[namiːtat]
observar (vt)	pozorovat	[pozorovat]
ordenar (mil.)	rozkazovat	[roskazovat]
ouvir (vt)	slyšet	[slɪʃet]
pagar (vt)	platit	[platɪt]
parar (vi)	zastavovat se	[zastavovat sɛ]
participar (vi)	zúčastnit se	[zuːtʃastnɪt sɛ]
pedir (comida)	objednávat	[objɛdnaːvat]
pedir (um favor, etc.)	prosit	[prosɪt]
pegar (tomar)	brát	[braːt]
pensar (vt)	myslit	[mɪslɪt]
perceber (ver)	všímat si	[vʃiːmat sɪ]
perdoar (vt)	odpouštět	[otpouʃtet]
perguntar (vt)	ptát se	[ptaːt sɛ]
permitir (vt)	dovolovat	[dovolovat]
pertencer a ...	patřit	[patrʃɪt]
planear (vt)	plánovat	[plaːnovat]
poder (vi)	moci	[motsɪ]
possuir (vt)	vlastnit	[vlastnɪt]
preferir (vt)	dávat přednost	[daːvat prʃɛdnost]
preparar (vt)	vařit	[varʒɪt]
prever (vt)	předvídat	[prʃɛdviːdat]
prometer (vt)	slibovat	[slɪbovat]
pronunciar (vt)	vyslovovat	[vɪslovovat]
propor (vt)	nabízet	[nabiːzet]
punir (castigar)	trestat	[trɛstat]

13. Os verbos mais importantes. Parte 4

queixar-se (vr)	stěžovat si	[steʒovat sɪ]
querer (desejar)	chtít	[xtiːt]
recomendar (vt)	doporučovat	[doporutʃovat]
repetir (dizer outra vez)	opakovat	[opakovat]
repreender (vt)	nadávat	[nadaːvat]
reservar (~ um quarto)	rezervovat	[rɛzɛrvovat]
responder (vt)	odpovídat	[otpoviːdat]
rezar, orar (vi)	modlit se	[modlɪt sɛ]
rir (vi)	smát se	[smaːt sɛ]
roubar (vt)	krást	[kraːst]
saber (vt)	vědět	[vedet]
sair (~ de casa)	vycházet	[vɪxaːzɛt]
salvar (vt)	zachraňovat	[zaxranʲovat]
seguir ...	následovat	[naːslɛdovat]
sentar-se (vr)	sednout si	[sɛdnouṭ sɪ]
ser necessário	být potřebný	[biːt potrʃɛbniː]
ser, estar	být	[biːt]
significar (vt)	znamenat	[znamɛnat]
sorrir (vi)	usmívat se	[usmiːvat sɛ]
subestimar (vt)	podceňovat	[podtsɛnʲovat]
surpreender-se (vr)	divit se	[dɪvɪt sɛ]
tentar (vt)	zkoušet	[skouʃɛt]
ter (vt)	mít	[miːt]
ter fome	mít hlad	[miːt hlat]
ter medo	bát se	[baːt sɛ]
ter sede	mít žízeň	[miːt ʒiːzɛnʲ]
tocar (com as mãos)	dotýkat se	[dotiːkat sɛ]
tomar o pequeno-almoço	snídat	[sniːdat]
trabalhar (vi)	pracovat	[pratsovat]
traduzir (vt)	překládat	[prʃɛklaːdat]
unir (vt)	sjednocovat	[sjɛdnotsovat]
vender (vt)	prodávat	[prodaːvat]
ver (vt)	vidět	[vɪdet]
virar (ex. ~ à direita)	zatáčet	[zataːtʃɛt]
voar (vi)	letět	[lɛtet]

14. Cores

cor (f)	barva (ž)	[barva]
matiz (m)	odstín (m)	[otstiːn]
tom (m)	tón (m)	[toːn]
arco-íris (m)	duha (ž)	[duha]
branco	bílý	[biːliː]
preto	černý	[tʃɛrniː]

cinzento	šedý	[ʃɛdi:]
verde	zelený	[zɛlɛni:]
amarelo	žlutý	[ʒluti:]
vermelho	červený	[ʧɛrvɛni:]

azul	modrý	[modri:]
azul claro	bledě modrý	[blɛde modri:]
rosa	růžový	[ru:ʒovi:]
laranja	oranžový	[oranʒovi:]
violeta	fialový	[fɪalovi:]
castanho	hnědý	[hnedi:]

dourado	zlatý	[zlati:]
prateado	stříbřitý	[strʃi:brʒɪti:]

bege	béžový	[bɛ:ʒovi:]
creme	krémový	[krɛ:movi:]
turquesa	tyrkysový	[tɪrkɪsovi:]
vermelho cereja	višňový	[vɪʃnʲovi:]
lilás	lila	[lɪla]
carmesim	malinový	[malɪnovi:]

claro	světlý	[svetli:]
escuro	tmavý	[tmavi:]
vivo	jasný	[jasni:]

de cor	barevný	[barɛvni:]
a cores	barevný	[barɛvni:]
preto e branco	černobílý	[ʧɛrnobi:li:]
unicolor	jednobarevný	[jɛdnobarɛvni:]
multicor	různobarevný	[ru:znobarɛvni:]

15. Questões

Quem?	Kdo?	[gdo]
Que?	Co?	[ʦo]
Onde?	Kde?	[gdɛ]
Para onde?	Kam?	[kam]
De onde?	Odkud?	[otkut]
Quando?	Kdy?	[gdɪ]
Para quê?	Proč?	[proʧ]
Porquê?	Proč?	[proʧ]

Para quê?	Na co?	[na ʦo]
Como?	Jak?	[jak]
Qual?	Jaký?	[jaki:]
Qual? (entre dois ou mais)	Který?	[ktɛri:]

A quem?	Komu?	[komu]
Sobre quem?	O kom?	[o kom]
Do quê?	O čem?	[o ʧɛm]
Com quem?	S kým?	[s ki:m]
Quanto, -os, -as?	Kolik?	[kolɪk]
De quem? (masc.)	Čí?	[ʧi:]

16. Preposições

com (prep.)	s, se	[s], [sɛ]
sem (prep.)	bez	[bɛz]
a, para (exprime lugar)	do	[do]
sobre (ex. falar ~)	o	[o]
antes de ...	před	[prʃɛt]
diante de ...	před	[prʃɛt]

sob (debaixo de)	pod	[pot]
sobre (em cima de)	nad	[nat]
sobre (~ a mesa)	na	[na]
de (vir ~ Lisboa)	z	[z]
de (feito ~ pedra)	z	[z]

dentro de (~ dez minutos)	za	[za]
por cima de ...	přes	[prʃɛs]

17. Palavras funcionais. Advérbios. Parte 1

Onde?	Kde?	[gdɛ]
aqui	zde	[zdɛ]
lá, ali	tam	[tam]

em algum lugar	někde	[negdɛ]
em lugar nenhum	nikde	[nɪgdɛ]

ao pé de ...	u ...	[u]
ao pé da janela	u okna	[u okna]

Para onde?	Kam?	[kam]
para cá	sem	[sɛm]
para lá	tam	[tam]
daqui	odsud	[otsut]
de lá, dali	odtamtud	[odtamtut]

perto	blízko	[bli:sko]
longe	daleko	[dalɛko]

perto de ...	kolem	[kolɛm]
ao lado de	poblíž	[pobli:ʒ]
perto, não fica longe	nedaleko	[nɛdalɛko]

esquerdo	levý	[lɛvi:]
à esquerda	zleva	[zlɛva]
para esquerda	vlevo	[vlɛvo]

direito	pravý	[pravi:]
à direita	zprava	[sprava]
para direita	vpravo	[vpravo]

à frente	zpředu	[sprʃɛdu]
da frente	přední	[prʃɛdni:]

em frente (para a frente)	vpřed	[vprʃɛt]
atrás de ...	za	[za]
por detrás (vir ~)	zezadu	[zɛzadu]
para trás	zpět	[spet]

| meio (m), metade (f) | střed (m) | [strʃɛt] |
| no meio | uprostřed | [uprostrʃɛt] |

de lado	z boku	[z boku]
em todo lugar	všude	[vʃudɛ]
ao redor (olhar ~)	kolem	[kolɛm]

de dentro	zevnitř	[zɛvnɪtrʃ]
para algum lugar	někam	[nekam]
diretamente	přímo	[prʃi:mo]
de volta	zpět	[spet]

| de algum lugar | odněkud | [odnekut] |
| de um lugar | odněkud | [odnekut] |

em primeiro lugar	za prvé	[za prvɛ:]
em segundo lugar	za druhé	[za druhɛ:]
em terceiro lugar	za třetí	[za trʃɛti:]

de repente	najednou	[najɛdnou]
no início	zpočátku	[spotʃa:tku]
pela primeira vez	poprvé	[poprvɛ:]
muito antes de ...	dávno před ...	[da:vno prʃɛt]
de novo, novamente	znovu	[znovu]
para sempre	navždy	[navʒdɪ]

nunca	nikdy	[nɪgdɪ]
de novo	opět	[opet]
agora	nyní	[nɪni:]
frequentemente	často	[tʃasto]
então	tehdy	[tɛhdɪ]
urgentemente	neodkladně	[nɛotkladne]
usualmente	obyčejně	[obɪtʃɛjne]

a propósito, ...	mimochodem	[mɪmoxodɛm]
é possível	možná	[moʒna:]
provavelmente	asi	[asɪ]
talvez	možná	[moʒna:]
além disso, ...	kromě toho ...	[kromne toho]
por isso ...	proto ...	[proto]
apesar de ...	nehledě na ...	[nɛhlɛde na]
graças a ...	díky ...	[di:kɪ]

que (pron.)	co	[tso]
que (conj.)	že	[ʒe]
algo	něco	[netso]
alguma coisa	něco	[netso]
nada	nic	[nɪts]

| quem | kdo | [gdo] |
| alguém (~ teve uma ideia ...) | někdo | [negdo] |

alguém	**někdo**	[negdo]
ninguém	**nikdo**	[nɪgdo]
para lugar nenhum	**nikam**	[nɪkam]
de ninguém	**ničí**	[nɪʧiː]
de alguém	**něčí**	[netʃiː]
tão	**tak**	[tak]
também (gostaria ~ de …)	**také**	[takɛː]
também (~ eu)	**také**	[takɛː]

18. Palavras funcionais. Advérbios. Parte 2

Porquê?	**Proč?**	[proʧ]
por alguma razão	**z nějakých důvodů**	[z nejakiːx duːvodu:]
porque …	**protože …**	[protoʒe]
por qualquer razão	**z nějakých důvodů**	[z nejakiːx duːvodu:]
e (tu ~ eu)	**a**	[a]
ou (ser ~ não ser)	**nebo**	[nɛbo]
mas (porém)	**ale**	[alɛ]
para (~ a minha mãe)	**pro**	[pro]
demasiado, muito	**příliš**	[prʃiːlɪʃ]
só, somente	**jenom**	[jɛnom]
exatamente	**přesně**	[prʃɛsne]
cerca de (~ 10 kg)	**kolem**	[kolɛm]
aproximadamente	**přibližně**	[prʃɪblɪʒne]
aproximado	**přibližný**	[prʃɪblɪʒniː]
quase	**skoro**	[skoro]
resto (m)	**zbytek** (m)	[zbɪtɛk]
cada	**každý**	[kaʒdiː]
qualquer	**každý**	[kaʒdiː]
muito	**mnoho**	[mnoho]
muitas pessoas	**mnozí**	[mnozi:]
todos	**všichni**	[vʃɪxnɪ]
em troca de …	**výměnou za …**	[viːmnenou za]
em troca	**místo**	[mi:sto]
à mão	**ručně**	[ruʧne]
pouco provável	**sotva**	[sotva]
provavelmente	**asi**	[asɪ]
de propósito	**schválně**	[sxvaːlne]
por acidente	**náhodou**	[naːhodou]
muito	**velmi**	[vɛlmɪ]
por exemplo	**například**	[naprʃiːklat]
entre	**mezi**	[mɛzɪ]
entre (no meio de)	**mezi**	[mɛzɪ]
tanto	**tolik**	[tolɪk]
especialmente	**zejména**	[zɛjmɛːna]

Conceitos básicos. Parte 2

19. Opostos

rico	bohatý	[bohati:]
pobre	chudý	[xudi:]
doente	nemocný	[nɛmotsni:]
são	zdravý	[zdravi:]
grande	velký	[vɛlki:]
pequeno	malý	[mali:]
rapidamente	rychle	[rɪxlɛ]
lentamente	pomalu	[pomalu]
rápido	rychlý	[rɪxli:]
lento	pomalý	[pomali:]
alegre	veselý	[vɛsɛli:]
triste	smutný	[smutni:]
juntos	spolu	[spolu]
separadamente	zvlášť	[zvla:ʃtʲ]
em voz alta (ler ~)	nahlas	[nahlas]
para si (em silêncio)	pro sebe	[pro sɛbɛ]
alto	vysoký	[vɪsoki:]
baixo	nízký	[ni:ski:]
profundo	hluboký	[hluboki:]
pouco fundo	mělký	[mnelki:]
sim	ano	[ano]
não	ne	[nɛ]
distante (no espaço)	daleký	[dalɛki:]
próximo	blízký	[bli:ski:]
longe	daleko	[dalɛko]
perto	vedle	[vɛdlɛ]
longo	dlouhý	[dlouhi:]
curto	krátký	[kra:tki:]
bom, bondoso	dobrý	[dobri:]
mau	zlý	[zli:]
casado	ženatý	[ʒenati:]

solteiro	**svobodný**	[svobodni:]
proibir (vt)	**zakázat**	[zaka:zat]
permitir (vt)	**dovolit**	[dovolɪt]
fim (m)	**konec** (m)	[konɛts]
começo (m)	**začátek** (m)	[zatʃa:tɛk]
esquerdo	**levý**	[lɛvi:]
direito	**pravý**	[pravi:]
primeiro	**první**	[prvni:]
último	**poslední**	[poslɛdni:]
crime (m)	**zločin** (m)	[zlotʃɪn]
castigo (m)	**trest** (m)	[trɛst]
ordenar (vt)	**rozkázat**	[roska:zat]
obedecer (vt)	**podřídit se**	[podrʒi:dɪt sɛ]
reto	**přímý**	[prʃi:mi:]
curvo	**křivý**	[krʃɪvi:]
paraíso (m)	**ráj** (m)	[ra:j]
inferno (m)	**peklo** (s)	[pɛklo]
nascer (vi)	**narodit se**	[narodɪt sɛ]
morrer (vi)	**umřít**	[umrʒi:t]
forte	**silný**	[sɪlni:]
fraco, débil	**slabý**	[slabi:]
idoso	**starý**	[stari:]
jovem	**mladý**	[mladi:]
velho	**starý**	[stari:]
novo	**nový**	[novi:]
duro	**tvrdý**	[tvrdi:]
mole	**měkký**	[mneki:]
tépido	**teplý**	[tɛpli:]
frio	**studený**	[studɛni:]
gordo	**tlustý**	[tlusti:]
magro	**hubený**	[hubɛni:]
estreito	**úzký**	[u:ski:]
largo	**široký**	[ʃɪroki:]
bom	**dobrý**	[dobri:]
mau	**špatný**	[ʃpatni:]
valente	**chrabrý**	[xrabri:]
cobarde	**bázlivý**	[ba:zlɪvi:]

20. Dias da semana

segunda-feira (f)	pondělí (s)	[pondeli:]
terça-feira (f)	úterý (s)	[u:tɛri:]
quarta-feira (f)	středa (ž)	[strʃɛda]
quinta-feira (f)	čtvrtek (m)	[tʃtvrtɛk]
sexta-feira (f)	pátek (m)	[pa:tɛk]
sábado (m)	sobota (ž)	[sobota]
domingo (m)	neděle (ž)	[nɛdelɛ]
hoje	dnes	[dnɛs]
amanhã	zítra	[zi:tra]
depois de amanhã	pozítří	[pozi:trʃi:]
ontem	včera	[vtʃɛra]
anteontem	předevčírem	[prʃɛdɛvtʃi:rɛm]
dia (m)	den (m)	[dɛn]
dia (m) de trabalho	pracovní den (m)	[pratsovni: dɛn]
feriado (m)	sváteční den (m)	[sva:tɛtʃni: dɛn]
dia (m) de folga	volno (s)	[volno]
fim (m) de semana	víkend (m)	[vi:kɛnt]
o dia todo	celý den	[tsɛli: dɛn]
no dia seguinte	příští den	[prʃi:ʃti: dɛn]
há dois dias	před dvěma dny	[prʃɛd dvema dnɪ]
na véspera	den předtím	[dɛn prʃɛdti:m]
diário	denní	[dɛnni:]
todos os dias	denně	[dɛnne]
semana (f)	týden (m)	[ti:dɛn]
na semana passada	minulý týden	[mɪnuli: ti:dɛn]
na próxima semana	příští týden	[prʃi:ʃti: ti:dɛn]
semanal	týdenní	[ti:dɛnni:]
cada semana	týdně	[ti:dne]
duas vezes por semana	dvakrát týdně	[dvakra:t ti:dne]
cada terça-feira	každé úterý	[kaʒdɛ: u:tɛri:]

21. Horas. Dia e noite

manhã (f)	ráno (s)	[ra:no]
de manhã	ráno	[ra:no]
meio-dia (m)	poledne (s)	[polɛdnɛ]
à tarde	odpoledne	[otpolɛdnɛ]
noite (f)	večer (m)	[vɛtʃɛr]
à noite (noitinha)	večer	[vɛtʃɛr]
noite (f)	noc (ž)	[nots]
à noite	v noci	[v notsɪ]
meia-noite (f)	půlnoc (ž)	[pu:lnots]
segundo (m)	sekunda (ž)	[sɛkunda]
minuto (m)	minuta (ž)	[mɪnuta]
hora (f)	hodina (ž)	[hodɪna]

27

meia hora (f)	půlhodina (ž)	[puːlhodɪna]
quarto (m) de hora	čtvrthodina (ž)	[ʧtvrthodɪna]
quinze minutos	patnáct minut	[patnaːʦt mɪnut]
vinte e quatro horas	den a noc	[dɛn a noʦ]

nascer (m) do sol	východ (m) slunce	[viːxod slunʦɛ]
amanhecer (m)	úsvit (m)	[uːsvɪt]
madrugada (f)	časné ráno (s)	[ʧasnɛ raːno]
pôr do sol (m)	západ (m) slunce	[zaːpat slunʦɛ]

de madrugada	brzy ráno	[brzɪ raːno]
hoje de manhã	dnes ráno	[dnɛs raːno]
amanhã de manhã	zítra ráno	[ziːtra raːno]

hoje à tarde	dnes odpoledne	[dnɛs otpolɛdnɛ]
à tarde	odpoledne	[otpolɛdnɛ]
amanhã à tarde	zítra odpoledne	[ziːtra otpolɛdnɛ]

| hoje à noite | dnes večer | [dnɛs vɛʧɛr] |
| amanhã à noite | zítra večer | [ziːtra vɛʧɛr] |

às três horas em ponto	přesně ve tři hodiny	[prʃɛsne vɛ trʃɪ hodɪnɪ]
por volta das quatro	kolem čtyř hodin	[kolɛm ʧtɪrʒ hodɪn]
às doze	do dvanácti hodin	[do dvanaːʦtɪ hodɪn]

dentro de vinte minutos	za dvacet minut	[za dvaʦɛt mɪnut]
dentro duma hora	za hodinu	[za hodɪnu]
a tempo	včas	[vʧas]

menos um quarto	tři čtvrtě	[trʃɪ ʧtvrte]
durante uma hora	během hodiny	[behɛm hodɪnɪ]
a cada quinze minutos	každých patnáct minut	[kaʒdiːx patnaːʦt mɪnut]
as vinte e quatro horas	celodenně	[ʦɛlodɛnnɛ]

22. Meses. Estações

janeiro (m)	leden (m)	[lɛdɛn]
fevereiro (m)	únor (m)	[uːnor]
março (m)	březen (m)	[brʒɛzɛn]
abril (m)	duben (m)	[dubɛn]
maio (m)	květen (m)	[kvetɛn]
junho (m)	červen (m)	[ʧɛrvɛn]

julho (m)	červenec (m)	[ʧɛrvɛnɛʦ]
agosto (m)	srpen (m)	[srpɛn]
setembro (m)	září (s)	[zaːrʒiː]
outubro (m)	říjen (m)	[rʒiːjɛn]
novembro (m)	listopad (m)	[lɪstopat]
dezembro (m)	prosinec (m)	[prosɪnɛʦ]

primavera (f)	jaro (s)	[jaro]
na primavera	na jaře	[na jarʒɛ]
primaveril	jarní	[jarniː]
verão (m)	léto (s)	[lɛːto]

no verão	v létě	[v lɛ:te]
de verão	letní	[lɛtni:]

outono (m)	podzim (m)	[podzɪm]
no outono	na podzim	[na podzɪm]
outonal	podzimní	[podzɪmni:]

inverno (m)	zima (ž)	[zɪma]
no inverno	v zimě	[v zɪmne]
de inverno	zimní	[zɪmni:]
mês (m)	měsíc (m)	[mnesi:ts]
este mês	tento měsíc	[tɛnto mnesi:ts]
no próximo mês	příští měsíc	[prʃi:ʃti: mnesi:ts]
no mês passado	minulý měsíc	[mɪnuli: mnesi:ts]

há um mês	před měsícem	[prʃɛd mnesi:tsɛm]
dentro de um mês	za měsíc	[za mnesi:ts]
dentro de dois meses	za dva měsíce	[za dva mnesi:tsɛ]
todo o mês	celý měsíc	[tsɛli: mnesi:ts]
um mês inteiro	celý měsíc	[tsɛli: mnesi:ts]

mensal	měsíční	[mnesi:tʃni:]
mensalmente	každý měsíc	[kaʒdi: mnesi:ts]
cada mês	měsíčně	[mnesi:tʃne]
duas vezes por mês	dvakrát měsíčně	[dvakra:t mnesi:tʃne]

ano (m)	rok (m)	[rok]
este ano	letos	[lɛtos]
no próximo ano	příští rok	[prʃi:ʃti: rok]
no ano passado	vloni	[vlonɪ]
há um ano	před rokem	[prʃɛd rokɛm]
dentro dum ano	za rok	[za rok]
dentro de 2 anos	za dva roky	[za dva rokɪ]
todo o ano	celý rok	[tsɛli: rok]
um ano inteiro	celý rok	[tsɛli: rok]

cada ano	každý rok	[kaʒdi: rok]
anual	každoroční	[kaʒdorotʃni:]
anualmente	každoročně	[kaʒdorotʃne]
quatro vezes por ano	čtyřikrát za rok	[tʃtɪrʒɪkra:t za rok]

data (~ de hoje)	datum (s)	[datum]
data (ex. ~ de nascimento)	datum (s)	[datum]
calendário (m)	kalendář (m)	[kalɛnda:rʃ]

meio ano	půl roku	[pu:l roku]
seis meses	půlrok (m)	[pu:lrok]
estação (f)	období (s)	[obdobi:]
século (m)	století (s)	[stolɛti:]

23. Tempo. Diversos

tempo (m)	čas (m)	[tʃas]
momento (m)	okamžik (m)	[okamʒɪk]

instante (m)	okamžik (m)	[okamʒɪk]
instantâneo	okamžitý	[okamʒɪti:]
lapso (m) de tempo	časový úsek (m)	[ʧasovi: u:sɛk]
vida (f)	život (m)	[ʒɪvot]
eternidade (f)	věčnost (ž)	[veʧnost]

época (f)	epocha (ž)	[ɛpoxa]
era (f)	éra (ž)	[ɛ:ra]
ciclo (m)	cyklus (m)	[tsɪklus]
período (m)	období (s)	[obdobi:]
prazo (m)	doba (ž)	[doba]

futuro (m)	budoucnost (ž)	[budouʦnost]
futuro	příští	[prʃi:ʃti:]
da próxima vez	příště	[prʃi:ʃte]
passado (m)	minulost (ž)	[mɪnulost]
passado	minulý	[mɪnuli:]
na vez passada	minule	[mɪnulɛ]
mais tarde	později	[pozdejɪ]
depois	po	[po]
atualmente	nyní	[nɪni:]
agora	teď	[tɛtʲ]
imediatamente	okamžitě	[okamʒɪte]
em breve, brevemente	brzo	[brzo]
de antemão	předem	[prʃɛdɛm]

há muito tempo	dávno	[da:vno]
há pouco tempo	nedávno	[nɛda:vno]
destino (m)	osud (m)	[osut]
recordações (f pl)	paměť (ž)	[pamnetʲ]
arquivo (m)	archív (m)	[arxi:ʃ]
durante …	během …	[behɛm]
durante muito tempo	dlouho	[dlouho]
pouco tempo	nedlouho	[nɛdlouho]
cedo (levantar-se ~)	brzy	[brzɪ]
tarde (deitar-se ~)	pozdě	[pozde]

para sempre	navždy	[navʒdɪ]
começar (vt)	začínat	[zaʧi:nat]
adiar (vt)	posunout	[posunout]

simultaneamente	současně	[souʧasne]
permanentemente	stále	[sta:lɛ]
constante (ruído, etc.)	neustálý	[nɛusta:li:]
temporário	dočasný	[doʧasni:]

às vezes	někdy	[negdɪ]
raramente	málokdy	[ma:logdɪ]
frequentemente	často	[ʧasto]

24. Linhas e formas

| quadrado (m) | čtverec (m) | [ʧtvɛrɛʦ] |
| quadrado | čtvercový | [ʧtvɛrʦovi:] |

círculo (m)	kruh (m)	[krux]
redondo	kulatý	[kulati:]
triângulo (m)	trojúhelník (m)	[troju:hɛlni:k]
triangular	trojúhelníkový	[troju:hɛlni:kovi:]

oval (f)	ovál (m)	[ova:l]
oval	oválný	[ova:lni:]
retângulo (m)	obdélník (m)	[obdɛ:lni:k]
retangular	obdélníkový	[obdɛ:lni:kovi:]

pirâmide (f)	jehlan (m)	[jɛhlan]
rombo, losango (m)	kosočtverec (m)	[kosoʧtvɛrɛts]
trapézio (m)	lichoběžník (m)	[lɪxobeʒni:k]
cubo (m)	krychle (ž)	[krɪxlɛ]
prisma (m)	hranol (m)	[hranol]

circunferência (f)	kružnice (ž)	[kruʒnɪʦɛ]
esfera (f)	sféra (ž)	[sfɛ:ra]
globo (m)	koule (ž)	[koulɛ]
diâmetro (m)	průměr (m)	[pru:mner]
raio (m)	poloměr (m)	[polomner]
perímetro (m)	obvod (m)	[obvot]
centro (m)	střed (m)	[strʃɛt]

horizontal	vodorovný	[vodorovni:]
vertical	svislý	[svɪsli:]
paralela (f)	rovnoběžka (ž)	[rovnobeʃka]
paralelo	paralelní	[paralɛlni:]

linha (f)	linie (ž)	[lɪnɪe]
traço (m)	čára (ž)	[ʧa:ra]
reta (f)	přímka (ž)	[prʃi:mka]
curva (f)	křivka (ž)	[krʃɪfka]
fino (linha ~a)	tenký	[tɛŋki:]
contorno (m)	obrys (m)	[obrɪs]

interseção (f)	průsečík (m)	[pru:sɛʧi:k]
ângulo (m) reto	pravý úhel (m)	[pravi: u:hɛl]
segmento (m)	segment (m)	[sɛgmɛnt]
setor (m)	sektor (m)	[sɛktor]
lado (de um triângulo, etc.)	strana (ž)	[strana]
ângulo (m)	úhel (m)	[u:hɛl]

25. Unidades de medida

peso (m)	váha (ž)	[va:ha]
comprimento (m)	délka (ž)	[dɛ:lka]
largura (f)	šířka (ž)	[ʃi:rʃka]
altura (f)	výška (ž)	[vi:ʃka]
profundidade (f)	hloubka (ž)	[hloupka]
volume (m)	objem (m)	[objɛm]
área (f)	plocha (ž)	[ploxa]
grama (m)	gram (m)	[gram]
miligrama (m)	miligram (m)	[mɪlɪgram]

quilograma (m)	**kilogram** (m)	[kɪlogram]
tonelada (f)	**tuna** (ž)	[tuna]
libra (453,6 gramas)	**libra** (ž)	[lɪbra]
onça (f)	**unce** (ž)	[untsɛ]

metro (m)	**metr** (m)	[mɛtr]
milímetro (m)	**milimetr** (m)	[mɪlɪmɛtr]
centímetro (m)	**centimetr** (m)	[tsɛntɪmɛtr]
quilómetro (m)	**kilometr** (m)	[kɪlomɛtr]
milha (f)	**míle** (ž)	[mi:lɛ]

polegada (f)	**coul** (m)	[tsoul]
pé (304,74 mm)	**stopa** (ž)	[stopa]
jarda (914,383 mm)	**yard** (m)	[jart]

metro (m) quadrado	**čtvereční metr** (m)	[tʃtvɛrɛtʃni: mɛtr]
hectare (m)	**hektar** (m)	[hɛktar]

litro (m)	**litr** (m)	[lɪtr]
grau (m)	**stupeň** (m)	[stupɛnʲ]
volt (m)	**volt** (m)	[volt]
ampere (m)	**ampér** (m)	[ampɛ:r]
cavalo-vapor (m)	**koňská síla** (ž)	[konʲska: si:la]

quantidade (f)	**množství** (s)	[mnoʒstvi:]
um pouco de ...	**trochu** ...	[troxu]
metade (f)	**polovina** (ž)	[polovɪna]
dúzia (f)	**tucet** (m)	[tutsɛt]
peça (f)	**kus** (m)	[kus]

dimensão (f)	**rozměr** (m)	[rozmner]
escala (f)	**měřítko** (s)	[mnerʒi:tko]

mínimo	**minimální**	[mɪnɪma:lni:]
menor, mais pequeno	**nejmenší**	[nɛjmɛnʃi:]
médio	**střední**	[strʃɛdni:]
máximo	**maximální**	[maksɪma:lni:]
maior, mais grande	**největší**	[nɛjvɛtʃi:]

26. Recipientes

boião (m) de vidro	**sklenice** (ž)	[sklɛnɪtsɛ]
lata (~ de cerveja)	**plechovka** (ž)	[plɛxofka]
balde (m)	**vědro** (s)	[vedro]
barril (m)	**sud** (m)	[sut]

bacia (~ de plástico)	**mísa** (ž)	[mi:sa]
tanque (m)	**nádrž** (ž)	[na:drʃ]
cantil (m) de bolso	**plochá láhev** (ž)	[ploxa: la:gɛf]
bidão (m) de gasolina	**kanystr** (m)	[kanɪstr]
cisterna (f)	**cisterna** (ž)	[tsɪstɛrna]

caneca (f)	**hrníček** (m)	[hrni:tʃɛk]
chávena (f)	**šálek** (m)	[ʃa:lɛk]

pires (m)	talířek (m)	[tali:rʒɛk]
copo (m)	sklenice (ž)	[sklɛnɪtsɛ]
taça (f) de vinho	sklenka (ž)	[sklɛŋka]
panela, caçarola (f)	hrnec (m)	[hrnɛts]

| garrafa (f) | láhev (ž) | [la:hɛf] |
| gargalo (m) | hrdlo (s) | [hrdlo] |

jarro, garrafa (f)	karafa (ž)	[karafa]
jarro (m) de barro	džbán (m)	[dʒba:n]
recipiente (m)	nádoba (ž)	[na:doba]
pote (m)	hrnec (m)	[hrnɛts]
vaso (m)	váza (ž)	[va:za]

frasco (~ de perfume)	flakón (m)	[flako:n]
frasquinho (ex. ~ de iodo)	lahvička (ž)	[lahvɪtʃka]
tubo (~ de pasta dentífrica)	tuba (ž)	[tuba]

saca (ex. ~ de açúcar)	pytel (m)	[pɪtɛl]
saco (~ de plástico)	sáček (m)	[sa:tʃɛk]
maço (m)	balíček (m)	[bali:tʃɛk]

caixa (~ de sapatos, etc.)	krabice (ž)	[krabɪtsɛ]
caixa (~ de madeira)	schránka (ž)	[sxra:ŋka]
cesta (f)	koš (m)	[koʃ]

27. Materiais

material (m)	materiál (m)	[matɛrɪa:l]
madeira (f)	dřevo (s)	[drʒɛvo]
de madeira	dřevěný	[drʒɛveni:]

| vidro (m) | sklo (s) | [sklo] |
| de vidro | skleněný | [sklɛneni:] |

| pedra (f) | kámen (m) | [ka:mɛn] |
| de pedra | kamenný | [kamɛnni:] |

| plástico (m) | plast (m) | [plast] |
| de plástico | plastový | [plastovi:] |

| borracha (f) | guma (ž) | [guma] |
| de borracha | gumový | [gumovi:] |

| tecido, pano (m) | látka (ž) | [la:tka] |
| de tecido | z látky | [z la:tkɪ] |

| papel (m) | papír (m) | [papi:r] |
| de papel | papírový | [papi:rovi:] |

cartão (m)	kartón (m)	[karto:n]
de cartão	kartónový	[karto:novi:]
polietileno (m)	polyetylén (m)	[polɪɛtɪlɛ:n]
celofane (m)	celofán (m)	[tsɛlofa:n]

contraplacado (m)	dýha (ž)	[di:ha]
porcelana (f)	porcelán (m)	[portsɛla:n]
de porcelana	porcelánový	[portsɛla:novi:]
barro (f)	hlína (ž)	[hli:na]
de barro	hliněný	[hlɪneni:]
cerâmica (f)	keramika (ž)	[kɛramɪka]
de cerâmica	keramický	[kɛramɪtski:]

28. Metais

metal (m)	kov (m)	[kof]
metálico	kovový	[kovovi:]
liga (f)	slitina (ž)	[slɪtɪna]

ouro (m)	zlato (s)	[zlato]
de ouro	zlatý	[zlati:]
prata (f)	stříbro (s)	[strʃi:bro]
de prata	stříbrný	[strʃi:brni:]

ferro (m)	železo (s)	[ʒelɛzo]
de ferro	železný	[ʒelɛzni:]
aço (m)	ocel (ž)	[otsɛl]
de aço	ocelový	[otsɛlovi:]
cobre (m)	měď (ž)	[mnetʲ]
de cobre	měděný	[mnedeni:]

alumínio (m)	hliník (m)	[hlɪni:k]
de alumínio	hliníkový	[hlɪni:kovi:]
bronze (m)	bronz (m)	[bronz]
de bronze	bronzový	[bronzovi:]

latão (m)	mosaz (ž)	[mosaz]
níquel (m)	nikl (m)	[nɪkl]
platina (f)	platina (ž)	[platɪna]
mercúrio (m)	rtuť (ž)	[rtutʲ]
estanho (m)	cín (m)	[tsi:n]
chumbo (m)	olovo (s)	[olovo]
zinco (m)	zinek (m)	[zɪnɛk]

O SER HUMANO

O ser humano. O corpo

29. Humanos. Conceitos básicos

ser (m) humano	člověk (m)	[tʃlovek]
homem (m)	muž (m)	[muʃ]
mulher (f)	žena (ž)	[ʒena]
criança (f)	dítě (s)	[di:te]
menina (f)	děvče (s)	[devtʃɛ]
menino (m)	chlapec (m)	[xlapɛts]
adolescente (m)	výrostek (m)	[vi:rostɛk]
velho (m)	stařec (m)	[starʒɛts]
velha, anciã (f)	stařena (ž)	[starʒɛna]

30. Anatomia humana

organismo (m)	organismus (m)	[organɪzmus]
coração (m)	srdce (s)	[srdtsɛ]
sangue (m)	krev (ž)	[krɛf]
artéria (f)	tepna (ž)	[tɛpna]
veia (f)	žíla (ž)	[ʒi:la]
cérebro (m)	mozek (m)	[mozɛk]
nervo (m)	nerv (m)	[nɛrf]
nervos (m pl)	nervy (m mn)	[nɛrvɪ]
vértebra (f)	obratel (m)	[obratɛl]
coluna (f) vertebral	páteř (ž)	[pa:tɛrʃ]
estômago (m)	žaludek (m)	[ʒaludɛk]
intestinos (m pl)	střeva (s mn)	[strʃɛva]
intestino (m)	střevo (s)	[strʃɛvo]
fígado (m)	játra (s mn)	[ja:tra]
rim (m)	ledvina (ž)	[lɛdvɪna]
osso (m)	kost (ž)	[kost]
esqueleto (m)	kostra (ž)	[kostra]
costela (f)	žebro (s)	[ʒebro]
crânio (m)	lebka (ž)	[lɛpka]
músculo (m)	sval (m)	[sval]
bíceps (m)	biceps (m)	[bɪtsɛps]
tríceps (m)	triceps (m)	[trɪtsɛps]
tendão (m)	šlacha (ž)	[ʃlaxa]
articulação (f)	kloub (m)	[kloup]

pulmões (m pl)	plíce (ž mn)	[pli:ʦɛ]
órgãos (m pl) genitais	pohlavní orgány (m mn)	[pohlavni: orga:nɪ]
pele (f)	pleť (ž)	[plɛtʲ]

31. Cabeça

cabeça (f)	hlava (ž)	[hlava]
cara (f)	obličej (ž)	[oblɪʧɛj]
nariz (m)	nos (m)	[nos]
boca (f)	ústa (s mn)	[u:sta]

olho (m)	oko (s)	[oko]
olhos (m pl)	oči (s mn)	[oʧɪ]
pupila (f)	zornice (ž)	[zornɪʦɛ]
sobrancelha (f)	obočí (s)	[oboʧi:]
pestana (f)	řasa (ž)	[rʒasa]
pálpebra (f)	víčko (s)	[vi:ʧko]

língua (f)	jazyk (m)	[jazɪk]
dente (m)	zub (m)	[zup]
lábios (m pl)	rty (m mn)	[rtɪ]
maçãs (f pl) do rosto	lícní kosti (ž mn)	[li:ʦni: kostɪ]
gengiva (f)	dáseň (ž)	[da:sɛnʲ]
palato (m)	patro (s)	[patro]

narinas (f pl)	chřípí (s)	[xrʃi:pi:]
queixo (m)	brada (ž)	[brada]
mandíbula (f)	čelist (ž)	[ʧɛlɪst]
bochecha (f)	tvář (ž)	[tva:rʃ]

testa (f)	čelo (s)	[ʧɛlo]
têmpora (f)	spánek (s)	[spa:nɛk]
orelha (f)	ucho (s)	[uxo]
nuca (f)	týl (m)	[ti:l]
pescoço (m)	krk (m)	[krk]
garganta (f)	hrdlo (s)	[hrdlo]

cabelos (m pl)	vlasy (m mn)	[vlasɪ]
penteado (m)	účes (m)	[u:ʧes]
corte (m) de cabelo	střih (m)	[strʃɪx]
peruca (f)	paruka (ž)	[paruka]

bigode (m)	vousy (m mn)	[vousɪ]
barba (f)	plnovous (m)	[plnovous]
usar, ter (~ barba, etc.)	nosit	[nosɪt]
trança (f)	cop (m)	[ʦop]
suíças (f pl)	licousy (m mn)	[lɪʦousɪ]

ruivo	zrzavý	[zrzavi:]
grisalho	šedivý	[ʃɛdɪvi:]
calvo	lysý	[lɪsi:]
calva (f)	lysina (ž)	[lɪsɪna]
rabo-de-cavalo (m)	ocas (m)	[oʦas]
franja (f)	ofina (ž)	[ofɪna]

32. Corpo humano

| mão (f) | ruka (ž) | [ruka] |
| braço (m) | ruka (ž) | [ruka] |

dedo (m)	prst (m)	[prst]
polegar (m)	palec (m)	[palɛʦ]
dedo (m) mindinho	malíček (m)	[mali:ʧɛk]
unha (f)	nehet (m)	[nɛhɛt]

punho (m)	pěst (ž)	[pest]
palma (f) da mão	dlaň (ž)	[dlanʲ]
pulso (m)	zápěstí (s)	[za:pɛsti:]
antebraço (m)	předloktí (s)	[prʃɛdlokti:]
cotovelo (m)	loket (m)	[lokɛt]
ombro (m)	rameno (s)	[ramɛno]

perna (f)	noha (ž)	[noha]
pé (m)	chodidlo (s)	[xodɪdlo]
joelho (m)	koleno (s)	[kolɛno]
barriga (f) da perna	lýtko (s)	[li:tko]
anca (f)	stehno (s)	[stɛhno]
calcanhar (m)	pata (ž)	[pata]

corpo (m)	tělo (s)	[telo]
barriga (f)	břicho (s)	[brʒɪxo]
peito (m)	prsa (s mn)	[prsa]
seio (m)	prs (m)	[prs]
lado (m)	bok (m)	[bok]
costas (f pl)	záda (s mn)	[za:da]
região (f) lombar	kříž (m)	[krʃi:ʃ]
cintura (f)	pás (m)	[pa:s]

umbigo (m)	pupek (m)	[pupɛk]
nádegas (f pl)	hýždě (ž mn)	[hi:ʒde]
traseiro (m)	zadek (m)	[zadɛk]

sinal (m)	mateřské znaménko (s)	[matɛrʃkɛ: znamɛ:ŋko]
tatuagem (f)	tetování (s)	[tɛtova:ni:]
cicatriz (f)	jizva (ž)	[jɪzva]

Vestuário & Acessórios

33. Roupa exterior. Casacos

roupa (f)	oblečení (s)	[oblɛtʃɛni:]
roupa (f) exterior	svrchní oděv (m)	[svrxni: odef]
roupa (f) de inverno	zimní oděv (m)	[zɪmni: odef]
sobretudo (m)	kabát (m)	[kaba:t]
casaco (m) de peles	kožich (m)	[koʒɪx]
casaco curto (m) de peles	krátký kožich (m)	[kra:tki: koʒɪx]
casaco (m) acolchoado	peřová bunda (ž)	[pɛrʒova: bunda]
casaco, blusão (m)	bunda (ž)	[bunda]
impermeável (m)	plášť (m)	[pla:ʃtʲ]
impermeável	nepromokavý	[nɛpromokavi:]

34. Vestuário de homem & mulher

camisa (f)	košile (ž)	[koʃɪlɛ]
calças (f pl)	kalhoty (ž mn)	[kalhotɪ]
calças (f pl) de ganga	džínsy (m mn)	[ʤi:nsɪ]
casaco (m) de fato	sako (s)	[sako]
fato (m)	pánský oblek (m)	[pa:nski: oblɛk]
vestido (ex. ~ vermelho)	šaty (m mn)	[ʃatɪ]
saia (f)	sukně (ž)	[suknɛ]
blusa (f)	blůzka (ž)	[blu:ska]
casaco (m) de malha	svetr (m)	[svɛtr]
casaco, blazer (m)	žaket (m)	[ʒakɛt]
T-shirt, camiseta (f)	tričko (s)	[trɪtʃko]
calções (Bermudas, etc.)	šortky (ž mn)	[ʃortkɪ]
fato (m) de treino	tepláková souprava (ž)	[tɛpla:kova: souprava]
roupão (m) de banho	župan (m)	[ʒupan]
pijama (m)	pyžamo (s)	[pɪʒamo]
suéter (m)	svetr (m)	[svɛtr]
pulôver (m)	pulovr (m)	[pulovr]
colete (m)	vesta (ž)	[vɛsta]
fraque (m)	frak (m)	[frak]
smoking (m)	smoking (m)	[smokɪŋk]
uniforme (m)	uniforma (ž)	[unɪforma]
roupa (f) de trabalho	pracovní oděv (m)	[pratsovni: odef]
fato-macaco (m)	kombinéza (ž)	[kombɪnɛ:za]
bata (~ branca, etc.)	plášť (m)	[pla:ʃtʲ]

35. Vestuário. Roupa interior

roupa (f) interior	spodní prádlo (s)	[spodni: pra:dlo]
camisola (f) interior	tílko (s)	[tilko]
peúgas (f pl)	ponožky (ž mn)	[ponoʃkɪ]
camisa (f) de noite	noční košile (ž)	[notʃni: koʃɪlɛ]
sutiã (m)	podprsenka (ž)	[potprsɛŋka]
meias longas (f pl)	podkolenky (ž mn)	[potkolɛŋkɪ]
meia-calça (f)	punčochové kalhoty (ž mn)	[puntʃoxovɛ: kalgotɪ]
meias (f pl)	punčochy (ž mn)	[puntʃoxɪ]
fato (m) de banho	plavky (ž mn)	[plafkɪ]

36. Adereços de cabeça

chapéu (m)	čepice (ž)	[tʃɛpɪtsɛ]
chapéu (m) de feltro	klobouk (m)	[klobouk]
boné (m) de beisebol	kšiltovka (ž)	[kʃɪltofka]
boné (m)	čepice (ž)	[tʃɛpɪtsɛ]
boina (f)	baret (m)	[barɛt]
capuz (m)	kapuce (ž)	[kaputsɛ]
panamá (m)	panamský klobouk (m)	[panamski: klobouk]
gorro (m) de malha	pletená čepice (ž)	[plɛtɛna: tʃɛpɪtsɛ]
lenço (m)	šátek (m)	[ʃa:tɛk]
chapéu (m) de mulher	klobouček (m)	[kloboutʃɛk]
capacete (m) de proteção	přilba (ž)	[prʃɪlba]
bibico (m)	lodička (ž)	[lodɪtʃka]
capacete (m)	helma (ž)	[hɛlma]
chapéu-coco (m)	tvrďák (m)	[tvrdʲa:k]
chapéu (m) alto	válec (m)	[va:lɛts]

37. Calçado

calçado (m)	obuv (ž)	[obuʃ]
botinas (f pl)	boty (ž mn)	[botɪ]
sapatos (de salto alto, etc.)	střevíce (m mn)	[strʃɛvi:tsɛ]
botas (f pl)	holínky (ž mn)	[holi:ŋkɪ]
pantufas (f pl)	bačkory (ž mn)	[batʃkorɪ]
ténis (m pl)	tenisky (ž mn)	[tɛnɪskɪ]
sapatilhas (f pl)	kecky (ž mn)	[kɛtskɪ]
sandálias (f pl)	sandály (m mn)	[sanda:lɪ]
sapateiro (m)	obuvník (m)	[obuvni:k]
salto (m)	podpatek (m)	[potpatɛk]
par (m)	pár (m)	[pa:r]
atacador (m)	tkanička (ž)	[tkanɪtʃka]

apertar os atacadores	šněrovat	[ʃnerovat]
calçadeira (f)	lžíce (ž) na boty	[ʒi:tsɛ na botɪ]
graxa (f) para calçado	krém (m) na boty	[krɛ:m na botɪ]

38. Têxtil. Tecidos

algodão (m)	bavlna (ž)	[bavlna]
de algodão	bavlněný	[bavlneni:]
linho (m)	len (m)	[lɛn]
de linho	lněný	[lneni:]

seda (f)	hedvábí (s)	[hɛdva:bi:]
de seda	hedvábný	[hɛdva:bni:]
lã (f)	vlna (ž)	[vlna]
de lã	vlněný	[vlneni:]

veludo (m)	samet (m)	[samɛt]
camurça (f)	semiš (m)	[sɛmɪʃ]
bombazina (f)	manšestr (m)	[manʃɛstr]

náilon (m)	nylon (m)	[nɪlon]
de náilon	nylonový	[nɪlonovi:]
poliéster (m)	polyester (m)	[poliɛstɛr]
de poliéster	polyesterový	[poliɛstɛrovi:]

couro (m)	kůže (ž)	[ku:ʒe]
de couro	z kůže, kožený	[z ku:ʒe], [koʒeni:]
pele (f)	kožešina (ž)	[koʒeʃɪna]
de peles, de pele	kožešinový	[koʒeʃɪnovi:]

39. Acessórios pessoais

luvas (f pl)	rukavice (ž mn)	[rukavɪtsɛ]
mitenes (f pl)	palčáky (m mn)	[paltʃa:kɪ]
cachecol (m)	šála (ž)	[ʃa:la]

óculos (m pl)	brýle (ž mn)	[bri:lɛ]
armação (f) de óculos	obroučky (m mn)	[obroutʃkɪ]
guarda-chuva (m)	deštník (m)	[dɛʃtni:k]
bengala (f)	hůl (ž)	[hu:l]
escova (f) para o cabelo	kartáč (m) na vlasy	[karta:tʃ na vlasɪ]
leque (m)	vějíř (m)	[veji:rʃ]

gravata (f)	kravata (ž)	[kravata]
gravata-borboleta (f)	motýlek (m)	[moti:lɛk]
suspensórios (m pl)	šle (ž mn)	[ʃlɛ]
lenço (m)	kapesník (m)	[kapesni:k]

pente (m)	hřeben (m)	[hrʒɛbɛn]
travessão (m)	sponka (ž)	[spoŋka]
gancho (m) de cabelo	vlásnička (ž)	[vla:snɪtʃka]
fivela (f)	spona (ž)	[spona]

| cinto (m) | pás (m) | [pa:s] |
| correia (f) | řemen (m) | [rʒɛmɛn] |

mala (f)	taška (ž)	[taʃka]
mala (f) de senhora	kabelka (ž)	[kabɛlka]
mochila (f)	batoh (m)	[batox]

40. Vestuário. Diversos

moda (f)	móda (ž)	[mo:da]
na moda	módní	[mo:dni:]
estilista (m)	modelář (m)	[modɛla:rʃ]

colarinho (m), gola (f)	límec (m)	[li:mɛts]
bolso (m)	kapsa (ž)	[kapsa]
de bolso	kapesní	[kapɛsni:]
manga (f)	rukáv (m)	[ruka:f]
alcinha (f)	poutko (s)	[poutko]
braguilha (f)	poklopec (m)	[poklopɛts]

fecho (m) de correr	zip (m)	[zɪp]
fecho (m), colchete (m)	spona (ž)	[spona]
botão (m)	knoflík (m)	[knofli:k]
casa (f) de botão	knoflíková dírka (ž)	[knofli:kova: di:rka]
soltar-se (vr)	utrhnout se	[utrhnout sɛ]

coser, costurar (vi)	šít	[ʃi:t]
bordar (vt)	vyšívat	[vɪʃi:vat]
bordado (m)	výšivka (ž)	[vi:ʃɪfka]
agulha (f)	jehla (ž)	[jɛhla]
fio (m)	nit (ž)	[nɪt]
costura (f)	šev (m)	[ʃɛf]

sujar-se (vr)	ušpinit se	[uʃpɪnɪt sɛ]
mancha (f)	skvrna (ž)	[skvrna]
engelhar-se (vr)	pomačkat se	[pomatʃkat sɛ]
rasgar (vt)	roztrhat	[roztrhat]
traça (f)	mol (m)	[mol]

41. Cuidados pessoais. Cosméticos

pasta (f) de dentes	zubní pasta (ž)	[zubni: pasta]
escova (f) de dentes	kartáček (m) na zuby	[karta:tʃɛk na zubɪ]
escovar os dentes	čistit si zuby	[tʃɪstɪt sɪ zubɪ]

máquina (f) de barbear	holicí strojek (m)	[holɪtsi: strojɛk]
creme (m) de barbear	krém (m) na holení	[krɛ:m na holɛni:]
barbear-se (vr)	holit se	[holɪt sɛ]

sabonete (m)	mýdlo (s)	[mi:dlo]
champô (m)	šampon (m)	[ʃampon]
tesoura (f)	nůžky (ž mn)	[nu:ʃkɪ]

lima (f) de unhas	pilník (m) na nehty	[pɪlni:k na nɛxtɪ]
corta-unhas (m)	kleštičky (ž mn) na nehty	[klɛʃtɪʧkɪ na nɛxtɪ]
pinça (f)	pinzeta (ž)	[pɪnzeta]

cosméticos (m pl)	kosmetika (ž)	[kosmɛtɪka]
máscara (f) facial	kosmetická maska (ž)	[kosmɛtɪ̈ska: maska]
manicura (f)	manikúra (ž)	[manɪku:ra]
fazer a manicura	dělat manikúru	[delat manɪku:ru]
pedicure (f)	pedikúra (ž)	[pɛdɪku:ra]

mala (f) de maquilhagem	kosmetická kabelka (ž)	[kosmɛtɪ̈ska: kabɛlka]
pó (m)	pudr (m)	[pudr]
caixa (f) de pó	pudřenka (ž)	[pudrӡɛŋka]
blush (m)	červené líčidlo (s)	[ʧɛrvɛnɛ: li:ʧɪdlo]

perfume (m)	voňavka (ž)	[vonʲafka]
água (f) de toilette	toaletní voda (ž)	[toalɛtni: voda]
loção (f)	pleťová voda (ž)	[plɛtʲova: voda]
água-de-colónia (f)	kolínská voda (ž)	[koli:nska: voda]

sombra (f) de olhos	oční stíny (m mn)	[oʧni: sti:nɪ]
lápis (m) delineador	tužka (ž) na oči	[tuʃka na oʧɪ]
máscara (f), rímel (m)	řasenka (ž)	[rӡasɛŋka]

batom (m)	rtěnka (ž)	[rteŋka]
verniz (m) de unhas	lak (m) na nehty	[lak na nɛxtɪ]
laca (f) para cabelos	lak (m) na vlasy	[lak na vlasɪ]
desodorizante (m)	deodorant (m)	[dɛodorant]

creme (m)	krém (m)	[krɛ:m]
creme (m) de rosto	pleťový krém (m)	[plɛtʲovi: krɛ:m]
creme (m) de mãos	krém (m) na ruce	[krɛ:m na ruʦɛ]
creme (m) antirrugas	krém (m) proti vráskám	[krɛ:m protɪ vra:ska:m]
de dia	denní	[dɛnni:]
da noite	noční	[noʧni:]

tampão (m)	tampón (m)	[tampo:n]
papel (m) higiénico	toaletní papír (m)	[toalɛtni: papi:r]
secador (m) elétrico	fén (m)	[fɛ:n]

42. Joalheria

joias (f pl)	šperk (m)	[ʃpɛrk]
precioso	drahý	[drahi:]
marca (f) de contraste	punc (m)	[punʦ]

anel (m)	prsten (m)	[prstɛn]
aliança (f)	snubní prsten (m)	[snubni: prstɛn]
pulseira (f)	náramek (m)	[na:ramɛk]

brincos (m pl)	náušnice (ž mn)	[na:uʃnɪʦɛ]
colar (m)	náhrdelník (m)	[na:hrdɛlni:k]
coroa (f)	koruna (ž)	[koruna]
colar (m) de contas	korály (m mn)	[kora:lɪ]

diamante (m)	diamant (m)	[dɪamant]
esmeralda (f)	smaragd (m)	[smarakt]
rubi (m)	rubín (m)	[rubi:n]
safira (f)	safír (m)	[safi:r]
pérola (f)	perly (ž mn)	[pɛrlɪ]
âmbar (m)	jantar (m)	[jantar]

43. Relógios de pulso. Relógios

relógio (m) de pulso	hodinky (ž mn)	[hodɪŋkɪ]
mostrador (m)	ciferník (m)	[tsɪfɛrni:k]
ponteiro (m)	ručička (ž)	[rutʃɪtʃka]
bracelete (f) em aço	náramek (m)	[na:ramɛk]
bracelete (f) em couro	pásek (m)	[pa:sɛk]

pilha (f)	baterka (ž)	[batɛrka]
descarregar-se	vybít se	[vɪbi:t sɛ]
trocar a pilha	vyměnit baterku	[vɪmnenɪt batɛrku]
estar adiantado	jít napřed	[ji:t naprʃɛt]
estar atrasado	opožďovat se	[opoʒdⁱovat sɛ]

relógio (m) de parede	nástěnné hodiny (ž mn)	[na:stennɛ: hodɪnɪ]
ampulheta (f)	přesýpací hodiny (ž mn)	[prʃɛsi:patsi: hodɪnɪ]
relógio (m) de sol	sluneční hodiny (ž mn)	[slunɛtʃni: hodɪnɪ]
despertador (m)	budík (m)	[budi:k]
relojoeiro (m)	hodinář (m)	[hodɪna:rʃ]
reparar (vt)	opravovat	[opravovat]

Alimentação. Nutrição

44. Comida

carne (f)	maso (s)	[maso]
galinha (f)	slepice (ž)	[slɛpɪtsɛ]
frango (m)	kuře (s)	[kurʒɛ]
pato (m)	kachna (ž)	[kaxna]
ganso (m)	husa (ž)	[husa]
caça (f)	zvěřina (ž)	[zverʒɪna]
peru (m)	krůta (ž)	[kru:ta]
carne (f) de porco	vepřové (s)	[vɛprʃovɛ:]
carne (f) de vitela	telecí (s)	[tɛlɛtsi:]
carne (f) de carneiro	skopové (s)	[skopovɛ:]
carne (f) de vaca	hovězí (s)	[hovezi:]
carne (f) de coelho	králík (m)	[kra:li:k]
chouriço, salsichão (m)	salám (m)	[sala:m]
salsicha (f)	párek (m)	[pa:rɛk]
bacon (m)	slanina (ž)	[slanɪna]
fiambre (f)	šunka (ž)	[ʃuŋka]
presunto (m)	kýta (ž)	[ki:ta]
patê (m)	paštika (ž)	[paʃtɪka]
fígado (m)	játra (s mn)	[ja:tra]
carne (f) moída	mleté maso (s)	[mlɛtɛ: maso]
língua (f)	jazyk (m)	[jazɪk]
ovo (m)	vejce (s)	[vɛjtsɛ]
ovos (m pl)	vejce (s mn)	[vɛjtsɛ]
clara (f) do ovo	bílek (m)	[bi:lɛk]
gema (f) do ovo	žloutek (m)	[ʒloutɛk]
peixe (m)	ryby (ž mn)	[rɪbɪ]
mariscos (m pl)	mořské plody (m mn)	[morʃskɛ: plodɪ]
caviar (m)	kaviár (m)	[kavɪa:r]
caranguejo (m)	krab (m)	[krap]
camarão (m)	kreveta (ž)	[krɛvɛta]
ostra (f)	ústřice (ž)	[u:strʃɪtsɛ]
lagosta (f)	langusta (ž)	[langusta]
polvo (m)	chobotnice (ž)	[xobotnɪtsɛ]
lula (f)	sépie (ž)	[sɛ:pɪe]
esturjão (m)	jeseter (m)	[jɛsɛtɛr]
salmão (m)	losos (m)	[losos]
halibute (m)	platýs (m)	[plati:s]
bacalhau (m)	treska (ž)	[trɛska]
cavala, sarda (f)	makrela (ž)	[makrɛla]

atum (m)	**tuňák** (m)	[tunʲaːk]
enguia (f)	**úhoř** (m)	[uːhorʃ]

truta (f)	**pstruh** (m)	[pstrux]
sardinha (f)	**sardinka** (ž)	[sardɪŋka]
lúcio (m)	**štika** (ž)	[ʃtɪka]
arenque (m)	**sleď** (ž)	[slɛtʲ]

pão (m)	**chléb** (m)	[xlɛːp]
queijo (m)	**sýr** (m)	[siːr]
açúcar (m)	**cukr** (m)	[ʦukr]
sal (m)	**sůl** (ž)	[suːl]

arroz (m)	**rýže** (ž)	[riːʒe]
massas (f pl)	**makaróny** (m mn)	[makaroːnɪ]
talharim (m)	**nudle** (ž mn)	[nudlɛ]

manteiga (f)	**máslo** (s)	[maːslo]
óleo (m) vegetal	**olej** (m)	[olɛj]
óleo (m) de girassol	**slunečnicový olej** (m)	[slunɛtʃnɪʦovi: olɛj]
margarina (f)	**margarín** (m)	[margariːn]

azeitonas (f pl)	**olivy** (ž)	[olɪvɪ]
azeite (m)	**olivový olej** (m)	[olɪvovi: olɛj]

leite (m)	**mléko** (s)	[mlɛːko]
leite (m) condensado	**kondenzované mléko** (s)	[kondɛnzovanɛ: mlɛːko]
iogurte (m)	**jogurt** (m)	[jogurt]
nata (f) azeda	**kyselá smetana** (ž)	[kɪsɛla: smɛtana]
nata (f) do leite	**sladká smetana** (ž)	[slatka: smɛtana]

maionese (f)	**majonéza** (ž)	[majonɛːza]
creme (m)	**krém** (m)	[krɛːm]

grãos (m pl) de cereais	**kroupy** (ž mn)	[kroupɪ]
farinha (f)	**mouka** (ž)	[mouka]
enlatados (m pl)	**konzerva** (ž)	[konzɛrva]

flocos (m pl) de milho	**kukuřičné vločky** (ž mn)	[kukurʒɪtʃne: vlotʃkɪ]
mel (m)	**med** (m)	[mɛt]
doce (m)	**džem** (m)	[ʤem]
pastilha (f) elástica	**žvýkačka** (ž)	[ʒviːkatʃka]

45. Bebidas

água (f)	**voda** (ž)	[voda]
água (f) potável	**pitná voda** (ž)	[pɪtna: voda]
água (f) mineral	**minerální voda** (ž)	[mɪnɛra:lni: voda]

sem gás	**neperlivý**	[nɛpɛrlɪvi:]
gaseificada	**perlivý**	[pɛrlɪvi:]
com gás	**perlivý**	[pɛrlɪvi:]
gelo (m)	**led** (m)	[lɛt]
com gelo	**s ledem**	[s lɛdɛm]

sem álcool	nealkoholický	[nɛalkoholɪtski:]
bebida (f) sem álcool	nealkoholický nápoj (m)	[nɛalkoholɪtski: na:poj]
refresco (m)	osvěžující nápoj (m)	[osveʒuji:tsi: na:poj]
limonada (f)	limonáda (ž)	[lɪmona:da]

bebidas (f pl) alcoólicas	alkoholické nápoje (m mn)	[alkoholɪtskɛ: na:pojɛ]
vinho (m)	víno (s)	[vi:no]
vinho (m) branco	bílé víno (s)	[bi:lɛ: vi:no]
vinho (m) tinto	červené víno (s)	[tʃɛrvɛnɛ: vi:no]

licor (m)	likér (m)	[lɪkɛ:r]
champanhe (m)	šampaňské (s)	[ʃampanʲskɛ:]
vermute (m)	vermut (m)	[vɛrmut]

uísque (m)	whisky (ž)	[vɪskɪ]
vodka (f)	vodka (ž)	[votka]
gim (m)	džin (m)	[dʒɪn]
conhaque (m)	koňak (m)	[konʲak]
rum (m)	rum (m)	[rum]

café (m)	káva (ž)	[ka:va]
café (m) puro	černá káva (ž)	[tʃɛrna: ka:va]
café (m) com leite	bílá káva (ž)	[bi:la: ka:va]
cappuccino (m)	kapučíno (s)	[kaputʃi:no]
café (m) solúvel	rozpustná káva (ž)	[rozpustna: ka:va]

leite (m)	mléko (s)	[mlɛ:ko]
coquetel (m)	koktail (m)	[koktajl]
batido (m) de leite	mléčný koktail (m)	[mlɛtʃni: koktajl]

sumo (m)	šťáva (ž), džus (m)	[ʃtʲa:va], [dʒus]
sumo (m) de tomate	rajčatová šťáva (ž)	[rajtʃatova: ʃtʲa:va]
sumo (m) de laranja	pomerančový džus (m)	[pomɛrantʃovi: dʒus]
sumo (m) fresco	vymačkaná šťáva (ž)	[vɪmatʃkana: ʃtʲa:va]

cerveja (f)	pivo (s)	[pɪvo]
cerveja (f) clara	světlé pivo (s)	[svetlɛ: pɪvo]
cerveja (f) preta	tmavé pivo (s)	[tmavɛ: pɪvo]

chá (m)	čaj (m)	[tʃaj]
chá (m) preto	černý čaj (m)	[tʃɛrni: tʃaj]
chá (m) verde	zelený čaj (m)	[zɛlɛni: tʃaj]

46. Vegetais

| legumes (m pl) | zelenina (ž) | [zɛlɛnɪna] |
| verduras (f pl) | zelenina (ž) | [zɛlɛnɪna] |

tomate (m)	rajské jablíčko (s)	[rajskɛ: jabli:tʃko]
pepino (m)	okurka (ž)	[okurka]
cenoura (f)	mrkev (ž)	[mrkɛf]
batata (f)	brambory (ž mn)	[bramborɪ]
cebola (f)	cibule (ž)	[tsɪbulɛ]
alho (m)	česnek (m)	[tʃesnɛk]

couve (f)	zelí (s)	[zɛli:]
couve-flor (f)	květák (m)	[kveta:k]
couve-de-bruxelas (f)	růžičková kapusta (ž)	[ru:ʒɪtʃkova: kapusta]
brócolos (m pl)	brokolice (ž)	[brokolɪtsɛ]

beterraba (f)	červená řepa (ž)	[tʃɛrvena: rʒɛpa]
beringela (f)	lilek (m)	[lɪlɛk]
curgete (f)	cukina, cuketa (ž)	[tsukɪna], [tsuketa]
abóbora (f)	tykev (ž)	[tɪkɛf]
nabo (m)	vodní řepa (ž)	[vodni: rʒɛpa]

salsa (f)	petržel (ž)	[pɛtrʒel]
funcho, endro (m)	kopr (m)	[koprʲ]
alface (f)	salát (m)	[sala:t]
aipo (m)	celer (m)	[tsɛlɛr]
espargo (m)	chřest (m)	[xrʃɛst]
espinafre (m)	špenát (m)	[ʃpɛna:t]

ervilha (f)	hrách (m)	[hra:x]
fava (f)	boby (m mn)	[bobɪ]
milho (m)	kukuřice (ž)	[kukurʒɪtsɛ]
feijão (m)	fazole (ž)	[fazolɛ]

pimentão (m)	pepř (m)	[pɛprʃ]
rabanete (m)	ředkvička (ž)	[rʒɛtkvɪtʃka]
alcachofra (f)	artyčok (m)	[artɪtʃok]

47. Frutos. Nozes

fruta (f)	ovoce (s)	[ovotsɛ]
maçã (f)	jablko (s)	[jablko]
pera (f)	hruška (ž)	[hruʃka]
limão (m)	citrón (m)	[tsɪtro:n]
laranja (f)	pomeranč (m)	[pomɛrantʃ]
morango (m)	zahradní jahody (ž mn)	[zahradni: jahodɪ]

tangerina (f)	mandarinka (ž)	[mandarɪŋka]
ameixa (f)	švestka (ž)	[ʃvestka]
pêssego (m)	broskev (ž)	[broskɛf]
damasco (m)	meruňka (ž)	[mɛruɲka]
framboesa (f)	maliny (ž mn)	[malɪnɪ]
ananás (m)	ananas (m)	[ananas]

banana (f)	banán (m)	[bana:n]
melancia (f)	vodní meloun (m)	[vodni: mɛloun]
uva (f)	hroznové víno (s)	[hroznovɛ: vi:no]
ginja (f)	višně (ž)	[vɪʃne]
cereja (f)	třešně (ž)	[trʃɛʃne]
meloa (f)	cukrový meloun (m)	[tsukrovi: mɛloun]

toranja (f)	grapefruit (m)	[grɛjpfru:t]
abacate (m)	avokádo (s)	[avoka:do]
papaia (f)	papája (ž)	[papa:ja]
manga (f)	mango (s)	[mango]

romã (f) | granátové jablko (s) | [grana:tovɛ: jablko]
groselha (f) vermelha | červený rybíz (m) | [ʧɛrvɛni: rɪbi:z]
groselha (f) preta | černý rybíz (m) | [ʧɛrni: rɪbi:z]
groselha (f) espinhosa | angrešt (m) | [angrɛʃt]
mirtilo (m) | borůvky (ž mn) | [boru:fkɪ]
amora silvestre (f) | ostružiny (ž mn) | [ostruʒɪnɪ]

uvas (f pl) passas | hrozinky (ž mn) | [hrozɪŋkɪ]
figo (m) | fík (m) | [fi:k]
tâmara (f) | datle (ž) | [datlɛ]

amendoim (m) | burský oříšek (m) | [burski: orʒi:ʃɛk]
amêndoa (f) | mandle (ž) | [mandlɛ]
noz (f) | vlašský ořech (m) | [vlaʃski: orʒɛx]
avelã (f) | lískový ořech (m) | [li:skovi: orʒɛx]
coco (m) | kokos (m) | [kokos]
pistáchios (m pl) | pistácie (ž) | [pɪsta:ʦɪe]

48. Pão. Bolaria

pastelaria (f) | cukroví (s) | [ʦukrovi:]
pão (m) | chléb (m) | [xlɛ:p]
bolacha (f) | sušenky (ž mn) | [suʃɛŋkɪ]

chocolate (m) | čokoláda (ž) | [ʧokola:da]
de chocolate | čokoládový | [ʧokola:dovi:]
rebuçado (m) | bonbón (m) | [bonbo:n]
bolo (cupcake, etc.) | zákusek (m) | [za:kusɛk]
bolo (m) de aniversário | dort (m) | [dort]

tarte (~ de maçã) | koláč (m) | [kola:ʧ]
recheio (m) | nádivka (ž) | [na:dɪfka]

doce (m) | zavařenina (ž) | [zavarʒɛnɪna]
geleia (f) de frutas | marmeláda (ž) | [marmɛla:da]
waffle (m) | oplatky (mn) | [oplatkɪ]
gelado (m) | zmrzlina (ž) | [zmrzlɪna]

49. Pratos cozinhados

prato (m) | jídlo (s) | [ji:dlo]
cozinha (~ portuguesa) | kuchyně (ž) | [kuxɪnɛ]
receita (f) | recept (m) | [rɛʦɛpt]
porção (f) | porce (ž) | [porʦɛ]

salada (f) | salát (m) | [sala:t]
sopa (f) | polévka (ž) | [polɛ:fka]

caldo (m) | vývar (m) | [vi:var]
sandes (f) | obložený chlebíček (m) | [obloʒeni: xlɛbi:ʧɛk]
ovos (m pl) estrelados | míchaná vejce (s mn) | [mi:xana: vɛjʦɛ]
hambúrguer (m) | hamburger (m) | [hamburgɛr]

bife (m)	**biftek** (m)	[bɪftɛk]
conduto (m)	**příloha** (ž)	[prʃi:loha]
espaguete (m)	**spagety** (m mn)	[spagɛtɪ]
puré (m) de batata	**bramborová kaše** (ž)	[bramborova: kaʃɛ]
pizza (f)	**pizza** (ž)	[pɪtsa]
papa (f)	**kaše** (ž)	[kaʃɛ]
omelete (f)	**omeleta** (ž)	[omɛlɛta]

cozido em água	**vařený**	[varʒeni:]
fumado	**uzený**	[uzɛni:]
frito	**smažený**	[smaʒeni:]
seco	**sušený**	[suʃɛni:]
congelado	**zmražený**	[zmraʒeni:]
em conserva	**marinovaný**	[marɪnovani:]

doce (açucarado)	**sladký**	[slatki:]
salgado	**slaný**	[slani:]
frio	**studený**	[studɛni:]
quente	**teplý**	[tɛpli:]
amargo	**hořký**	[horʃki:]
gostoso	**chutný**	[xutni:]

cozinhar (em água a ferver)	**vařit**	[varʒɪt]
fazer, preparar (vt)	**vařit**	[varʒɪt]
fritar (vt)	**smažit**	[smaʒɪt]
aquecer (vt)	**ohřívat**	[ohrʒi:vat]

salgar (vt)	**solit**	[solɪt]
apimentar (vt)	**pepřit**	[pɛprʃɪt]
ralar (vt)	**strouhat**	[strouhat]
casca (f)	**slupka** (ž)	[slupka]
descascar (vt)	**loupat**	[loupat]

50. Especiarias

sal (m)	**sůl** (ž)	[su:l]
salgado	**slaný**	[slani:]
salgar (vt)	**solit**	[solɪt]

pimenta (f) preta	**černý pepř** (m)	[tʃerni: pɛprʃ]
pimenta (f) vermelha	**červená paprika** (ž)	[tʃervɛna: paprɪka]
mostarda (f)	**hořčice** (ž)	[horʃtʃɪtsɛ]
raiz-forte (f)	**křen** (m)	[krʃɛn]

condimento (m)	**ochucovadlo** (s)	[oxutsovadlo]
especiaria (f)	**koření** (s)	[korʒeni:]
molho (m)	**omáčka** (ž)	[oma:tʃka]
vinagre (m)	**ocet** (m)	[otsɛt]

anis (m)	**anýz** (m)	[ani:z]
manjericão (m)	**bazalka** (ž)	[bazalka]
cravo (m)	**hřebíček** (m)	[hrʒɛbi:tʃek]
gengibre (m)	**zázvor** (m)	[za:zvor]
coentro (m)	**koriandr** (m)	[korɪandr]

canela (f)	skořice (ž)	[skorʒɪtsɛ]
sésamo (m)	sezam (m)	[sɛzam]
folhas (f pl) de louro	bobkový list (m)	[bopkovi: lɪst]
páprica (f)	paprika (ž)	[paprɪka]
cominho (m)	kmín (m)	[kmi:n]
açafrão (m)	šafrán (m)	[ʃafra:n]

51. Refeições

comida (f)	jídlo (s)	[ji:dlo]
comer (vt)	jíst	[ji:st]
pequeno-almoço (m)	snídaně (ž)	[sni:dane]
tomar o pequeno-almoço	snídat	[sni:dat]
almoço (m)	oběd (m)	[obet]
almoçar (vi)	obědvat	[obedvat]
jantar (m)	večeře (ž)	[vɛtʃɛrʒɛ]
jantar (vi)	večeřet	[vɛtʃɛrʒet]
apetite (m)	chuť (ž) k jídlu	[xutʲ k ji:dlu]
Bom apetite!	Dobrou chuť!	[dobrou xutʲ]
abrir (~ uma lata, etc.)	otvírat	[otvi:rat]
derramar (vt)	rozlít	[rozli:t]
derramar-se (vr)	rozlít se	[rozli:t sɛ]
ferver (vi)	vřít	[vrʒi:t]
ferver (vt)	vařit	[varʒɪt]
fervido	svařený	[svarʒɛni:]
arrefecer (vt)	ochladit	[oxladɪt]
arrefecer-se (vr)	ochlazovat se	[oxlazovat sɛ]
sabor, gosto (m)	chuť (ž)	[xutʲ]
gostinho (m)	příchuť (ž)	[prʃi:xutʲ]
fazer dieta	držet dietu	[drʒet dɪetu]
dieta (f)	dieta (ž)	[dɪeta]
vitamina (f)	vitamín (m)	[vɪtami:n]
caloria (f)	kalorie (ž)	[kalorɪe]
vegetariano (m)	vegetarián (m)	[vɛgɛtarɪa:n]
vegetariano	vegetariánský	[vɛgɛtarɪa:nski:]
gorduras (f pl)	tuky (m)	[tukɪ]
proteínas (f pl)	bílkoviny (ž)	[bi:lkovɪnɪ]
carboidratos (m pl)	karbohydráty (mn)	[karbohɪdrati:]
fatia (~ de limão, etc.)	plátek (m)	[pla:tɛk]
pedaço (~ de bolo)	kousek (m)	[kousɛk]
migalha (f)	drobek (m)	[drobɛk]

52. Por a mesa

colher (f)	lžíce (ž)	[lʒi:tsɛ]
faca (f)	nůž (m)	[nu:ʃ]

garfo (m)	vidlička (ž)	[vɪdlɪtʃka]
chávena (f)	šálek (m)	[ʃaːlɛk]
prato (m)	talíř (m)	[taliːrʃ]
pires (m)	talířek (m)	[taliːrʒɛk]
guardanapo (m)	ubrousek (m)	[ubrousɛk]
palito (m)	párátko (s)	[paːraːtko]

53. Restaurante

restaurante (m)	restaurace (ž)	[rɛstauratsɛ]
café (m)	kavárna (ž)	[kavaːrna]
bar (m), cervejaria (f)	bar (m)	[bar]
salão (m) de chá	čajovna (ž)	[tʃajovna]

empregado (m) de mesa	číšník (m)	[tʃiːʃniːk]
empregada (f) de mesa	číšnice (ž)	[tʃiːʃnɪtsɛ]
barman (m)	barman (m)	[barman]

ementa (f)	jídelní lístek (m)	[jiːdɛlniː liːstɛk]
lista (f) de vinhos	nápojový lístek (m)	[naːpojoviː liːstɛk]
reservar uma mesa	rezervovat stůl	[rɛzɛrvovat stuːl]

prato (m)	jídlo (s)	[jiːdlo]
pedir (vt)	objednat si	[objɛdnat sɪ]
fazer o pedido	objednat si	[objɛdnat sɪ]

aperitivo (m)	aperitiv (m)	[apɛrɪtɪʃ]
entrada (f)	předkrm (m)	[prʃɛtkrm]
sobremesa (f)	desert (m)	[dɛsɛrt]

conta (f)	účet (m)	[uːtʃɛt]
pagar a conta	zaplatit účet	[zaplatɪt uːtʃɛt]
dar o troco	dát nazpátek	[daːt naspaːtɛk]
gorjeta (f)	spropitné (s)	[spropɪtnɛː]

Família, parentes e amigos

54. Informação pessoal. Formulários

nome (m)	jméno (s)	[jmɛ:no]
apelido (m)	příjmení (s)	[prʃi:jmɛni:]
data (f) de nascimento	datum (s) narození	[datum narozɛni:]
local (m) de nascimento	místo (s) narození	[mi:sto narozɛni:]
nacionalidade (f)	národnost (ž)	[na:rodnost]
lugar (m) de residência	bydliště (s)	[bɪdlɪʃte]
país (m)	země (ž)	[zɛmnɛ]
profissão (f)	povolání (s)	[povola:ni:]
sexo (m)	pohlaví (s)	[pohlavi:]
estatura (f)	postava (ž)	[postava]
peso (m)	váha (ž)	[va:ha]

55. Membros da família. Parentes

mãe (f)	matka (ž)	[matka]
pai (m)	otec (m)	[otɛʦ]
filho (m)	syn (m)	[sɪn]
filha (f)	dcera (ž)	[dʦɛra]
filha (f) mais nova	nejmladší dcera (ž)	[nɛjmladʃi: dʦɛra]
filho (m) mais novo	nejmladší syn (m)	[nɛjmladʃi: sɪn]
filha (f) mais velha	nejstarší dcera (ž)	[nɛjstarʃi: dʦɛra]
filho (m) mais velho	nejstarší syn (m)	[nɛjstarʃi: sɪn]
irmão (m)	bratr (m)	[bratr]
irmã (f)	sestra (ž)	[sɛstra]
primo (m)	bratranec (m)	[bratranɛʦ]
prima (f)	sestřenice (ž)	[sɛstrʃɛnɪʦɛ]
mamã (f)	maminka (ž)	[mamɪŋka]
papá (m)	táta (m)	[ta:ta]
pais (pl)	rodiče (m mn)	[rodɪʧɛ]
criança (f)	dítě (s)	[di:te]
crianças (f pl)	děti (ž mn)	[detɪ]
avó (f)	babička (ž)	[babɪʧka]
avô (m)	dědeček (m)	[dedɛʧɛk]
neto (m)	vnuk (m)	[vnuk]
neta (f)	vnučka (ž)	[vnuʧka]
netos (pl)	vnuci (m mn)	[vnuʦɪ]
tio (m)	strýc (m)	[stri:ʦ]
tia (f)	teta (ž)	[tɛta]

sobrinho (m)	synovec (m)	[sɪnovɛʦ]
sobrinha (f)	neteř (ž)	[nɛtɛrʃ]
sogra (f)	tchyně (ž)	[txɪne]
sogro (m)	tchán (m)	[txa:n]
genro (m)	zeť (m)	[zɛtʲ]
madrasta (f)	nevlastní matka (ž)	[nɛvlastni: matka]
padrasto (m)	nevlastní otec (m)	[nɛvlastni: otɛʦ]
criança (f) de colo	kojenec (m)	[kojɛnɛʦ]
bebé (m)	nemluvně (s)	[nɛmluvne]
menino (m)	děcko (s)	[deʦko]
mulher (f)	žena (ž)	[ʒena]
marido (m)	muž (m)	[muʃ]
esposo (m)	manžel (m)	[manʒel]
esposa (f)	manželka (ž)	[manʒelka]
casado	ženatý	[ʒenati:]
casada	vdaná	[vdana:]
solteiro	svobodný	[svobodni:]
solteirão (m)	mládenec (m)	[mla:dɛnɛʦ]
divorciado	rozvedený	[rozvɛdɛni:]
viúva (f)	vdova (ž)	[vdova]
viúvo (m)	vdovec (m)	[vdovɛʦ]
parente (m)	příbuzný (m)	[prʃi:buzni:]
parente (m) próximo	blízký příbuzný (m)	[bli:ski: prʃi:buzni:]
parente (m) distante	vzdálený příbuzný (m)	[vzda:lɛni: prʃi:buzni:]
parentes (m pl)	příbuzenstvo (s)	[prʃi:buzɛnstvo]
órfão (m), órfã (f)	sirotek (m, ž)	[sɪrotɛk]
tutor (m)	poručník (m)	[porutʃni:k]
adotar (um filho)	adoptovat	[adoptovat]
adotar (uma filha)	adoptovat dívku	[adoptovat difku]

56. Amigos. Colegas de trabalho

amigo (m)	přítel (m)	[prʃi:tɛl]
amiga (f)	přítelkyně (ž)	[prʃi:tɛlkɪne]
amizade (f)	přátelství (s)	[prʃa:tɛlstvi:]
ser amigos	kamarádit	[kamara:dɪt]
amigo (m)	kamarád (m)	[kamara:t]
amiga (f)	kamarádka (ž)	[kamara:tka]
parceiro (m)	partner (m)	[partnɛr]
chefe (m)	šéf (m)	[ʃɛ:f]
superior (m)	vedoucí (m)	[vɛdouʦi:]
subordinado (m)	podřízený (m)	[podrʒi:zɛni:]
colega (m)	kolega (m)	[kolɛga]
conhecido (m)	známý (m)	[zna:mi:]
companheiro (m) de viagem	spolucestující (m)	[spoluʦɛstuji:ʦi:]

colega (m) de classe	spolužák (m)	[spoluʒa:k]
vizinho (m)	soused (m)	[sousɛt]
vizinha (f)	sousedka (ž)	[sousɛtka]
vizinhos (pl)	sousedé (m mn)	[sousɛdɛ:]

57. Homem. Mulher

mulher (f)	žena (ž)	[ʒena]
rapariga (f)	slečna (ž)	[slɛtʃna]
noiva (f)	nevěsta (ž)	[nɛvesta]

bonita	pěkná	[pekna:]
alta	vysoká	[vɪsoka:]
esbelta	štíhlá	[ʃti:hla:]
de estatura média	menší	[mɛnʃi:]

loura (f)	blondýna (ž)	[blondi:na]
morena (f)	bruneta (ž)	[brunɛta]

de senhora	dámský	[da:mski:]
virgem (f)	panna (ž)	[panna]
grávida	těhotná	[tehotna:]

homem (m)	muž (m)	[muʃ]
louro (m)	blondýn (m)	[blondi:n]
moreno (m)	brunet (m)	[brunɛt]
alto	vysoký	[vɪsoki:]
de estatura média	menší	[mɛnʃi:]

rude	hrubý	[hrubi:]
atarracado	zavalitý	[zavalɪti:]
robusto	statný, zdatný	[statni:], [zdatni:]
forte	silný	[sɪlni:]
força (f)	síla (ž)	[si:la]

gordo	tělnatý	[telnati:]
moreno	snědý	[snedi:]
esbelto	štíhlý	[ʃti:hli:]
elegante	elegantní	[ɛlɛgantni:]

58. Idade

idade (f)	věk (m)	[vek]
juventude (f)	mladost (ž)	[mladost]
jovem	mladý	[mladi:]

mais novo	mladší	[mladʃi:]
mais velho	starší	[starʃi:]

jovem (m)	jinoch (m)	[jɪnox]
adolescente (m)	výrostek (m)	[vi:rostɛk]
rapaz (m)	kluk (m)	[kluk]

| velho (m) | stařec (m) | [starʒɛts] |
| velhota (f) | stařena (ž) | [starʒɛna] |

adulto	dospělý	[dospeli:]
de meia-idade	středního věku	[strʃɛdni:ho veku]
idoso, de idade	starší	[starʃi:]
velho	starý	[stari:]

reforma (f)	důchod (m)	[du:xot]
reformar-se (vr)	odejít do důchodu	[odɛji:t do du:xodu]
reformado (m)	důchodce (m)	[du:xodtsɛ]

59. Crianças

criança (f)	dítě (s)	[di:te]
crianças (f pl)	děti (ž mn)	[detɪ]
gémeos (m pl)	blíženci (m mn)	[bli:ʒentsɪ]

berço (m)	kolébka (ž)	[kolɛ:pka]
guizo (m)	chrastítko (s)	[xrasti:tko]
fralda (f)	plenka (ž)	[plɛŋka]

chupeta (f)	dudlík (m)	[dudli:k]
carrinho (m) de bebé	kočárek (m)	[kotʃa:rɛk]
jardim (m) de infância	mateřská škola (ž)	[matɛrʃska: ʃkola]
babysitter (f)	chůva (ž)	[xu:va]

infância (f)	dětství (s)	[detstvi:]
boneca (f)	panenka (ž)	[panɛŋka]
brinquedo (m)	hračka (ž)	[hratʃka]
jogo (m) de armar	dětská stavebnice (ž)	[detska: stavɛbnɪtsɛ]

bem-educado	vychovaný	[vɪxovani:]
mal-educado	nevychovaný	[nɛvɪxovani:]
mimado	rozmazlený	[rozmazlɛni:]

ser travesso	dovádět	[dova:det]
travesso, traquinas	nezbedný	[nɛzbɛdni:]
travessura (f)	nezbednost (ž)	[nɛzbɛdnost]
criança (f) travessa	nezbedník (m)	[nɛzbɛdni:k]

| obediente | poslušný | [posluʃni:] |
| desobediente | neposlušný | [nɛposluʃni:] |

dócil	poslušný	[posluʃni:]
inteligente	rozumný	[rozumni:]
menino (m) prodígio	zázračné dítě (s)	[za:zratʃnɛ: di:te]

60. Casais. Vida de família

| beijar (vt) | líbat | [li:bat] |
| beijar-se (vr) | líbat se | [li:bat sɛ] |

família (f)	rodina (ž)	[rodɪna]
familiar	rodinný	[rodɪnni:]
casal (m)	pár (m)	[pa:r]
matrimónio (m)	manželství (s)	[manʒelstvi:]
lar (m)	rodinný krb (m)	[rodɪnni: krp]
dinastia (f)	dynastie (ž)	[dɪnastɪe]
encontro (m)	rande (s)	[randɛ]
beijo (m)	pusa (ž)	[pusa]
amor (m)	láska (ž)	[la:ska]
amar (vt)	milovat	[mɪlovat]
amado, querido	milovaný	[mɪlovani:]
ternura (f)	něžnost (ž)	[neʒnost]
terno, afetuoso	něžný	[neʒni:]
fidelidade (f)	věrnost (ž)	[vernost]
fiel	věrný	[verni:]
cuidado (m)	péče (ž)	[pɛ:ʧɛ]
carinhoso	starostlivý	[starostlɪvi:]
casar-se (com um homem)	vdát se	[vda:t sɛ]
casar-se (com uma mulher)	ženit se	[ʒenɪt sɛ]
boda (f)	svatba (ž)	[svatba]
bodas (f pl) de ouro	zlatá svatba (ž)	[zlata: svatba]
aniversário (m)	výročí (s)	[vi:roʧi:]
amante (m)	milenec (m)	[mɪlɛnɛʦ]
amante (f)	milenka (ž)	[mɪlɛŋka]
adultério (m)	nevěra (ž)	[nɛvera]
cometer adultério	podvést	[podvɛ:st]
ciumento	žárlivý	[ʒa:rlɪvi:]
ser ciumento	žárlit	[ʒa:rlɪt]
divórcio (m)	rozvod (m)	[rozvot]
divorciar-se (vr)	rozvést se	[rozvɛ:st sɛ]
brigar (discutir)	hádat se	[ha:dat sɛ]
fazer as pazes	smiřovat se	[smɪrʒovat sɛ]
juntos	spolu	[spolu]
sexo (m)	sex (m)	[sɛks]
felicidade (f)	štěstí (s)	[ʃtesti:]
feliz	šťastný	[ʃtʲastni:]
infelicidade (f)	neštěstí (s)	[nɛʃtesti:]
infeliz	nešťastný	[nɛʃtʲastni:]

Caráter. Sentimentos. Emoções

61. Sentimentos. Emoções

sentimento (m)	pocit (m)	[poʦɪt]
sentimentos (m pl)	pocity (m mn)	[poʦɪtɪ]
sentir (vt)	cítit	[ʦiːtɪt]
fome (f)	hlad (m)	[hlat]
ter fome	mít hlad	[miːt hlat]
sede (f)	žízeň (ž)	[ʒiːzɛnʲ]
ter sede	mít žízeň	[miːt ʒiːzɛnʲ]
sonolência (f)	ospalost (ž)	[ospalost]
estar sonolento	chtít spát	[xtiːt spaːt]
cansaço (m)	únava (ž)	[uːnava]
cansado	unavený	[unavɛniː]
ficar cansado	unavit se	[unavɪt sɛ]
humor (m)	nálada (ž)	[naːlada]
tédio (m)	nuda (ž)	[nuda]
aborrecer-se (vr)	nudit se	[nudɪt sɛ]
isolamento (m)	samota (ž)	[samota]
isolar-se	odloučit se	[odlouʧɪt sɛ]
preocupar (vt)	znepokojovat	[znɛpokojovat]
preocupar-se (vr)	znepokojovat se	[znɛpokojovat sɛ]
preocupação (f)	úzkost (ž)	[uːskost]
ansiedade (f)	nepokoj (m)	[nɛpokoj]
preocupado	ustaraný	[ustaraniː]
estar nervoso	být nervózní	[biːt nɛrvoːzniː]
entrar em pânico	panikařit	[panɪkarʒɪt]
esperança (f)	naděje (ž)	[nadejɛ]
esperar (vt)	doufat	[doufat]
certeza (f)	jistota (ž)	[jɪstota]
certo	jistý	[jɪstiː]
indecisão (f)	nejistota (ž)	[nɛjɪstota]
indeciso	nejistý	[nɛjɪstiː]
ébrio, bêbado	opilý	[opɪliː]
sóbrio	střízlivý	[strʒiːzlɪviː]
fraco	slabý	[slabiː]
feliz	šťastný	[ʃtʲastniː]
assustar (vt)	polekat	[polɛkat]
fúria (f)	zuřivost (ž)	[zurʒɪvost]
ira, raiva (f)	vztek (m)	[vstɛk]
depressão (f)	deprese (ž)	[dɛprɛsɛ]
desconforto (m)	neklid (m)	[nɛklɪt]

conforto (m)	klid (m)	[klɪt]
arrepender-se (vr)	litovat	[lɪtovat]
arrependimento (m)	lítost (ž)	[li:tost]
azar (m), má sorte (f)	smůla (ž)	[smu:la]
tristeza (f)	rozladění (s)	[rozladeni:]

vergonha (f)	stud (m)	[stut]
alegria (f)	radost (ž)	[radost]
entusiasmo (m)	nadšení (s)	[nadʃɛni:]
entusiasta (m)	nadšenec (m)	[nadʃɛnɛts]
mostrar entusiasmo	projevit nadšení	[projɛvɪt nadʃɛni:]

62. Caráter. Personalidade

caráter (m)	povaha (ž)	[povaha]
falha (f) de caráter	vada (ž)	[vada]
mente (f), razão (f)	rozum (m)	[rozum]

consciência (f)	svědomí (s)	[svedomi:]
hábito (m)	zvyk (m)	[zvɪk]
habilidade (f)	schopnost (ž)	[sxopnost]
saber (~ nadar, etc.)	umět	[umnet]

paciente	trpělivý	[trpelɪvi:]
impaciente	opilý	[opɪli:]
curioso	zvědavý	[zvedavi:]
curiosidade (f)	zvědavost (ž)	[zvedavost]

modéstia (f)	skromnost (ž)	[skromnost]
modesto	skromný	[skromni:]
imodesto	neskromný	[nɛskromni:]

preguiça (f)	lenost (ž)	[lɛnost]
preguiçoso	líný	[li:ni:]
preguiçoso (m)	lenoch (m)	[lɛnox]

astúcia (f)	vychytralost (ž)	[vɪxɪtralost]
astuto	vychytralý	[vɪxɪtrali:]
desconfiança (f)	nedůvěra (ž)	[nɛdu:vera]
desconfiado	nedůvěřivý	[nɛdu:verʒɪvi:]

generosidade (f)	štědrost (ž)	[ʃtedrost]
generoso	štědrý	[ʃtedri:]
talentoso	nadaný	[nadani:]
talento (m)	nadání (s)	[nada:ni:]

corajoso	smělý	[smneli:]
coragem (f)	smělost (ž)	[smnelost]
honesto	poctivý	[potstɪvi:]
honestidade (f)	poctivost (ž)	[potstɪvost]

prudente	opatrný	[opatrni:]
valente	odvážný	[odva:ʒni:]
sério	vážný	[va:ʒni:]

severo	přísný	[prʃiːsni:]
decidido	rozhodný	[rozhodni:]
indeciso	nerozhodný	[nɛrozhodni:]
tímido	nesmělý	[nɛsmneli:]
timidez (f)	nesmělost (ž)	[nɛsmnelost]

confiança (f)	důvěra (ž)	[duːvera]
confiar (vt)	věřit	[verʒɪt]
crédulo	důvěřivý	[duːverʒɪvi:]

sinceramente	upřímně	[uprʃiːmne]
sincero	upřímný	[uprʃiːmni:]
sinceridade (f)	upřímnost (ž)	[uprʃiːmnost]
aberto	otevřený	[otɛvrʒɛni:]

calmo	tichý	[tɪxi:]
franco	upřímný	[uprʃiːmni:]
ingénuo	naivní	[naɪvni:]
distraído	roztržitý	[roztrʒɪti:]
engraçado	směšný	[smneʃni:]

ganância (f)	lakomost (ž)	[lakomost]
ganancioso	lakomý	[lakomi:]
avarento	skoupý	[skoupi:]
mau	zlý	[zli:]
teimoso	tvrdohlavý	[tvrdohlavi:]
desagradável	nepříjemný	[nɛprʃiːjɛmni:]

egoísta (m)	sobec (m)	[sobɛt͡s]
egoísta	sobecký	[sobɛt͡ski:]
cobarde (m)	zbabělec (m)	[zbabelɛt͡s]
cobarde	bázlivý	[baːzlɪvi:]

63. O sono. Sonhos

dormir (vi)	spát	[spaːt]
sono (m)	spaní (s)	[spani:]
sonho (m)	sen (m)	[sɛn]
sonhar (vi)	snít	[sniːt]
sonolento	ospalý	[ospali:]

cama (f)	lůžko (s)	[luːʃko]
colchão (m)	matrace (ž)	[matrat͡sɛ]
cobertor (m)	deka (ž)	[dɛka]
almofada (f)	polštář (m)	[polʃtaːrʃ]
lençol (m)	prostěradlo (s)	[prosteradlo]

insónia (f)	nespavost (ž)	[nɛspavost]
insone	bezesný	[bɛzɛsni:]
sonífero (m)	prášek (m) pro spaní	[praːʃɛk pro spani:]
tomar um sonífero	vzít prášek pro spaní	[vziːt praːʃɛk pro spani:]

estar sonolento	chtít spát	[xtiːt spaːt]
bocejar (vi)	zívnout	[ziːvnout]

ir para a cama	jít spát	[ji:t spa:t]
fazer a cama	stlát postel	[stla:t postɛl]
adormecer (vi)	usnout	[usnout]

pesadelo (m)	noční můra (ž)	[notʃni: mu:ra]
ronco (m)	chrápání (s)	[xra:pa:ni:]
roncar (vi)	chrápat	[xra:pat]

despertador (m)	budík (m)	[budi:k]
acordar, despertar (vt)	vzbudit	[vzbudɪt]
acordar (vi)	probouzet se	[probouzɛt sɛ]
levantar-se (vr)	vstávat	[vsta:vat]
lavar-se (vr)	umýt se	[umi:t sɛ]

64. Humor. Riso. Alegria

humor (m)	humor (m)	[humor]
sentido (m) de humor	smysl (m)	[smɪsl]
divertir-se (vr)	bavit se	[bavɪt sɛ]
alegre	veselý	[vɛsɛli:]
alegria (f)	zábava (ž)	[za:bava]

sorriso (m)	úsměv (m)	[u:smnef]
sorrir (vi)	usmívat se	[usmi:vat sɛ]
começar a rir	zasmát se	[zasma:t sɛ]
rir (vi)	smát se	[sma:t sɛ]
riso (m)	smích (m)	[smi:x]

anedota (f)	anekdota (ž)	[anɛgdota]
engraçado	směšný	[smneʃni:]
ridículo	směšný	[smneʃni:]

brincar, fazer piadas	žertovat	[ʒertovat]
piada (f)	žert (m)	[ʒert]
alegria (f)	radost (ž)	[radost]
regozijar-se (vr)	radovat se	[radovat sɛ]
alegre	radostný	[radostni:]

65. Discussão, conversação. Parte 1

| comunicação (f) | styk (m) | [stɪk] |
| comunicar-se (vr) | komunikovat | [komunɪkovat] |

conversa (f)	rozhovor (m)	[rozhovor]
diálogo (m)	dialog (m)	[dɪalok]
discussão (f)	diskuse (ž)	[dɪskusɛ]
debate (m)	debata (ž)	[dɛbata]
debater (vt)	diskutovat	[dɪskutovat]

interlocutor (m)	účastník (m) rozhovoru	[u:tʃastni:k rozhovoru]
tema (m)	téma (s)	[tɛ:ma]
ponto (m) de vista	stanovisko (s)	[stanovɪsko]

| opinião (f) | názor (m) | [na:zor] |
| discurso (m) | projev (m) | [projɛf] |

discussão (f)	diskuse (ž)	[dɪskusɛ]
discutir (vt)	projednávat	[projɛdna:vat]
conversa (f)	beseda (ž)	[bɛsɛda]
conversar (vi)	besedovat	[bɛsɛdovat]
encontro (m)	setkání (s)	[sɛtka:ni:]
encontrar-se (vr)	utkávat se	[utka:vat sɛ]

provérbio (m)	přísloví (s)	[prʃi:slovi:]
ditado (m)	pořekadlo (s)	[porʒɛkadlo]
adivinha (f)	hádanka (ž)	[ha:daŋka]
dizer uma adivinha	dávat hádat	[da:vat ha:dat]
senha (f)	heslo (s)	[hɛslo]
segredo (m)	tajemství (s)	[tajɛmstvi:]

juramento (m)	přísaha (ž)	[prʃi:saha]
jurar (vi)	přísahat	[prʃi:sahat]
promessa (f)	slib (m)	[slɪp]
prometer (vt)	slibovat	[slɪbovat]

conselho (m)	rada (ž)	[rada]
aconselhar (vt)	radit	[radɪt]
escutar (~ os conselhos)	poslouchat	[poslouxat]

novidade, notícia (f)	novina (ž)	[novɪna]
sensação (f)	senzace (ž)	[sɛnzatsɛ]
informação (f)	údaje (m mn)	[u:dajɛ]
conclusão (f)	závěr (m)	[za:ver]
voz (f)	hlas (m)	[hlas]
elogio (m)	lichotka (ž)	[lɪxotka]
amável	laskavý	[laskavi:]

palavra (f)	slovo (s)	[slovo]
frase (f)	věta (ž)	[veta]
resposta (f)	odpověď (ž)	[otpoveti]

| verdade (f) | pravda (ž) | [pravda] |
| mentira (f) | lež (ž) | [lɛʃ] |

pensamento (m)	myšlenka (ž)	[mɪʃlɛŋka]
ideia (f)	idea (ž)	[ɪdɛa]
fantasia (f)	fantazie (ž)	[fantazɪe]

66. Discussão, conversação. Parte 2

estimado	vážený	[va:ʒeni:]
respeitar (vt)	vážit si	[va:ʒɪt sɪ]
respeito (m)	respekt (m)	[rɛspɛkt]
Estimado ..., Caro ...	vážený	[va:ʒeni:]

| apresentar (vt) | seznámit | [sɛzna:mɪt] |
| intenção (f) | úmysl (m) | [u:mɪsl] |

tencionar (vt)	mít v úmyslu	[mi:t v u:mɪslu]
desejo (m)	přání (s)	[prʃa:ni:]
desejar (ex. ~ boa sorte)	popřát	[poprʃa:t]
surpresa (f)	překvapení (s)	[prʃɛkvapɛnɪ]
surpreender (vt)	udivovat	[udɪvovat]
surpreender-se (vr)	divit se	[dɪvɪt sɛ]
dar (vt)	dát	[da:t]
pegar (tomar)	vzít	[vzi:t]
devolver (vt)	vrátit	[vra:tɪt]
retornar (vt)	odevzdat	[odɛvzdat]
desculpar-se (vr)	omlouvat se	[omlouvat sɛ]
desculpa (f)	omluva (ž)	[omluva]
perdoar (vt)	odpouštět	[otpouʃtet]
falar (vi)	mluvit	[mluvɪt]
escutar (vt)	poslouchat	[poslouxat]
ouvir até o fim	vyslechnout	[vɪslɛxnout]
compreender (vt)	pochopit	[poxopɪt]
mostrar (vt)	ukázat	[uka:zat]
olhar para ...	dívat se	[di:vat sɛ]
chamar (dizer em voz alta o nome)	zavolat	[zavolat]
perturbar (vt)	rušit	[ruʃɪt]
entregar (~ em mãos)	předat	[prʃɛdat]
pedido (m)	prosba (ž)	[prozba]
pedir (ex. ~ ajuda)	prosit	[prosɪt]
exigência (f)	požadavek (m)	[poʒadavɛk]
exigir (vt)	žádat	[ʒa:dat]
chamar nomes (vt)	škádlit	[ʃka:dlɪt]
zombar (vt)	vysmívat se	[vɪsmi:vat sɛ]
zombaria (f)	výsměch (m)	[vi:smnex]
alcunha (f)	přezdívka (ž)	[prʃɛzdi:fka]
insinuação (f)	narážka (ž)	[nara:ʃka]
insinuar (vt)	narážet	[nara:ʒet]
subentender (vt)	mínit	[mi:nɪt]
descrição (f)	popis (m)	[popɪs]
descrever (vt)	popsat	[popsat]
elogio (m)	pochvala (ž)	[poxvala]
elogiar (vt)	pochválit	[poxva:lɪt]
desapontamento (m)	zklamání (s)	[sklama:ni:]
desapontar (vt)	zklamat	[sklamat]
desapontar-se (vr)	zklamat se	[sklamat sɛ]
suposição (f)	předpoklad (m)	[prʃɛtpoklat]
supor (vt)	předpokládat	[prʃɛtpokla:dat]
advertência (f)	varování (s)	[varova:ni:]
advertir (vt)	varovat	[varovat]

67. Discussão, conversação. Parte 3

convencer (vt)	přemluvit	[prʃɛmluvɪt]
acalmar (vt)	uklidňovat	[uklɪdnʲovat]
silêncio (o ~ é de ouro)	mlčení (s)	[mlʧɛni:]
ficar em silêncio	mlčet	[mlʧɛt]
sussurrar (vt)	šeptnout	[ʃeptnout]
sussurro (m)	šepot (m)	[ʃɛpot]
francamente	otevřeně	[otɛvrʒɛne]
a meu ver ...	podle mého názoru ...	[podlɛ mɛ:ho na:zoru]
detalhe (~ da história)	podrobnost (ž)	[podrobnost]
detalhado	podrobný	[podrobni:]
detalhadamente	podrobně	[podrobne]
dica (f)	nápověda (ž)	[na:poveda]
dar uma dica	napovídat	[napovi:dat]
olhar (m)	pohled (m)	[pohlɛt]
dar uma vista de olhos	pohlédnout	[pohlɛ:dnout]
fixo (olhar ~)	ustrnulý	[ustrnuli:]
piscar (vi)	mrkat	[mrkat]
pestanejar (vt)	mrknout	[mrknout]
acenar (com a cabeça)	kývnout	[ki:vnout]
suspiro (m)	vzdech (m)	[vzdɛx]
suspirar (vi)	vzdechnout	[vzdɛxnout]
estremecer (vi)	zachvívat se	[zaxvi:vat sɛ]
gesto (m)	gesto (s)	[gɛsto]
tocar (com as mãos)	dotknout se	[dotknout sɛ]
agarrar (~ pelo braço)	chytat	[xɪtat]
bater de leve	plácat	[pla:ʦat]
Cuidado!	Pozor!	[pozor]
A sério?	Opravdu?	[opravdu]
Tem certeza?	Jsi si tím jist?	[jsɪ sɪ ti:m jɪst]
Boa sorte!	Hodně zdaru!	[hodne zdaru]
Compreendi!	Jasně!	[jasne]
Que pena!	Škoda!	[ʃkoda]

68. Acordo. Recusa

consentimento (~ mútuo)	souhlas (m)	[souhlas]
consentir (vi)	souhlasit	[souhlasɪt]
aprovação (f)	schválení (s)	[sxva:lɛni:]
aprovar (vt)	schválit	[sxva:lɪt]
recusa (f)	odmítnutí (s)	[odmi:tnuti:]
negar-se (vt)	odmítat	[odmi:tat]
Está ótimo!	Výborně!	[vi:borne]
Muito bem!	Dobře!	[dobrʒɛ]

Está bem! De acordo!	Platí!	[plati:]
proibido	zakázaný	[zaka:zani:]
é proibido	nesmí se	[nɛsmi: sɛ]
é impossível	není možno	[nɛni: moʒno]
incorreto	nesprávný	[nɛspra:vni:]

rejeitar (~ um pedido)	zamítnout	[zami:tnout]
apoiar (vt)	podpořit	[potporʒɪt]
aceitar (desculpas, etc.)	akceptovat	[aktsɛptovat]

confirmar (vt)	potvrdit	[potvrdɪt]
confirmação (f)	potvrzení (s)	[potvrzɛni:]
permissão (f)	povolení (s)	[povolɛni:]
permitir (vt)	dovolit	[dovolɪt]
decisão (f)	rozhodnutí (s)	[rozhodnuti:]
não dizer nada	nepromluvit	[nɛpromluvɪt]

condição (com uma ~)	podmínka (ž)	[podmi:ŋka]
pretexto (m)	výmluva (ž)	[vi:mluva]
elogio (m)	pochvala (ž)	[poxvala]
elogiar (vt)	chválit	[xva:lɪt]

69. Sucesso. Boa sorte. Insucesso

êxito, sucesso (m)	úspěch (m)	[u:spex]
com êxito	úspěšně	[u:speʃne]
bem sucedido	úspěšný	[u:spɛʃni:]

sorte (fortuna)	zdar (m)	[zdar]
Boa sorte!	Hodně zdaru!	[hodne zdaru]
de sorte	zdařilý	[zdarʒɪli:]
sortudo, felizardo	mít štěstí	[mi:t ʃtɛsti:]
fracasso (m)	nezdar (m)	[nɛzdar]
pouca sorte (f)	neštěstí (s)	[nɛʃtesti:]
azar (m), má sorte (f)	smůla (ž)	[smu:la]
mal sucedido	nepodařený	[nɛpodarʒeni:]
catástrofe (f)	katastrofa (ž)	[katastrofa]

orgulho (m)	hrdost (ž)	[hrdost]
orgulhoso	hrdý	[hrdi:]
estar orgulhoso	být hrdý	[bi:t hrdi:]
vencedor (m)	vítěz (m)	[vi:tez]
vencer (vi)	zvítězit	[zvi:tezɪt]
perder (vt)	prohrát	[prohra:t]
tentativa (f)	pokus (m)	[pokus]
tentar (vt)	pokoušet se	[pokouʃet sɛ]
chance (m)	šance (ž)	[ʃantsɛ]

70. Conflitos. Emoções negativas

grito (m)	křik (m)	[krʃɪk]
gritar (vi)	křičet	[krʃɪtʃɛt]

começar a gritar	zakřičet	[zakrʃɪtʃɛt]
discussão (f)	hádka (ž)	[ha:tka]
discutir (vt)	hádat se	[ha:dat sɛ]
escândalo (m)	skandál (m)	[skanda:l]
criar escândalo	dělat skandál	[delat skanda:l]
conflito (m)	konflikt (m)	[konflɪkt]
mal-entendido (m)	nedorozumění (s)	[nɛdorozumneni:]

insulto (m)	urážka (ž)	[ura:ʃka]
insultar (vt)	urážet	[ura:ʒet]
insultado	uražený	[uraʒeni:]
ofensa (f)	urážka (ž)	[ura:ʃka]
ofender (vt)	urazit	[urazɪt]
ofender-se (vr)	urazit se	[urazɪt sɛ]

indignação (f)	rozhořčení (s)	[rozhorʃtʃɛni:]
indignar-se (vr)	rozhořčovat se	[rozhorʃtʃovat sɛ]
queixa (f)	stížnost (ž)	[sti:ʒnost]
queixar-se (vr)	stěžovat si	[steʒovat sɪ]

desculpa (f)	omluva (ž)	[omluva]
desculpar-se (vr)	omlouvat se	[omlouvat sɛ]
pedir perdão	prosit o prominutí	[prosɪt o promɪnuti:]

crítica (f)	kritika (ž)	[krɪtɪka]
criticar (vt)	kritizovat	[krɪtɪzovat]
acusação (f)	obvinění (s)	[obvɪneni:]
acusar (vt)	obviňovat	[obvɪnʲovat]

vingança (f)	pomsta (ž)	[pomsta]
vingar (vt)	mstít se	[msti:t sɛ]
vingar-se (vr)	odplatit	[otplatɪt]

desprezo (m)	opovržení (s)	[opovrʒeni:]
desprezar (vt)	pohrdat	[pohrdat]
ódio (m)	nenávist (ž)	[nɛna:vɪst]
odiar (vt)	nenávidět	[nɛna:vɪdet]

nervoso	nervózní	[nɛrvo:zni:]
estar nervoso	být nervózní	[bi:t nɛrvo:zni:]
zangado	rozčilený	[roztʃɪleni:]
zangar (vt)	rozčilit	[roztʃɪlɪt]

humilhação (f)	ponížení (s)	[poni:ʒeni:]
humilhar (vt)	ponižovat	[ponɪʒovat]
humilhar-se (vr)	ponižovat se	[ponɪʒovat sɛ]

| choque (m) | šok (m) | [ʃok] |
| chocar (vt) | šokovat | [ʃokovat] |

| aborrecimento (m) | nepříjemnost (ž) | [nɛprʃi:jɛmnost] |
| desagradável | nepříjemný | [nɛprʃi:jɛmni:] |

medo (m)	strach (m)	[strax]
terrível (tempestade, etc.)	strašný	[straʃni:]
assustador (ex. história ~a)	strašný	[straʃni:]

horror (m)	**hrůza** (ž)	[hru:za]
horrível (crime, etc.)	**hrůzyplný**	[hru:zɪplni:]
chorar (vi)	**plakat**	[plakat]
começar a chorar	**zaplakat**	[zaplakat]
lágrima (f)	**slza** (ž)	[slza]
falta (f)	**provinění** (s)	[provɪneni:]
culpa (f)	**vina** (ž)	[vɪna]
desonra (f)	**hanba** (ž)	[hanba]
protesto (m)	**protest** (m)	[protɛst]
stresse (m)	**stres** (m)	[strɛs]
perturbar (vt)	**rušit**	[ruʃɪt]
zangar-se com ...	**zlobit se**	[zlobɪt sɛ]
zangado	**naštvaný**	[naʃtvani:]
terminar (vt)	**přerušovat**	[prʃɛruʃovat]
praguejar	**hádat se**	[ha:dat sɛ]
assustar-se	**lekat se**	[lɛkat sɛ]
golpear (vt)	**udeřit**	[udɛrʒɪt]
brigar (na rua, etc.)	**prát se**	[pra:t sɛ]
resolver (o conflito)	**urovnat**	[urovnat]
descontente	**nespokojený**	[nɛspokojɛni:]
furioso	**vzteklý**	[vstɛkli:]
Não está bem!	**To není dobře!**	[to nɛni: dobrʒɛ]
É mau!	**To je špatné!**	[to jɛ ʃpatnɛ:]

Medicina

71. Doenças

doença (f)	nemoc (ž)	[nɛmots]
estar doente	být nemocný	[bi:t nɛmotsni:]
saúde (f)	zdraví (s)	[zdravi:]
nariz (m) a escorrer	rýma (ž)	[ri:ma]
amigdalite (f)	angína (ž)	[angi:na]
constipação (f)	nachlazení (s)	[naxlazɛni:]
constipar-se (vr)	nachladit se	[naxladɪt sɛ]
bronquite (f)	bronchitida (ž)	[bronxɪti:da]
pneumonia (f)	zápal (m) plic	[za:pal plɪts]
gripe (f)	chřipka (ž)	[xrʃɪpka]
míope	krátkozraký	[kra:tkozraki:]
presbita	dalekozraký	[dalɛkozraki:]
estrabismo (m)	šilhavost (ž)	[ʃɪlhavost]
estrábico	šilhavý	[ʃɪlhavi:]
catarata (f)	šedý zákal (m)	[ʃɛdi: za:kal]
glaucoma (m)	zelený zákal (m)	[zɛlɛni: za:kal]
AVC (m), apoplexia (f)	mozková mrtvice (ž)	[moskova: mrtvɪtsɛ]
ataque (m) cardíaco	infarkt (m)	[ɪnfarkt]
enfarte (m) do miocárdio	infarkt (m) myokardu	[ɪnfarkt mɪokardu]
paralisia (f)	obrna (ž)	[obrna]
paralisar (vt)	paralyzovat	[paralɪzovat]
alergia (f)	alergie (ž)	[alɛrgɪe]
asma (f)	astma (s)	[astma]
diabetes (f)	cukrovka (ž)	[tsukrofka]
dor (f) de dentes	bolení (s) zubů	[bolɛni: zubu:]
cárie (f)	zubní kaz (m)	[zubni: kaz]
diarreia (f)	průjem (m)	[pru:jɛm]
prisão (f) de ventre	zácpa (ž)	[za:tspa]
desarranjo (m) intestinal	žaludeční potíže (ž mn)	[ʒaludɛtʃni: poti:ʒe]
intoxicação (f) alimentar	otrava (ž)	[otrava]
intoxicar-se	otrávit se	[otra:vɪt sɛ]
artrite (f)	artritida (ž)	[artrɪtɪda]
raquitismo (m)	rachitida (ž)	[raxɪtɪda]
reumatismo (m)	revmatismus (m)	[rɛvmatɪzmus]
arteriosclerose (f)	ateroskleróza (ž)	[atɛrosklɛro:za]
gastrite (f)	gastritida (ž)	[gastrɪtɪda]
apendicite (f)	apendicitida (ž)	[apɛndɪtsɪtɪda]

| colecistite (f) | zánět (m) žlučníku | [za:net ʒlutʃni:ku] |
| úlcera (f) | vřed (m) | [vrʒɛt] |

sarampo (m)	spalničky (ž mn)	[spalnɪtʃki:]
rubéola (f)	zardénky (ž mn)	[zardeŋkɪ]
iterícia (f)	žloutenka (ž)	[ʒloutɛŋka]
hepatite (f)	hepatitida (ž)	[hɛpatɪtɪda]

esquizofrenia (f)	schizofrenie (ž)	[sxɪzofrɛnɪe]
raiva (f)	vzteklina (ž)	[vstɛklɪna]
neurose (f)	neuróza (ž)	[nɛuro:za]
comoção (f) cerebral	otřes (m) mozku	[otrʃɛs mosku]

cancro (m)	rakovina (ž)	[rakovɪna]
esclerose (f)	skleróza (ž)	[sklɛro:za]
esclerose (f) múltipla	roztroušená skleróza (ž)	[roztrouʃena: sklɛro:za]

alcoolismo (m)	alkoholismus (m)	[alkoholɪzmus]
alcoólico (m)	alkoholik (m)	[alkoholɪk]
sífilis (f)	syfilida (ž)	[sɪfɪlɪda]
SIDA (f)	AIDS (m)	[ajts]

tumor (m)	nádor (m)	[na:dor]
maligno	zhoubný	[zhoubni:]
benigno	nezhoubný	[nɛzhoubni:]

febre (f)	zimnice (ž)	[zɪmnɪtsɛ]
malária (f)	malárie (ž)	[mala:rɪe]
gangrena (f)	gangréna (ž)	[gangrɛ:na]
enjoo (m)	mořská nemoc (ž)	[morʃska: nɛmots]
epilepsia (f)	padoucnice (ž)	[padoutsnɪtsɛ]

epidemia (f)	epidemie (ž)	[ɛpɪdɛmɪe]
tifo (m)	tyf (m)	[tɪf]
tuberculose (f)	tuberkulóza (ž)	[tubɛrkulo:za]
cólera (f)	cholera (ž)	[xolɛra]
peste (f)	mor (m)	[mor]

72. Sintomas. Tratamentos. Parte 1

sintoma (m)	příznak (m)	[prʃi:znak]
temperatura (f)	teplota (ž)	[tɛplota]
febre (f)	vysoká teplota (ž)	[vɪsoka: tɛplota]
pulso (m)	tep (m)	[tɛp]

vertigem (f)	závrať (ž)	[za:vratʲ]
quente (testa, etc.)	horký	[horki:]
calafrio (m)	mrazení (s)	[mrazɛni:]
pálido	bledý	[blɛdi:]

tosse (f)	kašel (m)	[kaʃɛl]
tossir (vi)	kašlat	[kaʃlat]
espirrar (vi)	kýchat	[ki:xat]
desmaio (m)	mdloby (ž mn)	[mdlobɪ]

desmaiar (vi)	upadnout do mdlob	[upadnout do mdlop]
nódoa (f) negra	modřina (ž)	[modrʒɪna]
galo (m)	boule (ž)	[boulɛ]
magoar-se (vr)	uhodit se	[uhodɪt sɛ]
pisadura (f)	pohmožděnina (ž)	[pohmoʒdenɪna]
aleijar-se (vr)	uhodit se	[uhodɪt sɛ]
coxear (vi)	kulhat	[kulhat]
deslocação (f)	vykloubení (s)	[vɪkloubɛni:]
deslocar (vt)	vykloubit	[vɪkloubɪt]
fratura (f)	zlomenina (ž)	[zlomɛnɪna]
fraturar (vt)	dostat zlomeninu	[dostat zlomɛnɪnu]
corte (m)	říznutí (s)	[rʒi:znuti:]
cortar-se (vr)	říznout se	[rʒi:znout sɛ]
hemorragia (f)	krvácení (s)	[krva:ʦɛni:]
queimadura (f)	popálenina (ž)	[popa:lɛnɪna]
queimar-se (vr)	spálit se	[spa:lɪt sɛ]
picar (vt)	píchnout	[pi:xnout]
picar-se (vr)	píchnout se	[pi:xnout sɛ]
lesionar (vt)	pohmoždit	[pohmoʒdɪt]
lesão (m)	pohmoždění (s)	[pohmoʒdeni:]
ferida (f), ferimento (m)	rána (ž)	[ra:na]
trauma (m)	úraz (m)	[u:raz]
delirar (vi)	blouznit	[blouznɪt]
gaguejar (vi)	zajíkat se	[zaji:kat sɛ]
insolação (f)	úpal (m)	[u:pal]

73. Sintomas. Tratamentos. Parte 2

dor (f)	bolest (ž)	[bolɛst]
farpa (no dedo)	tříska (ž)	[trʃi:ska]
suor (m)	pot (m)	[pot]
suar (vi)	potit se	[potɪt sɛ]
vómito (m)	zvracení (s)	[zvraʦɛni:]
convulsões (f pl)	křeče (ž mn)	[krʃɛtʃɛ]
grávida	těhotná	[tehotna:]
nascer (vi)	narodit se	[narodɪt sɛ]
parto (m)	porod (m)	[porot]
dar à luz	rodit	[rodɪt]
aborto (m)	umělý potrat (m)	[umneli: potrat]
respiração (f)	dýchání (s)	[di:xa:ni:]
inspiração (f)	vdech (m)	[vdɛx]
expiração (f)	výdech (m)	[vi:dɛx]
expirar (vi)	vydechnout	[vɪdɛxnout]
inspirar (vi)	nadechnout se	[nadɛxnout sɛ]
inválido (m)	invalida (m)	[ɪnvalɪda]
aleijado (m)	mrzák (m)	[mrza:k]

toxicodependente (m)	narkoman (m)	[narkoman]
surdo	hluchý	[hluxi:]
mudo	němý	[nemi:]

louco (adj.)	šílený	[ʃi:lɛni:]
louco (m)	šílenec (m)	[ʃi:lɛnɛts]
louca (f)	šílenec (ž)	[ʃi:lɛnɛts]
ficar louco	zešílet	[zɛʃi:lɛt]

gene (m)	gen (m)	[gɛn]
imunidade (f)	imunita (ž)	[ɪmunɪta]
hereditário	dědičný	[dedɪʧni:]
congénito	vrozený	[vrozɛni:]

vírus (m)	virus (m)	[vɪrus]
micróbio (m)	mikrob (m)	[mɪkrop]
bactéria (f)	baktérie (ž)	[baktɛ:rɪe]
infeção (f)	infekce (ž)	[ɪnfɛktsɛ]

74. Sintomas. Tratamentos. Parte 3

| hospital (m) | nemocnice (ž) | [nɛmotsnɪtsɛ] |
| paciente (m) | pacient (m) | [patsɪent] |

diagnóstico (m)	diagnóza (ž)	[dɪagno:za]
cura (f)	léčení (s)	[lɛ:ʧɛni:]
tratamento (m) médico	léčba (ž)	[lɛ:ʧba]
curar-se (vr)	léčit se	[lɛ:ʧɪt sɛ]
tratar (vt)	léčit	[lɛ:ʧɪt]
cuidar (pessoa)	ošetřovat	[oʃetrʃovat]
cuidados (m pl)	ošetřování (s)	[oʃetrʃova:ni:]

operação (f)	operace (ž)	[opɛratsɛ]
enfaixar (vt)	obvázat	[obva:zat]
enfaixamento (m)	obvazování (s)	[obvazova:ni:]

vacinação (f)	očkování (s)	[oʧkova:ni:]
vacinar (vt)	dělat očkování	[delat oʧkova:ni:]
injeção (f)	injekce (ž)	[ɪnjɛktsɛ]
dar uma injeção	dávat injekci	[da:vat ɪnjɛktsɪ]

ataque (~ de asma, etc.)	záchvat (m)	[za:xvat]
amputação (f)	amputace (ž)	[amputatsɛ]
amputar (vt)	amputovat	[amputovat]
coma (f)	kóma (s)	[ko:ma]
estar em coma	být v kómatu	[bi:t v ko:matu]
reanimação (f)	reanimace (ž)	[rɛanɪmatsɛ]

recuperar-se (vr)	uzdravovat se	[uzdravovat sɛ]
estado (~ de saúde)	stav (m)	[staf]
consciência (f)	vědomí (s)	[vedomi:]
memória (f)	paměť (ž)	[pamnetʲ]
tirar (vt)	trhat	[trhat]
chumbo (m), obturação (f)	plomba (ž)	[plomba]

chumbar, obturar (vt)	plombovat	[plombovat]
hipnose (f)	hypnóza (ž)	[hɪpno:za]
hipnotizar (vt)	hypnotizovat	[hɪpnotɪzovat]

75. Médicos

médico (m)	lékař (m)	[lɛ:karʃ]
enfermeira (f)	zdravotní sestra (ž)	[zdravotni: sɛstra]
médico (m) pessoal	osobní lékař (m)	[osobni: lɛ:karʃ]

dentista (m)	zubař (m)	[zubarʃ]
oculista (m)	oční lékař (m)	[otʃni: lɛ:karʃ]
terapeuta (m)	internista (m)	[ɪntɛrnɪsta]
cirurgião (m)	chirurg (m)	[xɪrurg]

psiquiatra (m)	psychiatr (m)	[psɪxɪatr]
pediatra (m)	pediatr (m)	[pɛdɪatr]
psicólogo (m)	psycholog (m)	[psɪxolog]
ginecologista (m)	gynekolog (m)	[gɪnɛkolog]
cardiologista (m)	kardiolog (m)	[kardɪolog]

76. Medicina. Drogas. Acessórios

medicamento (m)	lék (m)	[lɛ:k]
remédio (m)	prostředek (m)	[prostrʃɛdɛk]
receitar (vt)	předepsat	[prʒɛdɛpsat]
receita (f)	recept (m)	[rɛtsɛpt]

comprimido (m)	tableta (ž)	[tablɛta]
pomada (f)	mast (ž)	[mast]
ampola (f)	ampule (ž)	[ampulɛ]
preparado (m)	mixtura (ž)	[mɪkstura]
xarope (m)	sirup (m)	[sɪrup]
cápsula (f)	pilulka (ž)	[pɪlulka]
remédio (m) em pó	prášek (m)	[pra:ʃɛk]

ligadura (f)	obvaz (m)	[obvaz]
algodão (m)	vata (ž)	[vata]
iodo (m)	jód (m)	[jo:t]
penso (m) rápido	leukoplast (m)	[lɛukoplast]
conta-gotas (m)	pipeta (ž)	[pɪpɛta]
termómetro (m)	teploměr (m)	[tɛplomnɛr]
seringa (f)	injekční stříkačka (ž)	[ɪnjɛktʃni: strʃi:katʃka]

| cadeira (f) de rodas | vozík (m) | [vozi:k] |
| muletas (f pl) | berle (ž mn) | [bɛrlɛ] |

analgésico (m)	anestetikum (s)	[anɛstɛtɪkum]
laxante (m)	projímadlo (s)	[proji:madlo]
álcool (m) etílico	líh (m)	[li:x]
ervas (f pl) medicinais	bylina (ž)	[bɪlɪna]
de ervas (chá ~)	bylinný	[bɪlɪnni:]

77. Fumar. Produtos tabágicos

tabaco (m)	**tabák** (m)	[taba:k]
cigarro (m)	**cigareta** (ž)	[tsɪgarɛta]
charuto (m)	**doutník** (m)	[doutni:k]
cachimbo (m)	**dýmka** (ž)	[di:mka]
maço (~ de cigarros)	**krabička** (ž)	[krabɪtʃka]

fósforos (m pl)	**zápalky** (ž mn)	[za:palkɪ]
caixa (f) de fósforos	**krabička** (ž) **zápalek**	[krabɪtʃka za:palek]
isqueiro (m)	**zapalovač** (m)	[zapalovatʃ]
cinzeiro (m)	**popelník** (m)	[popɛlni:k]
cigarreira (f)	**pouzdro** (s) **na cigarety**	[pouzdro na tsɪgarɛtɪ]

boquilha (f)	**špička** (ž) **na cigarety**	[ʃpɪtʃka na tsɪgarɛtɪ]
filtro (m)	**filtr** (m)	[fɪltr]

fumar (vi, vt)	**kouřit**	[kourʒɪt]
acender um cigarro	**zapálit si**	[zapa:lɪt sɪ]
tabagismo (m)	**kouření** (s)	[kourʒɛni:]
fumador (m)	**kuřák** (m)	[kurʒa:k]

beata (f)	**nedopalek** (m)	[nɛdopalɛk]
fumo (m)	**kouř** (m)	[kourʃ]
cinza (f)	**popel** (m)	[popɛl]

HABITAT HUMANO

Cidade

78. Cidade. Vida na cidade

cidade (f)	**město** (s)	[mnesto]
capital (f)	**hlavní město** (s)	[hlavni: mnesto]
aldeia (f)	**venkov** (m)	[vɛŋkof]
mapa (m) da cidade	**plán** (m) **města**	[pla:n mnesta]
centro (m) da cidade	**střed** (m) **města**	[strʃɛd mnesta]
subúrbio (m)	**předměstí** (s)	[prʃɛdmnesti:]
suburbano	**předměstský**	[prʃɛdmnestski:]
periferia (f)	**okraj** (m)	[okraj]
arredores (m pl)	**okolí** (s)	[okoli:]
quarteirão (m)	**čtvrť** (ž)	[tʃtvrtʲ]
quarteirão (m) residencial	**obytná čtvrť** (ž)	[obɪtna: tʃtvrtʲ]
tráfego (m)	**provoz** (m)	[provoz]
semáforo (m)	**semafor** (m)	[sɛmafor]
transporte (m) público	**městská doprava** (ž)	[mnestska: doprava]
cruzamento (m)	**křižovatka** (ž)	[krʃɪʒovatka]
passadeira (f)	**přechod** (m)	[prʃɛxot]
passagem (f) subterrânea	**podchod** (m)	[podxot]
cruzar, atravessar (vt)	**přecházet**	[prʃɛxa:zɛt]
peão (m)	**chodec** (m)	[xodɛts]
passeio (m)	**chodník** (m)	[xodni:k]
ponte (f)	**most** (m)	[most]
margem (f) do rio	**nábřeží** (s)	[na:brʒɛʒi:]
fonte (f)	**fontána** (ž)	[fonta:na]
alameda (f)	**alej** (ž)	[alɛj]
parque (m)	**park** (m)	[park]
bulevar (m)	**bulvár** (m)	[bulva:r]
praça (f)	**náměstí** (s)	[na:mnesti:]
avenida (f)	**třída** (ž)	[trʃi:da]
rua (f)	**ulice** (ž)	[ulɪtsɛ]
travessa (f)	**boční ulice** (ž)	[botʃni: ulɪtsɛ]
beco (m) sem saída	**slepá ulice** (ž)	[slɛpa: ulɪtsɛ]
casa (f)	**dům** (m)	[du:m]
edifício, prédio (m)	**budova** (ž)	[budova]
arranha-céus (m)	**mrakodrap** (m)	[mrakodrap]
fachada (f)	**fasáda** (ž)	[fasa:da]
telhado (m)	**střecha** (ž)	[strʃɛxa]

janela (f)	okno (s)	[okno]
arco (m)	oblouk (m)	[oblouk]
coluna (f)	sloup (m)	[sloup]
esquina (f)	roh (m)	[rox]

montra (f)	výloha (ž)	[vi:loha]
letreiro (m)	vývěsní tabule (ž)	[vi:vesni: tabulɛ]
cartaz (m)	plakát (m)	[plaka:t]
cartaz (m) publicitário	reklamní plakát (m)	[rɛklamni: plaka:t]
painel (m) publicitário	billboard (m)	[bɪlbo:rt]

lixo (m)	odpadky (m mn)	[otpatki:]
cesta (f) do lixo	popelnice (ž)	[popɛlnɪtsɛ]
jogar lixo na rua	dělat smetí	[delat smɛti:]
aterro (m) sanitário	smetiště (s)	[smɛtɪʃte]

cabine (f) telefónica	telefonní budka (ž)	[tɛlɛfonni: butka]
candeeiro (m) de rua	pouliční svítilna (ž)	[poulɪtʃni: svi:tɪlna]
banco (m)	lavička (ž)	[lavɪtʃka]

polícia (m)	policista (m)	[polɪtsɪsta]
polícia (instituição)	policie (ž)	[polɪtsɪe]
mendigo (m)	žebrák (m)	[ʒebra:k]
sem-abrigo (m)	bezdomovec (m)	[bɛzdomovɛts]

79. Instituições urbanas

loja (f)	obchod (m)	[obxot]
farmácia (f)	lékárna (ž)	[lɛ:ka:rna]
ótica (f)	oční optika (ž)	[otʃni: optɪka]
centro (m) comercial	obchodní středisko (s)	[obxodni: stɾʃedɪsko]
supermercado (m)	supermarket (m)	[supɛrmarket]

padaria (f)	pekařství (s)	[pɛkarʃstvi:]
padeiro (m)	pekař (m)	[pɛkarʃ]
pastelaria (f)	cukrárna (ž)	[tsukra:rna]
mercearia (f)	smíšené zboží (s)	[smíʃɛnɛ: zboʒi:]
talho (m)	řeznictví (s)	[rʒɛznɪtstvi:]

loja (f) de legumes	zelinářství (s)	[zɛlɪna:rʃstvi:]
mercado (m)	tržnice (ž)	[trʒnɪtsɛ]

café (m)	kavárna (ž)	[kava:rna]
restaurante (m)	restaurace (ž)	[rɛstauratsɛ]
bar (m), cervejaria (f)	pivnice (ž)	[pɪvnɪtsɛ]
pizzaria (f)	pizzerie (ž)	[pɪtsɛrɪe]

salão (m) de cabeleireiro	holičství (s) a kadeřnictví	[holɪtʃstvi: a kadɛɾʒnɪtstvi:]
correios (m pl)	pošta (ž)	[poʃta]
lavandaria (f)	čistírna (ž)	[tʃɪsti:rna]
estúdio (m) fotográfico	fotografický ateliér (m)	[fotografɪtski: atɛlɪe:r]

sapataria (f)	obchod (m) s obuví	[obxot s obuvi:]
livraria (f)	knihkupectví (s)	[knɪxkupɛtstvi:]

loja (f) de artigos de desporto	sportovní potřeby (ž mn)	[sportovni: potrʃɛbɪ]
reparação (f) de roupa	opravna (ž) oděvů	[opravna odevu:]
aluguer (m) de roupa	půjčovna (ž) oděvů	[pu:jtʃovna odevu:]
aluguer (m) de filmes	půjčovna (ž) filmů	[pu:jtʃovna fɪlmu:]

circo (m)	cirkus (m)	[tsɪrkus]
jardim (m) zoológico	zoologická zahrada (ž)	[zoologɪtska: zahrada]
cinema (m)	biograf (m)	[bɪograf]
museu (m)	muzeum (s)	[muzɛum]
biblioteca (f)	knihovna (ž)	[knɪhovna]

teatro (m)	divadlo (s)	[dɪvadlo]
ópera (f)	opera (ž)	[opɛra]
clube (m) noturno	noční klub (m)	[notʃni: klup]
casino (m)	kasino (s)	[kasi:no]

mesquita (f)	mešita (ž)	[mɛʃɪta]
sinagoga (f)	synagóga (ž)	[sinago:ga]
catedral (f)	katedrála (ž)	[katɛdra:la]
templo (m)	chrám (m)	[xra:m]
igreja (f)	kostel (m)	[kostɛl]

instituto (m)	vysoká škola (ž)	[vɪsoka: ʃkola]
universidade (f)	univerzita (ž)	[unɪvɛrzɪta]
escola (f)	škola (ž)	[ʃkola]

prefeitura (f)	prefektura (ž)	[prɛfɛktura]
câmara (f) municipal	magistrát (m)	[magɪstra:t]
hotel (m)	hotel (m)	[hotɛl]
banco (m)	banka (ž)	[baŋka]

embaixada (f)	velvyslanectví (s)	[vɛlvɪslanɛtstvi:]
agência (f) de viagens	cestovní kancelář (ž)	[tsɛstovni: kantsɛla:rʃ]
agência (f) de informações	informační kancelář (ž)	[ɪnformatʃni: kantsɛla:rʃ]
casa (f) de câmbio	směnárna (ž)	[smnena:rna]

metro (m)	metro (s)	[mɛtro]
hospital (m)	nemocnice (ž)	[nɛmotsnɪtsɛ]

posto (m) de gasolina	benzínová stanice (ž)	[bɛnzi:nova: stanɪtsɛ]
parque (m) de estacionamento	parkoviště (s)	[parkovɪʃte]

80. Sinais

letreiro (m)	ukazatel (m) směru	[ukazatɛl smneru]
inscrição (f)	nápis (m)	[na:pɪs]
cartaz, póster (m)	plakát (m)	[plaka:t]
sinal (m) informativo	ukazatel (m)	[ukazatɛl]
seta (f)	šípka (ž)	[ʃi:pka]

aviso (advertência)	varování (s)	[varova:ni:]
sinal (m) de aviso	výstraha (ž)	[vi:straha]
avisar, advertir (vt)	upozorňovat	[upozorɲovat]
dia (m) de folga	volný den (m)	[volni: dɛn]

| horário (m) | jízdní řád (m) | [ji:zdni: rʒa:t] |
| horário (m) de funcionamento | pracovní doba (ž) | [pratsovni: doba] |

BEM-VINDOS!	VÍTEJTE!	[vi:tɛjtɛ]
ENTRADA	VCHOD	[vxot]
SAÍDA	VÝCHOD	[vi:xot]

EMPURRE	TAM	[tam]
PUXE	SEM	[sɛm]
ABERTO	OTEVŘENO	[otɛvrʒɛno]
FECHADO	ZAVŘENO	[zavrʒɛno]

| MULHER | ŽENY | [ʒenɪ] |
| HOMEM | MUŽI | [muʒɪ] |

DESCONTOS	SLEVY	[slɛvɪ]
SALDOS	VÝPRODEJ	[vi:prodɛj]
NOVIDADE!	NOVINKA!	[novɪŋka]
GRÁTIS	ZDARMA	[zdarma]

ATENÇÃO!	POZOR!	[pozor]
NÃO HÁ VAGAS	VOLNÁ MÍSTA NEJSOU	[volna: mi:sta nɛjsou]
RESERVADO	ZADÁNO	[zada:no]

ADMINISTRAÇÃO	KANCELÁŘ	[kantsɛla:rʒ]
SOMENTE PESSOAL	POUZE PRO PERSONÁL	[pouzɛ pro pɛrsona:l]
AUTORIZADO		

CUIDADO CÃO FEROZ	POZOR! ZLÝ PES	[pozor zli: pɛs]
PROIBIDO FUMAR!	ZÁKAZ KOUŘENÍ	[za:kaz kourʒeni:]
NÃO TOCAR	NEDOTÝKEJTE SE!	[nɛdoti:kɛjtɛ sɛ]

PERIGOSO	NEBEZPEČNÉ	[nɛbɛzpɛtʃnɛ:]
PERIGO	NEBEZPEČÍ	[nɛbɛzpɛtʃi:]
ALTA TENSÃO	VYSOKÉ NAPĚTÍ	[vɪsokɛ: napeti:]
PROIBIDO NADAR	KOUPÁNÍ ZAKÁZÁNO	[koupa:ni: zaka:za:no]
AVARIADO	MIMO PROVOZ	[mɪmo provoz]

INFLAMÁVEL	VYSOCE HOŘLAVÝ	[vɪsotsɛ horʒlavi:]
PROIBIDO	ZÁKAZ	[za:kaz]
ENTRADA PROIBIDA	PRŮCHOD ZAKÁZÁN	[pru:xot zaka:za:n]
CUIDADO TINTA FRESCA	ČERSTVĚ NATŘENO	[tʃɛrstve natrʃeno]

81. Transportes urbanos

autocarro (m)	autobus (m)	[autobus]
elétrico (m)	tramvaj (ž)	[tramvaj]
troleicarro (m)	trolejbus (m)	[trolɛjbus]
itinerário (m)	trasa (ž)	[trasa]
número (m)	číslo (s)	[tʃi:slo]

ir de ... (carro, etc.)	jet	[jɛt]
entrar (~ no autocarro)	nastoupit do ...	[nastoupɪt do]
descer de ...	vystoupit z ...	[vɪstoupɪt z]

paragem (f)	zastávka (ž)	[zasta:fka]
próxima paragem (f)	příští zastávka (ž)	[prʃi:ʃti: zasta:fka]
ponto (m) final	konečná stanice (ž)	[konɛtʃna: stanɪtsɛ]
horário (m)	jízdní řád (m)	[ji:zdni: rʒa:t]
esperar (vt)	čekat	[tʃɛkat]

| bilhete (m) | jízdenka (ž) | [ji:zdɛŋka] |
| custo (m) do bilhete | jízdné (s) | [ji:zdnɛ:] |

bilheteiro (m)	pokladník (m)	[pokladni:k]
controlo (m) dos bilhetes	kontrola (ž)	[kontrola]
revisor (m)	revizor (m)	[rɛvɪzor]

atrasar-se (vr)	mít zpoždění	[mi:t spoʒdɛni:]
perder (o autocarro, etc.)	opozdit se	[opozdɪt sɛ]
estar com pressa	pospíchat	[pospi:xat]

táxi (m)	taxík (m)	[taksi:k]
taxista (m)	taxikář (m)	[taksɪka:rʃ]
de táxi (ir ~)	taxíkem	[taksi:kɛm]
praça (f) de táxis	stanoviště (s) taxíků	[stanovɪʃte taksi:ku:]
chamar um táxi	zavolat taxíka	[zavolat taksi:ka]
apanhar um táxi	vzít taxíka	[vzi:t taksi:ka]

tráfego (m)	uliční provoz (m)	[ulɪtʃni: provoz]
engarrafamento (m)	zácpa (ž)	[za:tspa]
horas (f pl) de ponta	špička (ž)	[ʃpɪtʃka]
estacionar (vi)	parkovat se	[parkovat sɛ]
estacionar (vt)	parkovat	[parkovat]
parque (m) de estacionamento	parkoviště (s)	[parkovɪʃte]

metro (m)	metro (s)	[mɛtro]
estação (f)	stanice (ž)	[stanɪtsɛ]
ir de metro	jet metrem	[jɛt mɛtrɛm]
comboio (m)	vlak (m)	[vlak]
estação (f)	nádraží (s)	[na:draʒi:]

82. Turismo

monumento (m)	památka (ž)	[pama:tka]
fortaleza (f)	pevnost (ž)	[pɛvnost]
palácio (m)	palác (m)	[pala:ts]
castelo (m)	zámek (m)	[za:mɛk]
torre (f)	věž (ž)	[vɛʃ]
mausoléu (m)	mauzoleum (s)	[mauzolɛum]

arquitetura (f)	architektura (ž)	[arxɪtɛktura]
medieval	středověký	[strʃɛdoveki:]
antigo	starobylý	[starobɪli:]
nacional	národní	[na:rodni:]
conhecido	známý	[zna:mi:]

| turista (m) | turista (m) | [turɪsta] |
| guia (pessoa) | průvodce (m) | [pru:vodtsɛ] |

excursão (f)	výlet (m)	[vi:lɛt]
mostrar (vt)	ukazovat	[ukazovat]
contar (vt)	povídat	[povi:dat]

encontrar (vt)	najít	[naji:t]
perder-se (vr)	ztratit se	[stratɪtsɛ]
mapa (~ do metrô)	plán (m)	[pla:n]
mapa (~ da cidade)	plán (m)	[pla:n]

lembrança (f), presente (m)	suvenýr (m)	[suvɛni:r]
loja (f) de presentes	prodejna (ž) suvenýrů	[prodɛjna suvɛni:ru:]
fotografar (vt)	fotografovat	[fotografovat]
fotografar-se	fotografovat se	[fotografovat sɛ]

83. Compras

comprar (vt)	kupovat	[kupovat]
compra (f)	nákup (m)	[na:kup]
fazer compras	dělat nákupy	[delat na:kupɪ]
compras (f pl)	nakupování (s)	[nakupova:ni:]

| estar aberta (loja, etc.) | být otevřen | [bi:t otɛvrʒɛn] |
| estar fechada | být zavřen | [bi:t zavrʒɛn] |

calçado (m)	obuv (ž)	[obuʃ]
roupa (f)	oblečení (s)	[oblɛtʃɛni:]
cosméticos (m pl)	kosmetika (ž)	[kosmɛtɪka]
alimentos (m pl)	potraviny (ž mn)	[potravɪnɪ]
presente (m)	dárek (m)	[da:rɛk]

| vendedor (m) | prodavač (m) | [prodavatʃ] |
| vendedora (f) | prodavačka (ž) | [prodavatʃka] |

caixa (f)	pokladna (ž)	[pokladna]
espelho (m)	zrcadlo (s)	[zrtsadlo]
balcão (m)	pult (m)	[pult]
cabine (f) de provas	zkušební kabinka (ž)	[skuʃebni: kabɪŋka]

provar (vt)	zkusit	[skusɪt]
servir (vi)	hodit se	[hodɪt sɛ]
gostar (apreciar)	líbit se	[li:bɪt sɛ]

preço (m)	cena (ž)	[tsɛna]
etiqueta (f) de preço	cenovka (ž)	[tsɛnofka]
custar (vt)	stát	[sta:t]
Quanto?	Kolik?	[kolɪk]
desconto (m)	sleva (ž)	[slɛva]

não caro	levný	[lɛvni:]
barato	levný	[lɛvni:]
caro	drahý	[drahi:]
É caro	To je drahé	[to jɛ drahɛ:]
aluguer (m)	půjčování (s)	[pu:jtʃova:ni:]
alugar (vestidos, etc.)	vypůjčit si	[vɪpu:jtʃɪt sɪ]

crédito (m)	úvěr (m)	[u:ver]
a crédito	na splátky	[na spla:tkɪ]

84. Dinheiro

dinheiro (m)	peníze (m mn)	[pɛni:zɛ]
câmbio (m)	výměna (ž)	[vi:mnena]
taxa (f) de câmbio	kurz (m)	[kurʃ]
Caixa Multibanco (m)	bankomat (m)	[baŋkomat]
moeda (f)	mince (ž)	[mɪntsɛ]

dólar (m)	dolar (m)	[dolar]
euro (m)	euro (s)	[ɛuro]

lira (f)	lira (ž)	[lɪra]
marco (m)	marka (ž)	[marka]
franco (m)	frank (m)	[fraŋk]
libra (f) esterlina	libra (ž) šterlinků	[lɪbra ʃtɛrlɪŋku:]
iene (m)	jen (m)	[jɛn]

dívida (f)	dluh (m)	[dlux]
devedor (m)	dlužník (m)	[dluʒni:k]
emprestar (vt)	půjčit	[pu:jtʃɪt]
pedir emprestado	půjčit si	[pu:jtʃɪt sɪ]

banco (m)	banka (ž)	[baŋka]
conta (f)	účet (m)	[u:tʃɛt]
depositar na conta	uložit na účet	[uloʒɪt na u:tʃɛt]
levantar (vt)	vybrat z účtu	[vɪbrat s u:tʃtu]

cartão (m) de crédito	kreditní karta (ž)	[krɛdɪtni: karta]
dinheiro (m) vivo	hotové peníze (m mn)	[hotovɛ: pɛni:zɛ]
cheque (m)	šek (m)	[ʃɛk]
passar um cheque	vystavit šek	[vɪstavɪt ʃɛk]
livro (m) de cheques	šeková knížka (ž)	[ʃɛkova: kni:ʃka]

carteira (f)	náprsní taška (ž)	[na:prsni: taʃka]
porta-moedas (m)	peněženka (ž)	[pɛneʒeŋka]
cofre (m)	trezor (m)	[trɛzor]

herdeiro (m)	dědic (m)	[dedɪts]
herança (f)	dědictví (s)	[dedɪtstvi:]
fortuna (riqueza)	majetek (m)	[majɛtɛk]

arrendamento (m)	nájem (m)	[na:jɛm]
renda (f) de casa	činže (ž)	[tʃɪnʒe]
alugar (vt)	pronajímat si	[pronaji:mat sɪ]

preço (m)	cena (ž)	[tsɛna]
custo (m)	cena (ž)	[tsɛna]
soma (f)	částka (ž)	[tʃa:stka]

gastar (vt)	utrácet	[utra:tsɛt]
gastos (m pl)	náklady (m mn)	[na:kladɪ]

| economizar (vi) | šetřit | [ʃɛtrʃɪt] |
| económico | úsporný | [u:sporni:] |

pagar (vt)	platit	[platɪt]
pagamento (m)	platba (ž)	[platba]
troco (m)	peníze (m mn) nazpět	[pɛni:zɛ naspet]

imposto (m)	daň (ž)	[danʲ]
multa (f)	pokuta (ž)	[pokuta]
multar (vt)	pokutovat	[pokutovat]

85. Correios. Serviço postal

correios (m pl)	pošta (ž)	[poʃta]
correio (m)	pošta (ž)	[poʃta]
carteiro (m)	listonoš (m)	[lɪstonoʃ]
horário (m)	pracovní doba (ž)	[pratsovni: doba]

carta (f)	dopis (m)	[dopɪs]
carta (f) registada	doporučený dopis (m)	[doporutʃɛni: dopɪs]
postal (m)	pohlednice (ž)	[pohlɛdnɪtsɛ]
telegrama (m)	telegram (m)	[tɛlɛgram]
encomenda (f) postal	balík (m)	[bali:k]
remessa (f) de dinheiro	peněžní poukázka (ž)	[pɛnɛʒni: pouka:ska]

receber (vt)	dostat	[dostat]
enviar (vt)	odeslat	[odɛslat]
envio (m)	odeslání (s)	[odɛsla:ni:]

| endereço (m) | adresa (ž) | [adrɛsa] |
| código (m) postal | poštovní směrovací číslo (s) | [poʃtovni: smnerovatsi: tʃi:slo] |

| remetente (m) | odesílatel (m) | [odɛsi:latɛl] |
| destinatário (m) | příjemce (m) | [prʃi:jɛmtsɛ] |

| nome (m) | jméno (s) | [jmɛ:no] |
| apelido (m) | příjmení (s) | [prʃi:jmɛni:] |

tarifa (f)	tarif (m)	[tarɪf]
ordinário	obyčejný	[obɪtʃɛjni:]
económico	zlevněný	[zlɛvneni:]

peso (m)	váha (ž)	[va:ha]
pesar (estabelecer o peso)	vážit	[va:ʒɪt]
envelope (m)	obálka (ž)	[oba:lka]
selo (m)	známka (ž)	[zna:mka]
colar o selo	nalepovat známku	[nalɛpovat zna:mku]

Moradia. Casa. Lar

86. Casa. Habitação

casa (f)	dům (m)	[du:m]
em casa	doma	[doma]
pátio (m)	dvůr (m)	[dvu:r]
cerca (f)	ohrada (ž)	[ohrada]
tijolo (m)	cihla (ž)	[ʦɪhla]
de tijolos	cihlový	[ʦɪhlovi:]
pedra (f)	kámen (m)	[ka:mɛn]
de pedra	kamenný	[kamɛnni:]
betão (m)	beton (m)	[bɛton]
de betão	betonový	[bɛtonovi:]
novo	nový	[novi:]
velho	starý	[stari:]
decrépito	sešlý	[sɛʃli:]
moderno	moderní	[modɛrni:]
de muitos andares	vícepatrový	[vi:ʦɛpatrovi:]
alto	vysoký	[vɪsoki:]
andar (m)	poschodí (s)	[posxodi:]
de um andar	přizemní	[prʃɪzɛmni:]
andar (m) de baixo	dolní podlaží (s)	[dolni: podlaʒi:]
andar (m) de cima	horní podlaží (s)	[horni: podlaʒi:]
telhado (m)	střecha (ž)	[strʃɛxa]
chaminé (f)	komín (m)	[komi:n]
telha (f)	taška (ž)	[taʃka]
de telha	taškový	[taʃkovi:]
sótão (m)	půda (ž)	[pu:da]
janela (f)	okno (s)	[okno]
vidro (m)	sklo (s)	[sklo]
parapeito (m)	parapet (m)	[parapɛt]
portadas (f pl)	okenice (ž mn)	[okɛnɪʦɛ]
parede (f)	stěna (ž)	[stena]
varanda (f)	balkón (m)	[balko:n]
tubo (m) de queda	okapová roura (ž)	[okapova: roura]
em cima	nahoře	[nahorʒɛ]
subir (~ as escadas)	vystupovat	[vɪstupovat]
descer (vi)	jít dolů	[ji:t dolu:]
mudar-se (vr)	stěhovat se	[stehovat sɛ]

87. Casa. Entrada. Elevador

entrada (f)	vchod (m)	[vxot]
escada (f)	schodiště (s)	[sxodɪʃtɛ]
degraus (m pl)	schody (m mn)	[sxodɪ]
corrimão (m)	zábradlí (s)	[za:bradli:]
hall (m) de entrada	hala (ž)	[hala]

caixa (f) de correio	poštovní schránka (ž)	[poʃtovni: sxra:ŋka]
caixote (m) do lixo	popelnice (ž)	[popɛlnɪʦɛ]
conduta (f) do lixo	šachta (ž) na odpadky	[ʃaxta na otpatkɪ]

elevador (m)	výtah (m)	[vi:tax]
elevador (m) de carga	nákladní výtah (m)	[na:kladni: vi:tax]
cabine (f)	kabina (ž)	[kabɪna]
pegar o elevador	jet výtahem	[jɛt vi:tahɛm]

apartamento (m)	byt (m)	[bɪt]
moradores (m pl)	nájemníci (m)	[na:jɛmni:ʦɪ]
vizinho (m)	soused (m)	[sousɛt]
vizinha (f)	sousedka (ž)	[sousɛtka]
vizinhos (pl)	sousedé (m mn)	[sousɛdɛ:]

88. Casa. Eletricidade

eletricidade (f)	elektřina (ž)	[ɛlɛktrʃina]
lâmpada (f)	žárovka (ž)	[ʒa:rofka]
interruptor (m)	vypínač (m)	[vɪpi:naʧ]
fusível (m)	pojistka (ž)	[pojɪstka]

fio, cabo (m)	vodič (m)	[vodɪʧ]
instalação (f) elétrica	vedení (s)	[vɛdɛni:]
contador (m) de eletricidade	elektroměr (m)	[ɛlɛktromner]
indicação (f), registo (m)	údaj (m)	[u:daj]

89. Casa. Portas. Fechaduras

porta (f)	dveře (ž mn)	[dvɛrʒɛ]
portão (m)	vrata (s mn)	[vrata]
maçaneta (f)	klika (ž)	[klɪka]
destrancar (vt)	odemknout	[odɛmknout]
abrir (vt)	otvírat	[otvi:rat]
fechar (vt)	zavírat	[zavi:rat]

chave (f)	klíč (m)	[kli:ʧ]
molho (m)	svazek (m)	[svazɛk]
ranger (vi)	vrzat	[vrzat]
rangido (m)	vrzání (s)	[vrza:ni:]
dobradiça (f)	závěs (m)	[za:ves]
tapete (m) de entrada	kobereček (m)	[kobɛrɛʧɛk]
fechadura (f)	zámek (m)	[za:mɛk]

buraco (m) da fechadura	klíčová dírka (ž)	[kli:tʃova: di:rka]
ferrolho (m)	závora (ž)	[za:vora]
fecho (ferrolho pequeno)	zástrčka (ž)	[za:strtʃka]
cadeado (m)	visací zámek (m)	[vɪsatsi: za:mɛk]

tocar (vt)	zvonit	[zvonɪt]
toque (m)	zvonění (s)	[zvoneni:]
campainha (f)	zvonek (m)	[zvonɛk]
botão (m)	knoflík (m)	[knofli:k]
batida (f)	klepání (s)	[klɛpa:ni:]
bater (vi)	klepat	[klɛpat]

código (m)	kód (m)	[ko:t]
fechadura (f) de código	kódový zámek (m)	[ko:dovi: za:mɛk]
telefone (m) de porta	domácí telefon (m)	[doma:tsi: tɛlɛfon]
número (m)	číslo (s)	[tʃi:slo]
placa (f) de porta	štítek (m)	[ʃtitɛk]
vigia (f), olho (m) mágico	kukátko (s)	[kuka:tko]

90. Casa de campo

aldeia (f)	venkov (m)	[vɛŋkof]
horta (f)	zelinářská zahrada (ž)	[zɛlɪna:rʃska: zahrada]
cerca (f)	plot (m)	[plot]
paliçada (f)	pletený plot (m)	[plɛtɛni: plot]
cancela (f) do jardim	vrátka (s mn)	[vra:tka]

celeiro (m)	sýpka (ž)	[si:pka]
adega (f)	sklep (m)	[sklɛp]
galpão, barracão (m)	kůlna (ž)	[ku:lna]
poço (m)	studna (ž)	[studna]

fogão (m)	kamna (s mn)	[kamna]
atiçar o fogo	topit	[topɪt]
lenha (carvão ou ~)	dříví (s)	[drʒi:vi:]
acha (lenha)	poleno (s)	[polɛno]

varanda (f)	veranda (ž)	[vɛranda]
alpendre (m)	terasa (ž)	[tɛrasa]
degraus (m pl) de entrada	schody (m mn) před vchodem	[sxodɪ prʃɛd vxodɛm]
balouço (m)	houpačky (ž mn)	[houpatʃkɪ]

91. Moradia. Mansão

casa (f) de campo	venkovský dům (m)	[vɛŋkovski: du:m]
vila (f)	vila (ž)	[vɪla]
ala (~ do edifício)	křídlo (s)	[krʃi:dlo]

jardim (m)	zahrada (ž)	[zahrada]
parque (m)	park (m)	[park]
estufa (f)	oranžérie (ž)	[oranʒe:rɪe]
cuidar de …	zahradničit	[zahradnɪtʃɪt]

83

piscina (f)	bazén (m)	[bazɛ:n]
ginásio (m)	tělocvična (ž)	[teloʦvɪʧna]
campo (m) de ténis	tenisový kurt (m)	[tɛnɪsovi: kurt]
cinema (m)	biograf (m)	[bɪograf]
garagem (f)	garáž (ž)	[gara:ʃ]

| propriedade (f) privada | soukromé vlastnictví (s) | [soukromɛ: vlastnɪʦtvi:] |
| terreno (m) privado | soukromý pozemek (m) | [soukromi: pozɛmɛk] |

| advertência (f) | výstraha (ž) | [vi:straha] |
| sinal (m) de aviso | výstražný nápis (m) | [vi:straʒni: na:pɪs] |

guarda (f)	stráž (ž)	[stra:ʃ]
guarda (m)	strážce (m)	[stra:ʒʦɛ]
alarme (m)	signalizace (ž)	[sɪgnalɪzaʦɛ]

92. Castelo. Palácio

castelo (m)	zámek (m)	[za:mɛk]
palácio (m)	palác (m)	[pala:ʦ]
fortaleza (f)	pevnost (ž)	[pɛvnost]
muralha (f)	zeď (ž)	[zɛtʲ]
torre (f)	věž (ž)	[veʃ]
calabouço (m)	hlavní věž (ž)	[hlavni: veʃ]

grade (f) levadiça	zvedací vrata (s mn)	[zvɛdaʦi: vrata]
passagem (f) subterrânea	podzemní chodba (ž)	[podzɛmni: xodba]
fosso (m)	příkop (m)	[prʃi:kop]
corrente, cadeia (f)	řetěz (m)	[rʒɛtez]
seteira (f)	střílna (ž)	[strʃi:lna]

magnífico	velkolepý	[vɛlkolɛpi:]
majestoso	majestátní	[majɛsta:tni:]
inexpugnável	nedobytný	[nɛdobɪtni:]
medieval	středověký	[strʃɛdoveki:]

93. Apartamento

apartamento (m)	byt (m)	[bɪt]
quarto (m)	pokoj (m)	[pokoj]
quarto (m) de dormir	ložnice (ž)	[loʒnɪʦɛ]
sala (f) de jantar	jídelna (ž)	[ji:dɛlna]
sala (f) de estar	přijímací pokoj (m)	[prʃɪji:maʦi: pokoj]
escritório (m)	pracovna (ž)	[praʦovna]

antessala (f)	předsíň (ž)	[prʃɛtsi:nʲ]
quarto (m) de banho	koupelna (ž)	[koupɛlna]
toilette (lavabo)	záchod (m)	[za:xot]

teto (m)	strop (m)	[strop]
chão, soalho (m)	podlaha (ž)	[podlaha]
canto (m)	kout (m)	[kout]

94. Apartamento. Limpeza

arrumar, limpar (vt)	uklízet	[ukli:zɛt]
guardar (no armário, etc.)	odklízet	[otkli:zɛt]
pó (m)	prach (m)	[prax]
empoeirado	zaprášený	[zapra:ʃɛni:]
limpar o pó	utírat prach	[uti:rat prax]
aspirador (m)	vysavač (m)	[vɪsavatʃ]
aspirar (vt)	vysávat	[vɪsa:vat]
varrer (vt)	zametat	[zamɛtat]
sujeira (f)	smetí (s)	[smɛti:]
arrumação (f), ordem (f)	pořádek (m)	[porʒa:dɛk]
desordem (f)	nepořádek (m)	[nɛporʒa:dɛk]
esfregão (m)	mop (m)	[mop]
pano (m), trapo (m)	hadr (m)	[hadr]
vassoura (f)	koště (s)	[koʃte]
pá (f) de lixo	lopatka (ž) na smetí	[lopatka na smɛti:]

95. Mobiliário. Interior

mobiliário (m)	nábytek (m)	[na:bɪtɛk]
mesa (f)	stůl (m)	[stu:l]
cadeira (f)	židle (ž)	[ʒɪdlɛ]
cama (f)	lůžko (s)	[lu:ʃko]
divã (m)	pohovka (ž)	[pohofka]
cadeirão (m)	křeslo (s)	[krʃɛslo]
estante (f)	knihovna (ž)	[knɪhovna]
prateleira (f)	police (ž)	[polɪtsɛ]
guarda-vestidos (m)	skříň (ž)	[skrʃi:nʲ]
cabide (m) de parede	předsíňový věšák (m)	[prʃɛdsi:novi: vɛʃa:k]
cabide (m) de pé	stojanový věšák (m)	[stojanovi: vɛʃa:k]
cómoda (f)	prádelník (m)	[pra:dɛlni:k]
mesinha (f) de centro	konferenční stolek (m)	[konfɛrɛntʃni: stolɛk]
espelho (m)	zrcadlo (s)	[zrtsadlo]
tapete (m)	koberec (m)	[kobɛrɛts]
tapete (m) pequeno	kobereček (m)	[kobɛrɛtʃɛk]
lareira (f)	krb (m)	[krp]
vela (f)	svíce (ž)	[svi:tsɛ]
castiçal (m)	svícen (m)	[svi:tsɛn]
cortinas (f pl)	záclony (ž mn)	[za:tslonɪ]
papel (m) de parede	tapety (ž mn)	[tapɛtɪ]
estores (f pl)	žaluzie (ž)	[ʒaluzɪɛ]
candeeiro (m) de mesa	stolní lampa (ž)	[stolni: lampa]
candeeiro (m) de parede	svítidlo (s)	[svi:tɪdlo]

| candeeiro (m) de pé | stojací lampa (ž) | [stojaʦi: lampa] |
| lustre (m) | lustr (m) | [lustr] |

pé (de mesa, etc.)	noha (ž)	[noha]
braço (m)	područka (ž)	[podruʧka]
costas (f pl)	opěradlo (s)	[operadlo]
gaveta (f)	zásuvka (ž)	[za:sufka]

96. Quarto de dormir

roupa (f) de cama	ložní prádlo (s)	[loʒni: pra:dlo]
almofada (f)	polštář (m)	[polʃta:rʃ]
fronha (f)	povlak (m) na polštář	[povlak na polʃta:rʒ]
cobertor (m)	deka (ž)	[dɛka]
lençol (m)	prostěradlo (s)	[prosteradlo]
colcha (f)	přikrývka (ž)	[prʃɪkri:fka]

97. Cozinha

cozinha (f)	kuchyně (ž)	[kuxɪne]
gás (m)	plyn (m)	[plɪn]
fogão (m) a gás	plynový sporák (m)	[plɪnovi: spora:k]
fogão (m) elétrico	elektrický sporák (m)	[ɛlɛktrɪtski: spora:k]
forno (m)	trouba (ž)	[trouba]
forno (m) de micro-ondas	mikrovlnná pec (ž)	[mɪkrovlnna: pɛʦ]

frigorífico (m)	lednička (ž)	[lɛdnɪʧka]
congelador (m)	mrazicí komora (ž)	[mrazɪʦi: komora]
máquina (f) de lavar louça	myčka (ž) nádobí	[mɪʧka na:dobi:]

moedor (m) de carne	mlýnek (m) na maso	[mli:nɛk na maso]
espremedor (m)	odšťavňovač (m)	[otʃtʲavnʲovaʧ]
torradeira (f)	opékač (m) topinek	[opɛ:kaʧ topɪnɛk]
batedeira (f)	mixér (m)	[mɪksɛ:r]

máquina (f) de café	kávovar (m)	[ka:vovar]
cafeteira (f)	konvice (ž) na kávu	[konvɪʦɛ na ka:vu]
moinho (m) de café	mlýnek (m) na kávu	[mli:nɛk na ka:vu]

chaleira (f)	čajník (m)	[ʧajni:k]
bule (m)	čajová konvice (ž)	[ʧajova: konvɪʦɛ]
tampa (f)	poklička (ž)	[poklɪʧka]
coador (m) de chá	cedítko (s)	[ʦɛdi:tko]

colher (f)	lžíce (ž)	[ɮʒi:ʦɛ]
colher (f) de chá	kávová lžička (ž)	[ka:vova: ɮʒɪʧka]
colher (f) de sopa	polévková lžíce (ž)	[polɛ:fkova: ɮʒi:ʦɛ]
garfo (m)	vidlička (ž)	[vɪdlɪʧka]
faca (f)	nůž (m)	[nu:ʃ]

| louça (f) | nádobí (s) | [na:dobi:] |
| prato (m) | talíř (m) | [tali:rʃ] |

pires (m)	talířek (m)	[tali:rʒɛk]
cálice (m)	sklenička (ž)	[sklɛnɪtʃka]
copo (m)	sklenice (ž)	[sklɛnɪtsɛ]
chávena (f)	šálek (m)	[ʃa:lɛk]

açucareiro (m)	cukřenka (ž)	[tsukrʃɛŋka]
saleiro (m)	solnička (ž)	[solnɪtʃka]
pimenteiro (m)	pepřenka (ž)	[pɛprʃɛŋka]
manteigueira (f)	nádobka (ž) na máslo	[na:dopka na ma:slo]

panela, caçarola (f)	hrnec (m)	[hrnɛts]
frigideira (f)	pánev (ž)	[pa:nɛf]
concha (f)	naběračka (ž)	[naberatʃka]
passador (m)	cedník (m)	[tsɛdni:k]
bandeja (f)	podnos (m)	[podnos]

garrafa (f)	láhev (ž)	[la:hɛf]
boião (m) de vidro	sklenice (ž)	[sklɛnɪtsɛ]
lata (f)	plechovka (ž)	[plɛxofka]

abre-garrafas (m)	otvírač (m) lahví	[otvi:ratʃ lahvi:]
abre-latas (m)	otvírač (m) konzerv	[otvi:ratʃ konzɛrf]
saca-rolhas (m)	vývrtka (ž)	[vi:vrtka]
filtro (m)	filtr (m)	[fɪltr]
filtrar (vt)	filtrovat	[fɪltrovat]

| lixo (m) | odpadky (m mn) | [otpatki:] |
| balde (m) do lixo | kbelík (m) na odpadky | [gbɛli:k na otpatkɪ] |

98. Casa de banho

quarto (m) de banho	koupelna (ž)	[koupɛlna]
água (f)	voda (ž)	[voda]
torneira (f)	kohout (m)	[kohout]
água (f) quente	teplá voda (ž)	[tɛpla: voda]
água (f) fria	studená voda (ž)	[studɛna: voda]

| pasta (f) de dentes | zubní pasta (ž) | [zubni: pasta] |
| escovar os dentes | čistit si zuby | [tʃɪstɪt sɪ zubɪ] |

barbear-se (vr)	holit se	[holɪt sɛ]
espuma (f) de barbear	pěna (ž) na holení	[pena na holɛni:]
máquina (f) de barbear	holicí strojek (m)	[holɪtsi: strojɛk]

lavar (vt)	mýt	[mi:t]
lavar-se (vr)	mýt se	[mi:t sɛ]
duche (m)	sprcha (ž)	[sprxa]
tomar um duche	sprchovat se	[sprxovat sɛ]

banheira (f)	vana (ž)	[vana]
sanita (f)	záchodová mísa (ž)	[za:xodova mi:sa]
lavatório (m)	umývadlo (s)	[umi:vadlo]
sabonete (m)	mýdlo (m)	[mi:dlo]
saboneteira (f)	miska (ž) na mýdlo	[mɪska na mi:dlo]

esponja (f)	mycí houba (ž)	[mɪtsi: houba]
champô (m)	šampon (m)	[ʃampon]
toalha (f)	ručník (m)	[rutʃni:k]
roupão (m) de banho	župan (m)	[ʒupan]

lavagem (f)	praní (s)	[prani:]
máquina (f) de lavar	pračka (ž)	[pratʃka]
lavar a roupa	prát	[pra:t]
detergente (m)	prací prášek (m)	[pratsi: pra:ʃɛk]

99. Eletrodomésticos

televisor (m)	televizor (m)	[tɛlɛvɪzor]
gravador (m)	magnetofon (m)	[magnɛtofon]
videogravador (m)	videomagnetofon (m)	[vɪdɛomagnɛtofon]
rádio (m)	přijímač (m)	[prʃɪji:matʃ]
leitor (m)	přehrávač (m)	[prʃɛhra:vatʃ]

projetor (m)	projektor (m)	[projɛktor]
cinema (m) em casa	domácí biograf (m)	[doma:tsi: bɪograf]
leitor (m) de DVD	DVD přehrávač (m)	[dɛvɛdɛ prʃɛhra:vatʃ]
amplificador (m)	zesilovač (m)	[zɛsɪlovatʃ]
console (f) de jogos	hrací přístroj (m)	[hratsi: prʃi:stroj]

câmara (f) de vídeo	videokamera (ž)	[vɪdɛokamɛra]
máquina (f) fotográfica	fotoaparát (m)	[fotoapara:t]
câmara (f) digital	digitální fotoaparát (m)	[dɪgɪta:lni: fotoapara:t]

aspirador (m)	vysavač (m)	[vɪsavatʃ]
ferro (m) de engomar	žehlička (ž)	[ʒehlɪtʃka]
tábua (f) de engomar	žehlicí prkno (s)	[ʒehlɪtsi: prkno]

telefone (m)	telefon (m)	[tɛlɛfon]
telemóvel (m)	mobilní telefon (m)	[mobɪlni: tɛlɛfon]
máquina (f) de escrever	psací stroj (m)	[psatsi: stroj]
máquina (f) de costura	šicí stroj (m)	[ʃɪtsi: stroj]

microfone (m)	mikrofon (m)	[mɪkrofon]
auscultadores (m pl)	sluchátka (s mn)	[sluxa:tka]
controlo remoto (m)	ovládač (m)	[ovla:datʃ]

CD (m)	CD disk (m)	[tsɛ:dɛ: dɪsk]
cassete (f)	kazeta (ž)	[kazɛta]
disco (m) de vinil	deska (ž)	[dɛska]

100. Reparações. Renovação

renovação (f)	oprava (ž)	[oprava]
renovar (vt), fazer obras	dělat opravu	[delat opravu]
reparar (vt)	opravovat	[opravovat]
consertar (vt)	dávat do pořádku	[da:vat do porʒa:tku]
refazer (vt)	předělávat	[prʃɛdela:vat]

tinta (f)	barva (ž)	[barva]
pintar (vt)	natírat	[nati:rat]
pintor (m)	malíř (m) pokojů	[mali:rʃ pokoju:]
pincel (m)	štětec (m)	[ʃtetɛts]

cal (f)	omítka (ž)	[omi:tka]
caiar (vt)	bílit	[bi:lɪt]

papel (m) de parede	tapety (ž mn)	[tapɛtɪ]
colocar papel de parede	vytapetovat	[vɪtapɛtovat]
verniz (m)	lak (m)	[lak]
envernizar (vt)	lakovat	[lakovat]

101. Canalizações

água (f)	voda (ž)	[voda]
água (f) quente	teplá voda (ž)	[tɛpla: voda]
água (f) fria	studená voda (ž)	[studɛna: voda]
torneira (f)	kohout (m)	[kohout]

gota (f)	kapka (ž)	[kapka]
gotejar (vi)	kapat	[kapat]
vazar (vt)	téci	[tɛ:tsɪ]
vazamento (m)	tečení (s)	[tɛtʃɛni:]
poça (f)	louže (ž)	[louʒe]

tubo (m)	trubka (ž)	[trupka]
válvula (f)	ventil (m)	[vɛntɪl]
entupir-se (vr)	zacpat se	[zatspat sɛ]

ferramentas (f pl)	nástroje (m mn)	[nastrojɛ]
chave (f) inglesa	stavitelný klíč (m)	[stavɪtɛlni: kli:tʃ]
desenroscar (vt)	ukroutit	[ukroutɪt]
enroscar (vt)	zakroutit	[zakroutɪt]

desentupir (vt)	pročišťovat	[protʃɪʃtʲovat]
canalizador (m)	instalatér (m)	[ɪnstalatɛ:r]
cave (f)	sklep (m)	[sklɛp]
sistema (m) de esgotos	kanalizace (ž)	[kanalɪzatsɛ]

102. Fogo. Deflagração

incêndio (m)	oheň (m)	[ohɛnʲ]
chama (f)	plamen (m)	[plamɛn]
faísca (f)	jiskra (ž)	[jɪskra]
fumo (m)	kouř (m)	[kourʃ]
tocha (f)	pochodeň (ž)	[poxodɛnʲ]
fogueira (f)	oheň (m)	[ohɛnʲ]

gasolina (f)	benzín (m)	[bɛnzi:n]
querosene (m)	petrolej (m)	[pɛtrolɛj]
inflamável	hořlavý	[horʒlavi:]

| explosivo | výbušný | [vi:buʃni:] |
| PROIBIDO FUMAR! | ZÁKAZ KOUŘENÍ | [za:kaz kourʒɛni:] |

segurança (f)	bezpečnost (ž)	[bɛzpɛtʃnost]
perigo (m)	nebezpečí (s)	[nɛbɛzpɛtʃi:]
perigoso	nebezpečný	[nɛbɛzpɛtʃni:]

incendiar-se (vr)	začít hořet	[zatʃi:t horʒɛt]
explosão (f)	výbuch (m)	[vi:bux]
incendiar (vt)	zapálit	[zapa:lɪt]
incendiário (m)	žhář (m)	[ʒha:rʃ]
incêndio (m) criminoso	žhářství (s)	[ʒha:rʃstvi:]

arder (vi)	planout	[planout]
queimar (vi)	hořet	[horʒɛt]
queimar tudo (vi)	shořet	[sxorʒɛt]

bombeiro (m)	hasič (m)	[hasɪtʃ]
carro (m) de bombeiros	hasičské auto (m)	[hasɪtʃske: auto]
corpo (m) de bombeiros	hasičský sbor (m)	[hasɪtʃski: zbor]
escada (f) extensível	požární žebřík (m)	[poʒa:rni: ʒebrʒi:k]

mangueira (f)	hadice (ž)	[hadɪtsɛ]
extintor (m)	hasicí přístroj (m)	[hasɪtsi: prʃi:stroj]
capacete (m)	přilba (ž)	[prʃɪlba]
sirene (f)	houkačka (ž)	[houkatʃka]

gritar (vi)	křičet	[krʃɪtʃɛt]
chamar por socorro	volat o pomoc	[volat o pomots]
salvador (m)	záchranář (m)	[za:xrana:rʃ]
salvar, resgatar (vt)	zachraňovat	[zaxranʲovat]

chegar (vi)	přijet	[prʃɪjɛt]
apagar (vt)	hasit	[hasɪt]
água (f)	voda (ž)	[voda]
areia (f)	písek (m)	[pi:sɛk]

ruínas (f pl)	zřícenina (ž)	[zrʒi:tsɛnɪna]
ruir (vi)	zřítit se	[zrʒi:tɪt sɛ]
desmoronar (vi)	zhroutit se	[zhroutɪt sɛ]
desabar (vi)	zřítit se	[zrʒi:tɪt sɛ]

| fragmento (m) | úlomek (m) | [u:lomɛk] |
| cinza (f) | popel (m) | [popɛl] |

| sufocar (vi) | udusit se | [udusɪt sɛ] |
| perecer (vi) | zahynout | [zahɪnout] |

ATIVIDADES HUMANAS

Emprego. Negócios. Parte 1

103. Escritório. O trabalho no escritório

escritório (~ de advogados)	kancelář (ž)	[kantsɛlaːrʃ]
escritório (do diretor, etc.)	pracovna (ž)	[pratsovna]
receção (f)	recepce (ž)	[rɛtsɛptsɛ]
secretário (m)	sekretář (m)	[sɛkrɛtaːrʃ]
diretor (m)	ředitel (m)	[rʒɛdɪtɛl]
gerente (m)	manažer (m)	[manaʒer]
contabilista (m)	účetní (m, ž)	[uːtʃɛtniː]
empregado (m)	zaměstnanec (m)	[zamnestnanɛts]
mobiliário (m)	nábytek (m)	[naːbɪtɛk]
mesa (f)	stůl (m)	[stuːl]
cadeira (f)	křeslo (s)	[krʃɛslo]
bloco (m) de gavetas	zásuvkový díl (ž)	[zaːsufkovi: di:l]
cabide (m) de pé	věšák (m)	[vɛʃaːk]
computador (m)	počítač (m)	[potʃiːtatʃ]
impressora (f)	tiskárna (ž)	[tɪskaːrna]
fax (m)	fax (m)	[faks]
fotocopiadora (f)	kopírovací přístroj (m)	[kopiːrovatsi: prʃiːstroj]
papel (m)	papír (m)	[papiːr]
artigos (m pl) de escritório	kancelářské potřeby (ž mn)	[kantsɛlarʃskɛː potrʃɛbɪ]
tapete (m) de rato	podložka (ž) pro myš	[podloʃka pro mɪʃ]
folha (f) de papel	list (m)	[lɪst]
pasta (f)	fascikl (m)	[fastsɪkl]
catálogo (m)	katalog (m)	[katalok]
diretório (f) telefónico	příručka (ž)	[prʃiːrutʃka]
documentação (f)	dokumentace (ž)	[dokumɛntatsɛ]
brochura (f)	brožura (ž)	[broʒura]
flyer (m)	leták (m)	[lɛtaːk]
amostra (f)	vzor (m)	[vzor]
formação (f)	trénink (m)	[trɛːnɪŋk]
reunião (f)	porada (ž)	[porada]
hora (f) de almoço	polední přestávka (ž)	[polɛdni: prʃɛstaːfka]
fazer uma cópia	dělat kopii	[delat kopɪjɪ]
tirar cópias	rozmnožit	[rozmnoʒɪt]
receber um fax	přijímat fax	[prʃɪjiːmat faks]
enviar um fax	odesílat fax	[odɛsiːlat faks]
fazer uma chamada	zavolat	[zavolat]

| responder (vt) | odpovědět | [otpovedet] |
| passar (vt) | spojit | [spojɪt] |

marcar (vt)	stanovovat	[stanovovat]
demonstrar (vt)	demonstrovat	[dɛmonstrovat]
estar ausente	být nepřítomen	[bi:t nɛprʃi:tomɛn]
ausência (f)	absence (ž)	[apsɛntsɛ]

104. Processos negociais. Parte 1

ocupação (f)	práce (ž)	[pra:tsɛ]
firma, empresa (f)	firma (ž)	[fɪrma]
companhia (f)	společnost (ž)	[spolɛtʃnost]
corporação (f)	korporace (ž)	[korporatsɛ]
empresa (f)	podnik (m)	[podnɪk]
agência (f)	agentura (ž)	[agɛntura]

acordo (documento)	smlouva (ž)	[smlouva]
contrato (m)	kontrakt (m)	[kontrakt]
acordo (transação)	obchod (m)	[obxot]
encomenda (f)	objednávka (ž)	[objɛdna:fka]
cláusulas (f pl), termos (m pl)	podmínka (ž)	[podmi:ŋka]

por grosso (adv)	ve velkém	[vɛ vɛlkɛ:m]
por grosso (adj)	velkoobchodní	[vɛlkoobxodni:]
venda (f) por grosso	prodej (m) ve velkém	[prodɛj vɛ vɛlkɛ:m]
a retalho	maloobchodní	[maloobxodni:]
venda (f) a retalho	prodej (m) v drobném	[prodɛj v drobnɛ:m]

concorrente (m)	konkurent (m)	[koŋkurɛnt]
concorrência (f)	konkurence (ž)	[koŋkurɛntsɛ]
competir (vi)	konkurovat	[koŋkurovat]

| sócio (m) | partner (m) | [partnɛr] |
| parceria (f) | partnerství (s) | [partnɛrstvi:] |

crise (f)	krize (ž)	[krɪzɛ]
bancarrota (f)	bankrot (m)	[baŋkrot]
entrar em falência	zbankrotovat	[zbaŋkrotovat]
dificuldade (f)	potíž (ž)	[poti:ʃ]
problema (m)	problém (m)	[problɛ:m]
catástrofe (f)	katastrofa (ž)	[katastrofa]

economia (f)	ekonomika (ž)	[ɛkonomɪka]
económico	ekonomický	[ɛkonomɪtski:]
recessão (f) económica	hospodářský pokles (m)	[hospoda:rʃski: poklɛs]

| objetivo (m) | cíl (m) | [tsi:l] |
| tarefa (f) | úkol (m) | [u:kol] |

comerciar (vi, vt)	obchodovat	[obxodovat]
rede (de distribuição)	síť (ž)	[si:tʲ]
estoque (m)	sklad (m)	[sklat]
sortimento (m)	sortiment (m)	[sortɪmɛnt]

líder (m)	předák (m)	[pr∫ɛdaːk]
grande (~ empresa)	velký	[vɛlki:]
monopólio (m)	monopol (m)	[monopol]

teoria (f)	teorie (ž)	[tɛorɪe]
prática (f)	praxe (ž)	[praksɛ]
experiência (falar por ~)	zkušenost (ž)	[skuʃɛnost]
tendência (f)	tendence (ž)	[tɛndɛntsɛ]
desenvolvimento (m)	rozvoj (m)	[rozvoj]

105. Processos negociais. Parte 2

rentabilidade (f)	výhoda (ž)	[viːhoda]
rentável	výhodný	[viːhodni:]

delegação (f)	delegace (ž)	[dɛlɛgatsɛ]
salário, ordenado (m)	mzda (ž)	[mzda]
corrigir (um erro)	opravovat	[opravovat]
viagem (f) de negócios	služební cesta (ž)	[sluʒebni: tsɛsta]
comissão (f)	komise (ž)	[komɪsɛ]

controlar (vt)	kontrolovat	[kontrolovat]
conferência (f)	konference (ž)	[konfɛrɛntsɛ]
licença (f)	licence (ž)	[lɪtsɛntsɛ]
confiável	spolehlivý	[spolɛhlɪvi:]

empreendimento (m)	iniciativa (ž)	[ɪnɪtsɪatɪva]
norma (f)	norma (ž)	[norma]
circunstância (f)	okolnost (ž)	[okolnost]
dever (m)	povinnost (ž)	[povɪnnost]

empresa (f)	organizace (ž)	[organɪzatsɛ]
organização (f)	organizace (ž)	[organɪzatsɛ]
organizado	organizovaný	[organɪzovani:]
anulação (f)	zrušení (s)	[zruʃeni:]
anular, cancelar (vt)	zrušit	[zruʃɪt]
relatório (m)	zpráva (ž)	[spraːva]

patente (f)	patent (m)	[patɛnt]
patentear (vt)	patentovat	[patɛntovat]
planear (vt)	plánovat	[plaːnovat]

prémio (m)	prémie (ž)	[prɛːmɪe]
profissional	profesionální	[profɛsɪonaːlni:]
procedimento (m)	procedura (ž)	[protsɛdura]

examinar (a questão)	projednat	[projɛdnat]
cálculo (m)	výpočet (m)	[viːpot∫ɛt]
reputação (f)	reputace (ž)	[rɛputatsɛ]
risco (m)	riziko (s)	[rɪzɪko]

dirigir (~ uma empresa)	řídit	[rʒiːdɪt]
informação (f)	údaje (m mn)	[uːdajɛ]
propriedade (f)	vlastnictví (s)	[vlastnɪtstvi:]

união (f)	unie (ž)	[unɪe]
seguro (m) de vida	pojištění (s) života	[pojɪʃteni: ʒɪvota]
fazer um seguro	pojišťovat	[pojɪʃtʲovat]
seguro (m)	pojistka (ž)	[pojɪstka]

leilão (m)	dražba (ž)	[draʒba]
notificar (vt)	uvědomit	[uvedomɪt]
gestão (f)	řízení (s)	[rʒi:zɛni:]
serviço (indústria de ~s)	služba (ž)	[sluʒba]

fórum (m)	fórum (s)	[fo:rum]
funcionar (vi)	fungovat	[fungovat]
estágio (m)	etapa (ž)	[ɛtapa]
jurídico	právnický	[pra:vnɪtski:]
jurista (m)	právník (m)	[pra:vni:k]

106. Produção. Trabalhos

usina (f)	závod (m)	[za:vot]
fábrica (f)	továrna (ž)	[tova:rna]
oficina (f)	dílna (ž)	[di:lna]
local (m) de produção	podnik (m)	[podnɪk]

indústria (f)	průmysl (m)	[pru:mɪsl]
industrial	průmyslový	[pru:mɪslovi:]
indústria (f) pesada	těžký průmysl (m)	[teʃki: pru:mɪsl]
indústria (f) ligeira	lehký průmysl (m)	[lɛhki: pru:mɪsl]

produção (f)	výroba (ž)	[vi:roba]
produzir (vt)	vyrábět	[vɪra:bet]
matérias-primas (f pl)	surovina (ž)	[surovɪna]

chefe (m) de brigada	četař (m)	[tʃɛtarʃ]
brigada (f)	brigáda (ž)	[brɪga:da]
operário (m)	dělník (m)	[delni:k]

dia (m) de trabalho	pracovní den (m)	[pratsovni: dɛn]
pausa (f)	přestávka (ž)	[prʃɛsta:fka]
reunião (f)	schůze (ž)	[sxu:zɛ]
discutir (vt)	projednávat	[projɛdna:vat]

plano (m)	plán (m)	[pla:n]
cumprir o plano	plnit plán	[plnɪt pla:n]
taxa (f) de produção	norma (ž)	[norma]
qualidade (f)	kvalita (ž)	[kvalɪta]
controlo (m)	kontrola (ž)	[kontrola]
controlo (m) da qualidade	kontrola (ž) kvality	[kontrola kvalɪtɪ]

segurança (f) no trabalho	bezpečnost (ž) práce	[bɛzpɛtʃnost pra:tsɛ]
disciplina (f)	kázeň (ž)	[ka:zɛnʲ]
infração (f)	přestupek (m)	[prʃɛstupɛk]
violar (as regras)	nedodržovat	[nɛdodrʒovat]
greve (f)	stávka (ž)	[sta:fka]
grevista (m)	stávkující (m)	[sta:fkuji:tsi:]

| estar em greve | stávkovat | [sta:fkovat] |
| sindicato (m) | odbory (m) | [odborɪ] |

inventar (vt)	vynalézat	[vɪnalɛ:zat]
invenção (f)	vynález (m)	[vɪnalɛ:z]
pesquisa (f)	výzkum (m)	[vi:skum]
melhorar (vt)	zlepšovat	[zlɛpʃovat]
tecnologia (f)	technologie (ž)	[tɛxnologɪe]
desenho (m) técnico	výkres (m)	[vi:krɛs]

carga (f)	náklad (m)	[na:klat]
carregador (m)	nakládač (m)	[nakla:datʃ]
carregar (vt)	nakládat	[nakla:dat]
carregamento (m)	nakládání (s)	[nakla:da:ni:]
descarregar (vt)	vykládat	[vɪkla:dat]
descarga (f)	vykládání (s)	[vɪkla:da:ni:]

transporte (m)	doprava (ž)	[doprava]
companhia (f) de transporte	dopravní společnost (ž)	[dopravni: spolɛtʃnost]
transportar (vt)	dopravovat	[dopravovat]

vagão (m) de carga	nákladní vůz (m)	[na:kladni: vu:z]
cisterna (f)	cisterna (ž)	[tsɪstɛrna]
camião (m)	nákladní auto (s)	[na:kladni: auto]

| máquina-ferramenta (f) | stroj (m) | [stroj] |
| mecanismo (m) | mechanismus (m) | [mɛxanɪzmus] |

resíduos (m pl) industriais	odpad (m)	[otpat]
embalagem (f)	balení (s)	[balɛni:]
embalar (vt)	zabalit	[zabalɪt]

107. Contrato. Acordo

contrato (m)	kontrakt (m)	[kontrakt]
acordo (m)	dohoda (ž)	[dohoda]
adenda (f), anexo (m)	příloha (ž)	[prʃi:loha]

assinar o contrato	uzavřít kontrakt	[uzavrʒi:t kontrakt]
assinatura (f)	podpis (m)	[potpɪs]
assinar (vt)	podepsat	[podɛpsat]
carimbo (m)	razítko (s)	[razi:tko]

objeto (m) do contrato	předmět (m) smlouvy	[prʃɛdmnet smlouvɪ]
cláusula (f)	bod (m)	[bot]
partes (f pl)	strany (ž mn)	[stranɪ]
morada (f) jurídica	sídlo (s)	[si:dlo]

violar o contrato	porušit kontrakt	[poruʃɪt kontrakt]
obrigação (f)	závazek (m)	[za:vazɛk]
responsabilidade (f)	odpovědnost (ž)	[otpovednost]
força (f) maior	vyšší moc (ž)	[vɪʃi: mots]
litígio (m), disputa (f)	spor (m)	[spor]
multas (f pl)	sankční pokuta (ž)	[saŋktʃni: pokuta]

108. Importação & Exportação

importação (f)	dovoz, import (m)	[dovoz], [ɪmport]
importador (m)	dovozce (m)	[dovoztsɛ]
importar (vt)	dovážet	[dova:ʒet]
de importação	dovozový	[dovozovi:]
exportador (m)	vývozce (m)	[vi:voztsɛ]
exportar (vt)	vyvážet	[vɪva:ʒet]
mercadoria (f)	zboží (s)	[zboʒi:]
lote (de mercadorias)	partie (ž)	[partɪe]
peso (m)	váha (ž)	[va:ha]
volume (m)	objem (m)	[objɛm]
metro (m) cúbico	krychlový metr (m)	[krɪxlovi: mɛtr]
produtor (m)	výrobce (m)	[vi:robtsɛ]
companhia (f) de transporte	dopravní společnost (ž)	[dopravni: spolɛtʃnost]
contentor (m)	kontejner (m)	[kontɛjnɛr]
fronteira (f)	hranice (ž)	[hranɪtsɛ]
alfândega (f)	celnice (ž)	[tsɛlnɪtsɛ]
taxa (f) alfandegária	clo (s)	[tslo]
funcionário (m) da alfândega	celník (m)	[tsɛlni:k]
contrabando (atividade)	pašování (s)	[paʃova:ni:]
contrabando (produtos)	pašované zboží (s mn)	[paʃovanɛ: zboʒi:]

109. Finanças

ação (f)	akcie (ž)	[aktsɪe]
obrigação (f)	dluhopis (m)	[dluhopɪs]
nota (f) promissória	směnka (ž)	[smneŋka]
bolsa (f)	burza (ž)	[burza]
cotação (m) das ações	kurz (m) akcií	[kurs aktsɪji:]
tornar-se mais barato	zlevnět	[zlɛvnet]
tornar-se mais caro	zdražit	[zdraʒɪt]
parte (f)	podíl (m)	[podi:l]
participação (f) maioritária	kontrolní balík (m)	[kontrolni: bali:k]
investimento (m)	investice (ž mn)	[ɪnvɛstɪtsɛ]
investir (vt)	investovat	[ɪnvɛstovat]
percentagem (f)	procento (s)	[protsɛnto]
juros (m pl)	úroky (m mn)	[u:rokɪ]
lucro (m)	zisk (m)	[zɪsk]
lucrativo	ziskový	[zɪskovi:]
imposto (m)	daň (ž)	[danʲ]
divisa (f)	měna (ž)	[mnena]
nacional	národní	[na:rodni:]

câmbio (m)	výměna (ž)	[vi:mnena]
contabilista (m)	účetní (m, ž)	[u:tʃɛtni:]
contabilidade (f)	účtárna (ž)	[u:tʃta:rna]

bancarrota (f)	bankrot (m)	[baŋkrot]
falência (f)	krach (m)	[krax]
ruína (f)	bankrot (m)	[baŋkrot]
arruinar-se (vr)	zkrachovat	[skraxovat]
inflação (f)	inflace (ž)	[ɪnflaʦɛ]
desvalorização (f)	devalvace (ž)	[dɛvalvaʦɛ]

capital (m)	kapitál (m)	[kapɪta:l]
rendimento (m)	příjem (m)	[prʃi:jɛm]
volume (m) de negócios	obrat (m)	[obrat]
recursos (m pl)	zdroje (m mn)	[zdrojɛ]
recursos (m pl) financeiros	peněžní prostředky (m mn)	[pɛneʒni: prostrʃɛtkɪ]
reduzir (vt)	snížit	[sni:ʒɪt]

110. Marketing

marketing (m)	marketing (m)	[markɛtɪŋk]
mercado (m)	trh (m)	[trx]
segmento (m) do mercado	segment (m) trhu	[sɛgmɛnt trhu]
produto (m)	produkt (m)	[produkt]
mercadoria (f)	zboží (s)	[zboʒi:]

marca (f)	obchodní značka (ž)	[obxodni znatʃka]
logotipo (m)	firemní značka (ž)	[fɪrɛmni znatʃka]
logo (m)	logo (s)	[logo]

demanda (f)	poptávka (ž)	[popta:fka]
oferta (f)	nabídka (ž)	[nabi:tka]
necessidade (f)	potřeba (ž)	[potrʃɛba]
consumidor (m)	spotřebitel (m)	[spotrʃɛbɪtɛl]

análise (f)	analýza (ž)	[anali:za]
analisar (vt)	analyzovat	[analɪzovat]
posicionamento (m)	určování (s) pozice	[urtʃova:ni: pozɪʦɛ]
posicionar (vt)	určovat pozici	[urtʃovat pozɪʦɪ]

preço (m)	cena (ž)	[ʦɛna]
política (f) de preços	cenová politika (ž)	[ʦɛnova: polɪtɪka]
formação (f) de preços	tvorba (ž) cen	[tvorba ʦɛn]

111. Publicidade

publicidade (f)	reklama (ž)	[rɛklama]
publicitar (vt)	dělat reklamu	[delat rɛklamu]
orçamento (m)	rozpočet (m)	[rozpotʃɛt]

| anúncio (m) publicitário | reklama (ž) | [rɛklama] |
| publicidade (f) televisiva | televizní reklama (ž) | [tɛlɛvɪzni: rɛklama] |

publicidade (f) na rádio	rozhlasová reklama (ž)	[rozhlasova: rɛklama]
publicidade (f) exterior	venkovní reklama (ž)	[vɛŋkovni: rɛklama]

comunicação (f) de massa	média (s mn)	[mɛ:dɪa]
periódico (m)	periodikum (s)	[pɛrɪodɪkum]
imagem (f)	image (ž)	[ɪmɪʤ]

slogan (m)	heslo (s)	[hɛslo]
mote (m), divisa (f)	heslo (s)	[hɛslo]

campanha (f)	kampaň (ž)	[kampanʲ]
companha (f) publicitária	reklamní kampaň (ž)	[rɛklamni: kampanʲ]
grupo (m) alvo	cílové posluchačstvo (s)	[tsi:lovɛ: posluxatʃstvo]

cartão (m) de visita	vizitka (ž)	[vɪzɪtka]
flyer (m)	leták (m)	[lɛta:k]
brochura (f)	brožura (ž)	[broʒura]
folheto (m)	skládanka (ž)	[skla:daŋka]
boletim (~ informativo)	bulletin (m)	[bɪltɛ:n]

letreiro (m)	reklamní tabule (ž)	[rɛklamni: tabulɛ]
cartaz, póster (m)	plakát (m)	[plaka:t]
painel (m) publicitário	billboard (m)	[bɪlbo:rt]

112. Banca

banco (m)	banka (ž)	[baŋka]
sucursal, balcão (f)	pobočka (ž)	[pobotʃka]

consultor (m)	konzultant (m)	[konzultant]
gerente (m)	správce (m)	[spra:vtsɛ]

conta (f)	účet (m)	[u:tʃɛt]
número (m) da conta	číslo (s) účtu	[tʃi:slo u:tʃtu]
conta (f) corrente	běžný účet (m)	[bɛʒni: u:tʃɛt]
conta (f) poupança	spořitelní účet (m)	[sporʒɪtɛlni: u:tʃɛt]

abrir uma conta	založit účet	[zaloʒɪt u:tʃɛt]
fechar uma conta	uzavřít účet	[uzavrʒi:t u:tʃɛt]
depositar na conta	uložit na účet	[uloʒɪt na u:tʃɛt]
levantar (vt)	vybrat z účtu	[vɪbrat s u:tʃtu]

depósito (m)	vklad (m)	[fklat]
fazer um depósito	uložit vklad	[uloʒɪt fklat]
transferência (f) bancária	převod (m)	[prʃɛvot]
transferir (vt)	převést	[prʃɛvɛ:st]

soma (f)	částka (ž)	[tʃa:stka]
Quanto?	Kolik?	[kolɪk]

assinatura (f)	podpis (m)	[potpɪs]
assinar (vt)	podepsat	[podɛpsat]
cartão (m) de crédito	kreditní karta (ž)	[krɛdɪtni: karta]
código (m)	kód (m)	[ko:t]

número (m) do cartão de crédito	číslo (s) kreditní karty	[ʧi:slo krɛdɪtni: kartɪ]
Caixa Multibanco (m)	bankomat (m)	[baŋkomat]

cheque (m)	šek (m)	[ʃɛk]
passar um cheque	vystavit šek	[vɪstavɪt ʃɛk]
livro (m) de cheques	šeková knížka (ž)	[ʃɛkova: kni:ʃka]

empréstimo (m)	úvěr (m)	[u:ver]
pedir um empréstimo	žádat o úvěr	[ʒa:dat o u:ver]
obter um empréstimo	brát na úvěr	[bra:t na u:ver]
conceder um empréstimo	poskytovat úvěr	[poskɪtovat u:ver]
garantia (f)	kauce (ž)	[kauʦɛ]

113. Telefone. Conversação telefónica

telefone (m)	telefon (m)	[tɛlɛfon]
telemóvel (m)	mobilní telefon (m)	[mobɪlni tɛlɛfon]
secretária (f) electrónica	záznamník (m)	[za:znamni:k]

fazer uma chamada	volat	[volat]
chamada (f)	hovor (m), volání (s)	[hovor], [vola:ni:]

marcar um número	vytočit číslo	[vɪtoʧɪt ʧi:slo]
Alô!	Prosím!	[prosi:m]
perguntar (vt)	zeptat se	[zɛptat sɛ]
responder (vt)	odpovědět	[otpovedet]

ouvir (vt)	slyšet	[slɪʃɛt]
bem	dobře	[dobrʒɛ]
mal	špatně	[ʃpatne]
ruído (m)	poruchy (ž mn)	[poruxɪ]

auscultador (m)	sluchátko (s)	[sluxa:tko]
pegar o telefone	vzít sluchátko	[vzi:t sluxa:tko]
desligar (vi)	zavěsit sluchátko	[zavesɪt sluxa:tko]

ocupado	obsazeno	[opsazɛno]
tocar (vi)	zvonit	[zvonɪt]
lista (f) telefónica	telefonní seznam (m)	[tɛlɛfonni: sɛznam]

local	místní	[mi:stni:]
de longa distância	dálkový	[da:lkovi:]
internacional	mezinárodní	[mɛzɪna:rodni:]

114. Telefone móvel

telemóvel (m)	mobilní telefon (m)	[mobɪlni: tɛlɛfon]
ecrã (m)	displej (m)	[dɪsplɛj]
botão (m)	tlačítko (s)	[tlaʧi:tko]
cartão SIM (m)	SIM karta (ž)	[sɪm karta]
bateria (f)	baterie (ž)	[batɛrɪe]

| descarregar-se | vybít se | [vɪbi:t sɛ] |
| carregador (m) | nabíječka (ž) | [nabi:jɛʧka] |

menu (m)	nabídka (ž)	[nabi:tka]
definições (f pl)	nastavení (s)	[nastavɛni:]
melodia (f)	melodie (ž)	[mɛlodɪe]
escolher (vt)	vybrat	[vɪbrat]

calculadora (f)	kalkulačka (ž)	[kalkulaʧka]
correio (m) de voz	hlasová schránka (ž)	[hlasova: sxra:ŋka]
despertador (m)	budík (m)	[budi:k]
contatos (m pl)	telefonní seznam (m)	[tɛlɛfonni: sɛznam]

| mensagem (f) de texto | SMS zpráva (ž) | [ɛsɛmɛs spra:va] |
| assinante (m) | účastník (m) | [u:ʧastni:k] |

115. Estacionário

| caneta (f) | pero (s) | [pɛro] |
| caneta (f) tinteiro | plnicí pero (s) | [plnɪtsi: pɛro] |

lápis (m)	tužka (ž)	[tuʃka]
marcador (m)	značkovač (m)	[znaʧkovaʧ]
caneta (f) de feltro	fix (m)	[fɪks]

| bloco (m) de notas | notes (m) | [notɛs] |
| agenda (f) | diář (m) | [dɪa:rʃ] |

régua (f)	pravítko (s)	[pravi:tko]
calculadora (f)	kalkulačka (ž)	[kalkulaʧka]
borracha (f)	guma (ž)	[guma]
pionés (m)	napínáček (m)	[napi:na:ʧɛk]
clipe (m)	svorka (ž)	[svorka]

cola (f)	lepidlo (s)	[lɛpɪdlo]
agrafador (m)	sešívačka (ž)	[sɛʃi:vaʧka]
furador (m)	dírkovačka (ž)	[di:rkovaʧka]
afia-lápis (m)	ořezávátko (s)	[orʒɛza:va:tko]

116. Vários tipos de documentos

relatório (m)	zpráva (ž)	[spra:va]
acordo (m)	dohoda (ž)	[dohoda]
ficha (f) de inscrição	přihláška (ž)	[prʃɪhla:ʃka]
autêntico	původní	[pu:vodni:]
crachá (m)	jmenovka (ž)	[jmɛnofka]
cartão (m) de visita	vizitka (ž)	[vɪzɪtka]

certificado (m)	certifikát (m)	[tsɛrtɪfɪka:t]
cheque (m)	šek (m)	[ʃɛk]
conta (f)	účet (m)	[u:ʧɛt]
constituição (f)	ústava (ž)	[u:stava]

contrato (m)	smlouva (ž)	[smlouva]
cópia (f)	kopie (ž)	[kopɪe]
exemplar (m)	výtisk (m)	[vi:tɪsk]

declaração (f) alfandegária	prohlášení (s)	[prohla:ʃɛni:]
documento (m)	dokument (m)	[dokumɛnt]
carta (f) de condução	řidičský průkaz (m)	[rʒɪdɪʧski: pru:kaz]
adenda (ao contrato)	příloha (ž)	[prʃi:loha]
questionário (m)	anketa (ž)	[aŋkɛta]

bilhete (m) de identidade	průkaz (m)	[pru:kaz]
inquérito (m)	dotaz (m)	[dotaz]
convite (m)	pozvánka (ž)	[pozva:ŋka]
fatura (f)	účet (m)	[u:ʧɛt]

lei (f)	zákon (m)	[za:kon]
carta (correio)	dopis (m)	[dopɪs]
papel (m) timbrado	blanket (m)	[blaŋkɛt]
lista (f)	seznam (m)	[sɛznam]
manuscrito (m)	rukopis (m)	[rukopɪs]
boletim (~ informativo)	bulletin (m)	[bɪltɛ:n]
bilhete (mensagem breve)	zpráva (ž)	[spra:va]

passe (m)	propustka (ž)	[propustka]
passaporte (m)	pas (m)	[pas]
permissão (f)	povolení (s)	[povolɛni:]
CV, currículo (m)	resumé (s)	[rɛzimɛ:]
vale (nota promissória)	dlužní úpis (m)	[dluʒnɪ u:pɪs]
recibo (m)	stvrzenka (ž)	[stvrzeŋka]
talão (f)	stvrzenka (ž)	[stvrzeŋka]
relatório (m)	hlášení (s)	[hla:ʃɛni:]

mostrar (vt)	předkládat	[prʃɛtkla:dat]
assinar (vt)	podepsat	[podɛpsat]
assinatura (f)	podpis (m)	[potpɪs]
carimbo (m)	razítko (s)	[razi:tko]
texto (m)	text (m)	[tɛkst]
bilhete (m)	průkaz (m)	[pru:kaz]

| riscar (vt) | škrtnout | [ʃkrtnout] |
| preencher (vt) | vyplnit | [vɪplnɪt] |

| guia (f) de remessa | dodací líst (m) | [dodatsi: li:st] |
| testamento (m) | testament (m) | [tɛstamɛnt] |

117. Tipos de negócios

| serviços (m pl) de contabilidade | účetnické služby (ž mn) | [u:ʧɛtnɪtskɛ: sluʒbɪ] |

publicidade (f)	reklama (ž)	[rɛklama]
agência (f) de publicidade	reklamní agentura (ž)	[rɛklamni: agɛntura]
ar (m) condicionado	klimatizátory (m mn)	[klɪmatɪza:torɪ]
companhia (f) aérea	letecká společnost (ž)	[lɛtɛtska: spolɛʧnost]
bebidas (f pl) alcoólicas	alkoholické nápoje (m mn)	[alkoholɪtskɛ: na:pojɛ]

comércio (m) de antiguidades	starožitnictví (s)	[staroʒɪtnɪtstvi:]
galeria (f) de arte	galerie (ž)	[galɛrɪe]
serviços (m pl) de auditoria	auditorské služby (ž mn)	[audɪtorskɛ: sluʒbɪ]

negócios (m pl) bancários	bankovnictví (s)	[baŋkovnɪtstvi:]
bar (m)	bar (m)	[bar]
salão (m) de beleza	kosmetický salón (m)	[kosmɛtɪtski: salo:n]
livraria (f)	knihkupectví (s)	[knɪxkupɛtstvi:]
cervejaria (f)	pivovar (m)	[pɪvovar]
centro (m) de escritórios	obchodní centrum (s)	[obxodni: tsɛntrum]
escola (f) de negócios	obchodní škola (ž)	[obxodni: ʃkola]

casino (m)	kasino (s)	[kasi:no]
construção (f)	stavebnictví (s)	[stavɛbnɪtstvi:]
serviços (m pl) de consultoria	poradenství (s)	[poradɛnstvi:]

estomatologia (f)	stomatologie (ž)	[stomatologɪe]
design (m)	design (m)	[dɪzajn]
farmácia (f)	lékárna (ž)	[lɛ:ka:rna]
lavandaria (f)	čistírna (ž)	[tʃɪsti:rna]
agência (f) de emprego	kádrová kancelář (ž)	[ka:drova: kantsɛla:rʃ]

serviços (m pl) financeiros	finanční služby (ž mn)	[fɪnantʃni: sluʒbɪ]
alimentos (m pl)	potraviny (ž mn)	[potravɪnɪ]
agência (f) funerária	pohřební ústav (m)	[pohrʒɛbni: u:staf]
mobiliário (m)	nábytek (m)	[na:bɪtɛk]
roupa (f)	oblečení (s)	[oblɛtʃɛni:]
hotel (m)	hotel (m)	[hotɛl]

gelado (m)	zmrzlina (ž)	[zmrzlɪna]
indústria (f)	průmysl (m)	[pru:mɪsl]
seguro (m)	pojištění (s)	[pojɪʃteni:]
internet (f)	internet (m)	[ɪntɛrnɛt]
investimento (m)	investice (ž mn)	[ɪnvɛstɪtsɛ]

joalheiro (m)	klenotník (m)	[klɛnotni:k]
joias (f pl)	klenotnické výrobky (m mn)	[klɛnotnɪtskɛ: vi:ropkɪ]
lavandaria (f)	prádelna (ž)	[pra:dɛlna]
serviços (m pl) jurídicos	právnické služby (ž mn)	[pra:vnɪtskɛ: sluʒbɪ]
indústria (f) ligeira	lehký průmysl (m)	[lɛhki: pru:mɪsl]

revista (f)	časopis (m)	[tʃasopɪs]
vendas (f pl) por catálogo	prodej (m) podle katalogu	[prodɛj podlɛ katalogu]
medicina (f)	lékařství (s)	[lɛ:karʃstvi:]
cinema (m)	biograf (m)	[bɪograf]
museu (m)	muzeum (s)	[muzɛum]

agência (f) de notícias	zpravodajská agentura (ž)	[spravodajska: agɛntura]
jornal (m)	noviny (ž mn)	[novɪnɪ]
clube (m) noturno	noční klub (m)	[notʃni: klup]

petróleo (m)	ropa (ž)	[ropa]
serviço (m) de encomendas	kurýrská služba (ž)	[kuri:rska: sluʒba]
indústria (f) farmacêutica	farmacie (ž)	[farmatsɪe]
poligrafia (f)	polygrafie (ž)	[polɪgrafɪe]
editora (f)	nakladatelství (s)	[nakladatɛlstvi:]

rádio (m)	rozhlas (m)	[rozhlas]
imobiliário (m)	nemovitost (ž)	[nɛmovɪtost]
restaurante (m)	restaurace (ž)	[rɛstauraʦɛ]

empresa (f) de segurança	bezpečnostní agentura (ž)	[bɛzpɛʧnostni: agɛntura]
desporto (m)	sport (m)	[sport]
bolsa (f)	burza (ž)	[burza]
loja (f)	obchod (m)	[obxot]
supermercado (m)	supermarket (m)	[supɛrmarket]
piscina (f)	bazén (m)	[bazɛ:n]

alfaiataria (f)	módní salón (m)	[mo:dni: salo:n]
televisão (f)	televize (ž)	[tɛlɛvɪzɛ]
teatro (m)	divadlo (s)	[dɪvadlo]
comércio (atividade)	obchod (m)	[obxot]
serviços (m pl) de transporte	přeprava (ž)	[prʃɛprava]
viagens (f pl)	cestovní ruch (m)	[ʦɛstovni: rux]

veterinário (m)	zvěrolékař (m)	[zverolɛ:karʃ]
armazém (m)	sklad (m)	[sklat]
recolha (f) do lixo	vyvážení (s) odpadků	[vɪva:ʒeni: otpatku:]

Emprego. Negócios. Parte 2

118. Espetáculo. Feira

feira (f)	výstava (ž)	[vi:stava]
feira (f) comercial	obchodní výstava (ž)	[obxodni: vi:stava]
participação (f)	účast (ž)	[u:ʧast]
participar (vi)	zúčastnit se	[zu:ʧastnɪt sɛ]
participante (m)	účastník (m)	[u:ʧastni:k]
diretor (m)	ředitel (m)	[rʒɛdɪtɛl]
direção (f)	organizační výbor (m)	[organɪzaʧni: vi:bor]
organizador (m)	organizátor (m)	[organɪza:tor]
organizar (vt)	organizovat	[organɪzovat]
ficha (f) de inscrição	přihláška (ž) k účasti	[prʃɪhla:ʃka k u:ʧastɪ]
preencher (vt)	vyplnit	[vɪplnɪt]
detalhes (m pl)	podrobnosti (ž mn)	[podrobnostɪ]
informação (f)	informace (ž)	[ɪnformatsɛ]
preço (m)	cena (ž)	[tsɛna]
incluindo	včetně	[vʧɛtne]
incluir (vt)	zahrnovat	[zahrnovat]
pagar (vt)	platit	[platɪt]
taxa (f) de inscrição	registrační poplatek (m)	[rɛgɪstratʃni: poplatɛk]
entrada (f)	vchod (m)	[vxot]
pavilhão (m)	pavilón (m)	[pavɪlo:n]
inscrever (vt)	registrovat	[rɛgɪstrovat]
crachá (m)	jmenovka (ž)	[jmɛnofka]
stand (m)	stánek (m)	[sta:nɛk]
reservar (vt)	rezervovat	[rɛzɛrvovat]
vitrina (f)	vitrina (ž)	[vɪtrɪna]
foco, spot (m)	svítidlo (s)	[svi:tɪdlo]
design (m)	design (m)	[dɪzajn]
pôr, colocar (vt)	rozmisťovat	[rozmɪstʲovat]
distribuidor (m)	distributor (m)	[dɪstrɪbutor]
fornecedor (m)	dodavatel (m)	[dodavatɛl]
país (m)	země (ž)	[zɛmnɛ]
estrangeiro	zahraniční	[zahranɪʧni:]
produto (m)	produkt (m)	[produkt]
associação (f)	asociace (ž)	[asotsɪatsɛ]
sala (f) de conferências	konferenční sál (m)	[konfɛrɛnʧni: sa:l]
congresso (m)	kongres (m)	[kongrɛs]

concurso (m)	soutěž (ž)	[soutɛʃ]
visitante (m)	návštěvník (m)	[na:vʃtevni:k]
visitar (vt)	navštěvovat	[navʃtevovat]
cliente (m)	zákazník (m)	[za:kazni:k]

119. Media

jornal (m)	noviny (ž mn)	[novɪnɪ]
revista (f)	časopis (m)	[tʃasopɪs]
imprensa (f)	tisk (m)	[tɪsk]
rádio (m)	rozhlas (m)	[rozhlas]
estação (f) de rádio	rozhlasová stanice (ž)	[rozhlasova: stanɪtsɛ]
televisão (f)	televize (ž)	[tɛlɛvɪzɛ]

apresentador (m)	moderátor (m)	[modɛra:tor]
locutor (m)	hlasatel (m)	[hlasatɛl]
comentador (m)	komentátor (m)	[komɛnta:tor]

jornalista (m)	novinář (m)	[novɪna:rʃ]
correspondente (m)	zpravodaj (m)	[spravodaj]
repórter (m) fotográfico	fotožurnalista (m)	[fotoʒurnalɪsta]
repórter (m)	reportér (m)	[rɛportɛ:r]

redator (m)	redaktor (m)	[rɛdaktor]
redator-chefe (m)	šéfredaktor (m)	[ʃɛ:frɛdaktor]
assinar a ...	předplatit si	[prʃɛtplatɪt sɪ]
assinatura (f)	předplacení (s)	[prʃɛtplatsɛni:]
assinante (m)	předplatitel (m)	[prʃɛtplatɪtɛl]
ler (vt)	číst	[tʃi:st]
leitor (m)	čtenář (m)	[tʃtɛna:rʃ]

tiragem (f)	náklad (m)	[na:klat]
mensal	měsíční	[mnesi:tʃni:]
semanal	týdenní	[ti:dɛnni:]
número (jornal, revista)	číslo (s)	[tʃi:slo]
recente	čerstvý	[tʃɛrstvi:]

manchete (f)	titulek (m)	[tɪtulɛk]
pequeno artigo (m)	noticka (ž)	[notɪtska]
coluna (~ semanal)	rubrika (ž)	[rubrɪka]
artigo (m)	článek (m)	[tʃla:nɛk]
página (f)	stránka (ž)	[stra:ŋka]

reportagem (f)	reportáž (ž)	[rɛporta:ʃ]
evento (m)	událost (ž)	[uda:lost]
sensação (f)	senzace (ž)	[sɛnzatsɛ]
escândalo (m)	skandál (m)	[skanda:l]
escandaloso	skandální	[skanda:lni:]
grande	halasný	[halasni:]

programa (m) de TV	pořad (m)	[porʒat]
entrevista (f)	rozhovor (m)	[rozhovor]
transmissão (f) em direto	přímý přenos (m)	[prʃi:mi: prʃɛnos]
canal (m)	kanál (m)	[kana:l]

120. Agricultura

agricultura (f)	zemědělství (s)	[zɛmnedelstvi:]
camponês (m)	rolník (m)	[rolni:k]
camponesa (f)	rolnice (ž)	[rolnɪtsɛ]
agricultor (m)	farmář (m)	[farma:rʃ]
trator (m)	traktor (m)	[traktor]
ceifeira-debulhadora (f)	kombajn (m)	[kombajn]
arado (m)	pluh (m)	[plux]
arar (vt)	orat	[orat]
campo (m) lavrado	ornice (ž)	[ornɪtsɛ]
rego (m)	brázda (ž)	[bra:zda]
semear (vt)	sít	[si:t]
semeadora (f)	sečka (ž)	[sɛtʃka]
semeadura (f)	setí (s)	[sɛti:]
gadanha (f)	kosa (ž)	[kosa]
gadanhar (vt)	kosit	[kosɪt]
pá (f)	lopata (ž)	[lopata]
cavar (vt)	rýt	[ri:t]
enxada (f)	motyka (ž)	[motɪka]
carpir (vt)	plít	[pli:t]
erva (f) daninha	plevel (m)	[plɛvɛl]
regador (m)	konev (ž)	[konɛf]
regar (vt)	zalévat	[zalɛ:vat]
rega (f)	zalévání (s)	[zalɛ:va:ni:]
forquilha (f)	vidle (ž mn)	[vɪdlɛ]
ancinho (m)	hrábě (ž mn)	[hra:be]
fertilizante (m)	hnojivo (s)	[hnojɪvo]
fertilizar (vt)	hnojit	[hnojɪt]
estrume (m)	hnůj (m)	[hnu:j]
campo (m)	pole (s)	[polɛ]
prado (m)	louka (ž)	[louka]
horta (f)	zelinářská zahrada (ž)	[zɛlɪna:rʃska: zahrada]
pomar (m)	zahrada (ž)	[zahrada]
pastar (vt)	pást	[pa:st]
pastor (m)	pasák (m)	[pasa:k]
pastagem (f)	pastvina (ž)	[pastvɪna]
pecuária (f)	živočišná výroba (ž)	[ʒɪvotʃɪʃna: vi:roba]
criação (f) de ovelhas	chov (m) ovcí	[xov ovtsi:]
plantação (f)	plantáž (ž)	[planta:ʃ]
canteiro (m)	záhonek (m)	[za:honɛk]
invernadouro (m)	skleník (m)	[sklɛni:k]

| seca (f) | sucho (s) | [suxo] |
| seco (verão ~) | suchý | [suxi:] |

| cereais (m pl) | obilniny (ž mn) | [obɪlnɪnɪ] |
| colher (vt) | sklízet | [skli:zɛt] |

moleiro (m)	mlynář (m)	[mlɪna:rʃ]
moinho (m)	mlýn (m)	[mli:n]
moer (vt)	mlít obilí	[mli:t obɪli:]
farinha (f)	mouka (ž)	[mouka]
palha (f)	sláma (ž)	[sla:ma]

121. Construção. Processo de construção

canteiro (m) de obras	staveniště (s)	[stavɛnɪʃte]
construir (vt)	stavět	[stavet]
construtor (m)	stavitel (m)	[stavɪtɛl]

projeto (m)	projekt (m)	[projɛkt]
arquiteto (m)	architekt (m)	[arxɪtɛkt]
operário (m)	dělník (m)	[delni:k]

fundação (f)	základ (m)	[za:klat]
telhado (m)	střecha (ž)	[strʃɛxa]
estaca (f)	pilota (ž)	[pɪlota]
parede (f)	zeď (ž)	[zɛtʲ]

| varões (m pl) para betão | armatura (ž) | [armatura] |
| andaime (m) | lešení (s) | [lɛʃɛni:] |

betão (m)	beton (m)	[bɛton]
granito (m)	žula (ž)	[ʒula]
pedra (f)	kámen (m)	[ka:mɛn]
tijolo (m)	cihla (ž)	[tsɪhla]

| areia (f) | písek (m) | [pi:sɛk] |
| cimento (m) | cement (m) | [tsɛmɛnt] |

| emboço (m) | omítka (ž) | [omi:tka] |
| emboçar (vt) | omítat | [omi:tat] |

tinta (f)	barva (ž)	[barva]
pintar (vt)	natírat	[nati:rat]
barril (m)	sud (m)	[sut]

grua (f), guindaste (m)	jeřáb (m)	[jɛrʒa:p]
erguer (vt)	zvedat	[zvɛdat]
baixar (vt)	spouštět	[spouʃtet]

buldózer (m)	buldozer (m)	[buldozɛr]
escavadora (f)	rýpadlo (s)	[ri:padlo]
caçamba (f)	lžíce (ž)	[ʒi:tsɛ]
escavar (vt)	rýt	[ri:t]
capacete (m) de proteção	přilba (ž)	[prʃɪlba]

122. Ciência. Investigação. Cientistas

ciência (f)	věda (ž)	[veda]
científico	vědecký	[vedɛtski:]
cientista (m)	vědec (m)	[vedɛts]
teoria (f)	teorie (ž)	[tɛorɪe]
axioma (m)	axiom (m)	[aksɪo:m]
análise (f)	analýza (ž)	[anali:za]
analisar (vt)	analyzovat	[analɪzovat]
argumento (m)	argument (m)	[argumɛnt]
substância (f)	látka (ž)	[la:tka]
hipótese (f)	hypotéza (ž)	[hɪpotɛ:za]
dilema (m)	dilema (s)	[dɪlɛma]
tese (f)	disertace (ž)	[dɪsɛrtatsɛ]
dogma (m)	dogma (s)	[dogma]
doutrina (f)	doktrína (ž)	[doktri:na]
pesquisa (f)	výzkum (m)	[vi:skum]
pesquisar (vt)	zkoumat	[skoumat]
teste (m)	kontrola (ž)	[kontrola]
laboratório (m)	laboratoř (ž)	[laboratorʃ]
método (m)	metoda (ž)	[mɛtoda]
molécula (f)	molekula (ž)	[molɛkula]
monitoramento (m)	monitorování (s)	[monɪtorova:ni:]
descoberta (f)	objev (m)	[objɛf]
postulado (m)	postulát (m)	[postula:t]
princípio (m)	princip (m)	[prɪntsɪp]
prognóstico (previsão)	prognóza (ž)	[progno:za]
prognosticar (vt)	předpovídat	[prʒɛtpovi:dat]
síntese (f)	syntéza (ž)	[sintɛ:za]
tendência (f)	tendence (ž)	[tɛndɛntsɛ]
teorema (m)	teorém (s)	[tɛorɛ:m]
ensinamentos (m pl)	nauka (ž)	[nauka]
facto (m)	fakt (m)	[fakt]
expedição (f)	výprava (ž)	[vi:prava]
experiência (f)	experiment (m)	[ɛkspɛrɪmɛnt]
académico (m)	akademik (m)	[akadɛmɪk]
bacharel (m)	bakalář (m)	[bakala:rʃ]
doutor (m)	doktor (m)	[doktor]
docente (m)	docent (m)	[dotsɛnt]
mestre (m)	magistr (m)	[magɪstr]
professor (m) catedrático	profesor (m)	[profɛsor]

Profissões e ocupações

123. Procura de emprego. Demissão

trabalho (m)	práce (ž)	[pra:tsɛ]
pessoal (m)	personál (m)	[pɛrsona:l]
carreira (f)	kariéra (ž)	[karɪe:ra]
perspetivas (f pl)	vyhlídky (ž mn)	[vɪhli:tkɪ]
mestria (f)	dovednost (ž)	[dovɛdnost]
seleção (f)	výběr (m)	[vi:ber]
agência (f) de emprego	kádrová kancelář (ž)	[ka:drova: kantsɛla:rʃ]
CV, currículo (m)	resumé (s)	[rɛzimɛ:]
entrevista (f) de emprego	pohovor (m)	[pohovor]
vaga (f)	neobsazené místo (s)	[nɛopsazɛnɛ: mi:sto]
salário (m)	plat (m), mzda (ž)	[plat], [mzda]
salário (m) fixo	stálý plat (m)	[sta:li: plat]
pagamento (m)	platba (ž)	[platba]
posto (m)	funkce (ž)	[fuŋktsɛ]
dever (do empregado)	povinnost (ž)	[povɪnnost]
gama (f) de deveres	okruh (m)	[okrux]
ocupado	zaměstnaný	[zamnestnani:]
despedir, demitir (vt)	propustit	[propustɪt]
demissão (f)	propuštění (s)	[propuʃteni:]
desemprego (m)	nezaměstnanost (ž)	[nɛzamnestnanost]
desempregado (m)	nezaměstnaný (m)	[nɛzamnestnani:]
reforma (f)	důchod (m)	[du:xot]
reformar-se	odejít do důchodu	[odɛji:t do du:xodu]

124. Gente de negócios

diretor (m)	ředitel (m)	[rʒɛdɪtɛl]
gerente (m)	správce (m)	[spra:vtsɛ]
patrão, chefe (m)	šéf (m)	[ʃɛ:f]
superior (m)	vedoucí (m)	[vɛdoutsi:]
superiores (m pl)	vedení (s)	[vɛdɛni:]
presidente (m)	prezident (m)	[prɛzɪdɛnt]
presidente (m) de direção	předseda (m)	[prʃɛtsɛda]
substituto (m)	náměstek (m)	[na:mnestɛk]
assistente (m)	pomocník (m)	[pomotsni:k]
secretário (m)	sekretář (m)	[sɛkrɛta:rʃ]

secretário (m) pessoal	osobní sekretář (m)	[osobni: sɛkrɛta:rʃ]
homem (m) de negócios	byznysmen (m)	[bɪznɪsmen]
empresário (m)	podnikatel (m)	[podnɪkatɛl]
fundador (m)	zakladatel (m)	[zakladatɛl]
fundar (vt)	založit	[zaloʒɪt]
fundador, sócio (m)	zakladatel (m)	[zakladatɛl]
parceiro, sócio (m)	partner (m)	[partnɛr]
acionista (m)	akcionář (m)	[aktsɪona:rʃ]
milionário (m)	milionář (m)	[mɪlɪona:rʃ]
bilionário (m)	miliardář (m)	[mɪlɪarda:rʃ]
proprietário (m)	majitel (m)	[majɪtɛl]
proprietário (m) de terras	vlastník (m) půdy	[vlastni:k pu:dɪ]
cliente (m)	klient (m)	[klɪent]
cliente (m) habitual	stálý zákazník (m)	[sta:li: za:kazni:k]
comprador (m)	zákazník (m)	[za:kazni:k]
visitante (m)	návštěvník (m)	[na:vʃtevni:k]
profissional (m)	profesionál (m)	[profɛsɪona:l]
perito (m)	znalec (m)	[znalɛts]
especialista (m)	odborník (m)	[odborni:k]
banqueiro (m)	bankéř (m)	[baŋkɛ:rʃ]
corretor (m)	broker (m)	[brokɛr]
caixa (m, f)	pokladník (m)	[pokladni:k]
contabilista (m)	účetní (m, ž)	[u:tʃetni:]
guarda (m)	strážce (m)	[stra:ʒtsɛ]
investidor (m)	investor (m)	[ɪnvɛstor]
devedor (m)	dlužník (m)	[dluʒni:k]
credor (m)	věřitel (m)	[verʒɪtɛl]
mutuário (m)	vypůjčovatel (m)	[vɪpu:jtʃovatɛl]
importador (m)	dovozce (m)	[dovoztsɛ]
exportador (m)	vývozce (m)	[vi:voztsɛ]
produtor (m)	výrobce (m)	[vi:robtsɛ]
distribuidor (m)	distributor (m)	[dɪstrɪbutor]
intermediário (m)	zprostředkovatel (m)	[sprostrʃɛtkovatɛl]
consultor (m)	konzultant (m)	[konzultant]
representante (m)	zástupce (m)	[za:stuptsɛ]
agente (m)	agent (m)	[agɛnt]
agente (m) de seguros	pojišťovací agent (m)	[pojɪʃtʲovatsi: agɛnt]

125. Profissões de serviços

cozinheiro (m)	kuchař (m)	[kuxarʃ]
cozinheiro chefe (m)	šéfkuchař (m)	[ʃɛ:f kuxarʃ]
padeiro (m)	pekař (m)	[pɛkarʃ]
barman (m)	barman (m)	[barman]

| empregado (m) de mesa | číšník (m) | [ʧiːʃniːk] |
| empregada (f) de mesa | číšnice (ž) | [ʧiːʃnɪʦɛ] |

advogado (m)	advokát (m)	[advokaːt]
jurista (m)	právník (m)	[praːvniːk]
notário (m)	notář (m)	[notaːrʃ]

eletricista (m)	elektromontér (m)	[ɛlɛktromontɛːr]
canalizador (m)	instalatér (m)	[ɪnstalatɛːr]
carpinteiro (m)	tesař (m)	[tɛsarʃ]

massagista (m)	masér (m)	[masɛːr]
massagista (f)	masérka (ž)	[masɛːrka]
médico (m)	lékař (m)	[lɛːkarʃ]

taxista (m)	taxikář (m)	[taksɪkaːrʃ]
condutor (automobilista)	řidič (m)	[rʒɪdɪʧ]
entregador (m)	kurýr (m)	[kuriːr]

camareira (f)	pokojská (ž)	[pokojskaː]
guarda (m)	strážce (m)	[straːʒʦɛ]
hospedeira (f) de bordo	letuška (ž)	[lɛtuʃka]

professor (m)	učitel (m)	[uʧɪtɛl]
bibliotecário (m)	knihovník (m)	[knɪhovniːk]
tradutor (m)	překladatel (m)	[prʃɛkladatɛl]
intérprete (m)	tlumočník (m)	[tlumoʧniːk]
guia (pessoa)	průvodce (m)	[pruːvodʦɛ]

cabeleireiro (m)	holič (m), kadeřník (m)	[holɪʧ], [kadɛrʒniːk]
carteiro (m)	listonoš (m)	[lɪstonoʃ]
vendedor (m)	prodavač (m)	[prodavaʧ]

jardineiro (m)	zahradník (m)	[zahradniːk]
criado (m)	sluha (m)	[sluha]
criada (f)	služka (ž)	[sluʃka]
empregada (f) de limpeza	uklízečka (ž)	[ukliːzɛʧka]

126. Profissões militares e postos

soldado (m) raso	vojín (m)	[vojiːn]
sargento (m)	seržant (m)	[sɛrʒant]
tenente (m)	poručík (m)	[poruʧiːk]
capitão (m)	kapitán (m)	[kapɪtaːn]

major (m)	major (m)	[major]
coronel (m)	plukovník (m)	[plukovniːk]
general (m)	generál (m)	[gɛnɛraːl]
marechal (m)	maršál (m)	[marʃaːl]
almirante (m)	admirál (m)	[admɪraːl]

militar (m)	voják (m)	[vojaːk]
soldado (m)	voják (m)	[vojaːk]
oficial (m)	důstojník (m)	[duːstojniːk]

comandante (m)	velitel (m)	[vɛlɪtɛl]
guarda (m) fronteiriço	pohraničník (m)	[pohranɪtʃni:k]
operador (m) de rádio	radista (m)	[radɪsta]
explorador (m)	rozvědčík (m)	[rozvedtʃi:k]
sapador (m)	ženista (m)	[ʒenɪsta]
atirador (m)	střelec (m)	[strʃɛlɛts]
navegador (m)	navigátor (m)	[navɪga:tor]

127. Oficiais. Padres

rei (m)	král (m)	[kra:l]
rainha (f)	královna (ž)	[kra:lovna]
príncipe (m)	princ (m)	[prɪnts]
princesa (f)	princezna (ž)	[prɪntsɛzna]
czar (m)	car (m)	[tsar]
czarina (f)	carevna (ž)	[tsarɛvna]
presidente (m)	prezident (m)	[prɛzɪdɛnt]
ministro (m)	ministr (m)	[mɪnɪstr]
primeiro-ministro (m)	premiér (m)	[prɛmje:r]
senador (m)	senátor (m)	[sɛna:tor]
diplomata (m)	diplomat (m)	[dɪplomat]
cônsul (m)	konzul (m)	[konzul]
embaixador (m)	velvyslanec (m)	[vɛlvɪslanɛts]
conselheiro (m)	rada (m)	[rada]
funcionário (m)	úředník (m)	[u:rʒɛdni:k]
prefeito (m)	prefekt (m)	[prɛfɛkt]
Presidente (m) da Câmara	primátor (m)	[prɪma:tor]
juiz (m)	soudce (m)	[soudtsɛ]
procurador (m)	prokurátor (m)	[prokura:tor]
missionário (m)	misionář (m)	[mɪsɪona:rʃ]
monge (m)	mnich (m)	[mnɪx]
abade (m)	opat (m)	[opat]
rabino (m)	rabín (m)	[rabi:n]
vizir (m)	vezír (m)	[vɛzi:r]
xá (m)	šach (m)	[ʃax]
xeque (m)	šejk (m)	[ʃɛjk]

128. Profissões agrícolas

apicultor (m)	včelař (m)	[vtʃɛlarʃ]
pastor (m)	pasák (m)	[pasa:k]
agrónomo (m)	agronom (m)	[agronom]
criador (m) de gado	chovatel (m)	[xovatɛl]
veterinário (m)	zvěrolékař (m)	[zverolɛ:karʃ]

agricultor (m)	farmář (m)	[farma:rʃ]
vinicultor (m)	vinař (m)	[vɪnarʃ]
zoólogo (m)	zoolog (m)	[zoolog]
cowboy (m)	kovboj (m)	[kovboj]

129. Profissões artísticas

| ator (m) | herec (m) | [hɛrɛts] |
| atriz (f) | herečka (ž) | [hɛrɛtʃka] |

| cantor (m) | zpěvák (m) | [speva:k] |
| cantora (f) | zpěvačka (ž) | [spevatʃka] |

| bailarino (m) | tanečník (m) | [tanɛtʃni:k] |
| bailarina (f) | tanečnice (ž) | [tanɛtʃnɪtsɛ] |

| artista (m) | herec (m) | [hɛrɛts] |
| artista (f) | herečka (ž) | [hɛrɛtʃka] |

músico (m)	hudebník (m)	[hudɛbni:k]
pianista (m)	klavírista (m)	[klavi:rɪsta]
guitarrista (m)	kytarista (m)	[kɪtarɪsta]

maestro (m)	dirigent (m)	[dɪrɪgɛnt]
compositor (m)	skladatel (m)	[skladatɛl]
empresário (m)	impresário (m)	[ɪmprɛsa:rɪo]

realizador (m)	režisér (m)	[rɛʒɪsɛ:r]
produtor (m)	filmový producent (m)	[fɪlmovi: produtsɛnt]
argumentista (m)	scenárista (m)	[stsɛna:rɪsta]
crítico (m)	kritik (m)	[krɪtɪk]

escritor (m)	spisovatel (m)	[spɪsovatɛl]
poeta (m)	básník (m)	[ba:sni:k]
escultor (m)	sochař (m)	[soxarʃ]
pintor (m)	malíř (m)	[mali:rʃ]

malabarista (m)	žonglér (m)	[ʒonglɛ:r]
palhaço (m)	klaun (m)	[klaun]
acrobata (m)	akrobat (m)	[akrobat]
mágico (m)	kouzelník (m)	[kouzɛlni:k]

130. Várias profissões

médico (m)	lékař (m)	[lɛ:karʃ]
enfermeira (f)	zdravotní sestra (ž)	[zdravotni: sɛstra]
psiquiatra (m)	psychiatr (m)	[psɪxɪatr]
estomatologista (m)	stomatolog (m)	[stomatolog]
cirurgião (m)	chirurg (m)	[xɪrurg]

| astronauta (m) | astronaut (m) | [astronaut] |
| astrónomo (m) | astronom (m) | [astronom] |

motorista (m)	**řidič** (m)	[rʒɪdɪtʃ]
maquinista (m)	**strojvůdce** (m)	[strojvu:dtsɛ]
mecânico (m)	**mechanik** (m)	[mɛxanɪk]
mineiro (m)	**horník** (m)	[horni:k]
operário (m)	**dělník** (m)	[delni:k]
serralheiro (m)	**zámečník** (m)	[za:mɛtʃni:k]
marceneiro (m)	**truhlář** (m)	[truhla:rʃ]
torneiro (m)	**soustružník** (m)	[soustruʒni:k]
construtor (m)	**stavitel** (m)	[stavɪtɛl]
soldador (m)	**svářeč** (m)	[sva:rʒɛtʃ]
professor (m) catedrático	**profesor** (m)	[profɛsor]
arquiteto (m)	**architekt** (m)	[arxɪtɛkt]
historiador (m)	**historik** (m)	[hɪstorɪk]
cientista (m)	**vědec** (m)	[vedɛts]
físico (m)	**fyzik** (m)	[fɪzɪk]
químico (m)	**chemik** (m)	[xɛmɪk]
arqueólogo (m)	**archeolog** (m)	[arxɛolog]
geólogo (m)	**geolog** (m)	[gɛolog]
pesquisador (cientista)	**výzkumník** (m)	[vi:skumni:k]
babysitter (f)	**chůva** (ž)	[xu:va]
professor (m)	**pedagog** (m)	[pɛdagog]
redator (m)	**redaktor** (m)	[rɛdaktor]
redator-chefe (m)	**šéfredaktor** (m)	[ʃɛ:frɛdaktor]
correspondente (m)	**zpravodaj** (m)	[spravodaj]
datilógrafa (f)	**písařka** (ž)	[pi:sarʃka]
designer (m)	**návrhář** (m)	[na:vrha:rʃ]
especialista (m) em informática	**odborník** (m) **na počítače**	[odborni:k na potʃi:tatʃɛ]
programador (m)	**programátor** (m)	[programa:tor]
engenheiro (m)	**inženýr** (m)	[ɪnʒeni:r]
marujo (m)	**námořník** (m)	[na:morʒni:k]
marinheiro (m)	**námořník** (m)	[na:morʒni:k]
salvador (m)	**záchranář** (m)	[za:xrana:rʃ]
bombeiro (m)	**hasič** (m)	[hasɪtʃ]
polícia (m)	**policista** (m)	[polɪtsɪsta]
guarda-noturno (m)	**hlídač** (m)	[hli:datʃ]
detetive (m)	**detektiv** (m)	[dɛtɛktɪf]
funcionário (m) da alfândega	**celník** (m)	[tsɛlni:k]
guarda-costas (m)	**osobní strážce** (m)	[osobni: stra:ʒtsɛ]
guarda (m) prisional	**dozorce** (m)	[dozortsɛ]
inspetor (m)	**inspektor** (m)	[ɪnspɛktor]
desportista (m)	**sportovec** (m)	[sportovɛts]
treinador (m)	**trenér** (m)	[trɛnɛ:r]
talhante (m)	**řezník** (m)	[rʒɛzni:k]
sapateiro (m)	**obuvník** (m)	[obuvni:k]
comerciante (m)	**obchodník** (m)	[obxodni:k]

carregador (m)	nakládač (m)	[nakla:datʃ]
estilista (m)	modelář (m)	[modɛla:rʃ]
modelo (f)	modelka (ž)	[modɛlka]

131. Ocupações. Estatuto social

aluno, escolar (m)	žák (m)	[ʒa:k]
estudante (~ universitária)	student (m)	[studɛnt]

filósofo (m)	filozof (m)	[fɪlozof]
economista (m)	ekonom (m)	[ɛkonom]
inventor (m)	vynálezce (m)	[vɪna:lɛztsɛ]

desempregado (m)	nezaměstnaný (m)	[nɛzamnestnani:]
reformado (m)	důchodce (m)	[du:xodtsɛ]
espião (m)	špión (m)	[ʃpɪo:n]

preso (m)	vězeň (m)	[vezɛnʲ]
grevista (m)	stávkující (m)	[sta:fkuji:tsi:]
burocrata (m)	byrokrat (m)	[bɪrokrat]
viajante (m)	cestovatel (m)	[tsɛstovatɛl]

homossexual (m)	homosexuál (m)	[homosɛksua:l]
hacker (m)	hacker (m)	[hɛkr]

bandido (m)	bandita (m)	[bandɪta]
assassino (m) a soldo	najatý vrah (m)	[najati: vrax]
toxicodependente (m)	narkoman (m)	[narkoman]
traficante (m)	drogový dealer (m)	[drogovi: di:lɛr]
prostituta (f)	prostitutka (ž)	[prostɪtutka]
chulo (m)	kuplíř (m)	[kupli:rʃ]

bruxo (m)	čaroděj (m)	[tʃarodej]
bruxa (f)	čarodějka (ž)	[tʃarodejka]
pirata (m)	pirát (m)	[pɪra:t]
escravo (m)	otrok (m)	[otrok]
samurai (m)	samuraj (m)	[samuraj]
selvagem (m)	divoch (m)	[dɪvox]

Desportos

132. Tipos de desportos. Desportistas

desportista (m)	sportovec (m)	[sportovɛʦ]
tipo (m) de desporto	sportovní disciplína (ž)	[sportovni: dɪsʦɪpli:na]
basquetebol (m)	basketbal (m)	[baskɛtbal]
jogador (m) de basquetebol	basketbalista (m)	[baskɛtbalɪsta]
beisebol (m)	baseball (m)	[bɛjzbol]
jogador (m) de beisebol	hráč (m) baseballu	[hra:ʧ bɛjzbolu]
futebol (m)	fotbal (m)	[fotbal]
futebolista (m)	fotbalista (m)	[fotbalɪsta]
guarda-redes (m)	brankář (m)	[braŋka:rʃ]
hóquei (m)	hokej (m)	[hokɛj]
jogador (m) de hóquei	hokejista (m)	[hokɛjɪsta]
voleibol (m)	volejbal (m)	[volɛjbal]
jogador (m) de voleibol	volejbalista (m)	[volɛjbalɪsta]
boxe (m)	box (m)	[boks]
boxeador, pugilista (m)	boxer (m)	[boksɛr]
luta (f)	zápas (m)	[za:pas]
lutador (m)	zápasník (m)	[za:pasni:k]
karaté (m)	karate (s)	[karatɛ]
karateca (m)	karatista (m)	[karatɪsta]
judo (m)	džudo (s)	[dʒudo]
judoca (m)	džudista (m)	[dʒudɪsta]
ténis (m)	tenis (m)	[tɛnɪs]
tenista (m)	tenista (m)	[tɛnɪsta]
natação (f)	plavání (s)	[plava:ni:]
nadador (m)	plavec (m)	[plavɛʦ]
esgrima (f)	šerm (m)	[ʃɛrm]
esgrimista (m)	šermíř (m)	[ʃɛrmi:rʃ]
xadrez (m)	šachy (m mn)	[ʃaxɪ]
xadrezista (m)	šachista (m)	[ʃaxɪsta]
alpinismo (m)	horolezectví (s)	[horolɛzɛʦtvi:]
alpinista (m)	horolezec (m)	[horolɛzɛʦ]
corrida (f)	běh (m)	[bex]

corredor (m)	**běžec** (m)	[beʒefs]
atletismo (m)	**lehká atletika** (ž)	[lɛhka: atlɛtɪka]
atleta (m)	**atlet** (m)	[atlɛt]
hipismo (m)	**jízda** (ž) **na koni**	[ji:zda na konɪ]
cavaleiro (m)	**jezdec** (m)	[jɛzdɛfs]
patinagem (f) artística	**krasobruslení** (s)	[krasobruslɛni:]
patinador (m)	**krasobruslař** (m)	[krasobruslarʃ]
patinadora (f)	**krasobruslařka** (ž)	[krasobruslarʃka]
halterofilismo (m)	**těžká atletika** (ž)	[teʃka: atlɛtɪka]
halterofilista (m)	**vzpěrač** (m)	[vsperatʃ]
corrida (f) de carros	**automobilové závody** (m mn)	[automobɪlovɛ: za:vodɪ]
piloto (m)	**závodník** (m)	[za:vodni:k]
ciclismo (m)	**cyklistika** (ž)	[fsɪklɪstɪka]
ciclista (m)	**cyklista** (m)	[fsɪklɪsta]
salto (m) em comprimento	**daleké skoky** (m mn)	[dalekɛ: skokɪ]
salto (m) à vara	**skoky** (m mn) **o tyči**	[skokɪ o tɪtʃɪ]
atleta (m) de saltos	**skokan** (m)	[skokan]

133. Tipos de desportos. Diversos

futebol (m) americano	**americký fotbal** (m)	[amerɪfski: fotbal]
badminton (m)	**badminton** (m)	[badmɪnton]
biatlo (m)	**biatlon** (m)	[bɪatlon]
bilhar (m)	**kulečník** (m)	[kulɛtʃni:k]
bobsled (m)	**bobový sport** (m)	[bobovi: sport]
musculação (f)	**kulturistika** (ž)	[kulturɪstɪka]
polo (m) aquático	**vodní pólo** (s)	[vodni: po:lo]
andebol (m)	**házená** (ž)	[ha:zɛna:]
golfe (m)	**golf** (m)	[golf]
remo (m)	**veslování** (s)	[vɛslova:ni:]
mergulho (m)	**potápění** (s)	[pota:peni:]
corrida (f) de esqui	**lyžařské závody** (m mn)	[lɪʒarʃskɛ: za:vodɪ]
ténis (m) de mesa	**stolní tenis** (m)	[stolni: tɛnɪs]
vela (f)	**plachtění** (s)	[plaxteni:]
rali (m)	**rallye** (s)	[rali:]
râguebi (m)	**ragby** (s)	[ragbɪ]
snowboard (m)	**snowboarding** (m)	[snoubordɪŋk]
tiro (m) com arco	**lukostřelba** (ž)	[lukostrʃɛlba]

134. Ginásio

barra (f)	**vzpěračská činka** (ž)	[vsperatʃska: tʃɪŋka]
halteres (m pl)	**činky** (ž mn)	[tʃɪŋkɪ]

aparelho (m) de musculaçao	trenažér (m)	[trɛnaʒe:r]
bicicleta (f) ergométrica	kolový trenažér (m)	[kolovi: trɛnaʒe:r]
passadeira (f) de corrida	běžecký pás (m)	[beʒeʦski: pa:s]

barra (f) fixa	hrazda (ž)	[hrazda]
barras (f) paralelas	bradla (s mn)	[bradla]
cavalo (m)	kůň (m)	[ku:nʲ]
tapete (m) de ginástica	žíněnka (ž)	[ʒi:neŋka]

aeróbica (f)	aerobik (m)	[aɛrobɪk]
ioga (f)	jóga (ž)	[jo:ga]

135. Hóquei

hóquei (m)	hokej (m)	[hokɛj]
jogador (m) de hóquei	hokejista (m)	[hokɛjɪsta]
jogar hóquei	hrát hokej	[hra:t hokɛj]
gelo (m)	led (m)	[lɛt]

disco (m)	puk (m)	[puk]
taco (m) de hóquei	hokejka (ž)	[hokejka]
patins (m pl) de gelo	brusle (ž mn)	[bruslɛ]

muro (m)	hrazení (s)	[hrazɛni:]
tiro (m)	hod (m)	[hot]

guarda-redes (m)	brankář (m)	[braŋka:rʃ]
golo (m)	gól (m)	[go:l]
marcar um golo	vstřelit branku	[vstrʃɛlɪt braŋku]

tempo (m)	třetina (ž)	[trʃɛtɪna]
banco (m) de reservas	lavice (ž) náhradníků	[lavɪʦɛ na:hradni:ku:]

136. Futebol

futebol (m)	fotbal (m)	[fotbal]
futebolista (m)	fotbalista (m)	[fotbalɪsta]
jogar futebol	hrát fotbal	[hra:t fotbal]

Liga Principal (f)	nejvyšší liga (ž)	[nɛjvɪʃi: lɪga]
clube (m) de futebol	fotbalový klub (m)	[fotbalovi: klup]
treinador (m)	trenér (m)	[trɛnɛ:r]
proprietário (m)	majitel (m)	[majɪtɛl]

equipa (f)	mužstvo (s)	[muʒstvo]
capitão (m) da equipa	kapitán (m) mužstva	[kapɪta:n muʒstva]
jogador (m)	hráč (m)	[hra:ʧ]
jogador (m) de reserva	náhradník (m)	[na:hradni:k]

atacante (m)	útočník (m)	[u:toʧni:k]
avançado (m) centro	střední útočník (m)	[strʃedni: u:toʧni:k]
marcador (m)	střelec (m)	[strʃɛlɛʦs]

defesa (m)	obránce (m)	[obra:nʦɛ]
médio (m)	záložník (m)	[za:loʒni:k]

jogo (desafio)	zápas (ž)	[za:pas]
encontrar-se (vr)	utkávat se	[utka:vat sɛ]
final (m)	finále (s)	[fɪna:lɛ]
meia-final (f)	semifinále (s)	[sɛmɪfɪna:lɛ]
campeonato (m)	mistrovství (s)	[mɪstrovstvi:]

tempo (m)	poločas (m)	[poloʧas]
primeiro tempo (m)	první poločas (m)	[prvni: poloʧas]
intervalo (m)	poločas (m)	[poloʧas]

baliza (f)	brána (ž)	[bra:na]
guarda-redes (m)	brankář (m)	[braŋka:rʃ]
trave (f)	tyč (ž)	[tɪʧ]
barra (f) transversal	břevno (s)	[brʒɛvno]
rede (f)	síť (ž)	[si:tʲ]
sofrer um golo	pustit gól	[pustɪt go:l]

bola (f)	míč (m)	[mi:ʧ]
passe (m)	přihrávka (ž)	[prʃɪhra:fka]
chute (m)	kop (m)	[kop]
chutar (vt)	vystřelit	[vɪstrʒɛlɪt]
tiro (m) livre	pokutový kop (m)	[pokutovi: kop]
canto (m)	kop (m) z rohu	[kop z rohu]

ataque (m)	útok (m)	[u:tok]
contra-ataque (m)	protiútok (m)	[protɪu:tok]
combinação (f)	kombinace (ž)	[kombɪnaʦɛ]

árbitro (m)	rozhodčí (m)	[rozhodʧi:]
apitar (vi)	hvízdat	[hvi:zdat]
apito (m)	zahvízdnutí (s)	[zahvi:zdnuti:]
falta (f)	přestupek (m)	[prʃɛstupɛk]
cometer a falta	porušit	[poruʃɪt]
expulsar (vt)	vyloučit	[vɪlouʧɪt]

cartão (m) amarelo	žlutá karta (ž)	[ʒluta: karta]
cartão (m) vermelho	červená karta (ž)	[ʧɛrvɛna: karta]
desqualificação (f)	diskvalifikace (ž)	[dɪskvalɪfɪkaʦɛ]
desqualificar (vt)	diskvalifikovat	[dɪskvalɪfɪkovat]

penálti (m)	penalta (ž)	[pɛnalta]
barreira (f)	zeď (ž)	[zɛtʲ]
marcar (vt)	vstřelit	[vstrʃɛlɪt]
golo (m)	gól (m)	[go:l]
marcar um golo	vstřelit branku	[vstrʃɛlɪt braŋku]

substituição (f)	náhrada (ž)	[na:hrada]
substituir (vt)	vystřídat	[vɪstrʃi:dat]
regras (f pl)	pravidla (s mn)	[pravɪdla]
tática (f)	taktika (ž)	[taktɪka]

estádio (m)	stadión (m)	[stadɪo:n]
bancadas (f pl)	tribuna (ž)	[trɪbuna]

fã, adepto (m)	fanoušek (m)	[fanouʃɛk]
gritar (vi)	křičet	[krʃɪtʃɛt]
marcador (m)	tabló (s)	[tablo:]
resultado (m)	skóre (s)	[sko:rɛ]
derrota (f)	prohra (ž)	[prohra]
perder (vt)	prohrát	[prohra:t]
empate (m)	remíza (ž)	[rɛmi:za]
empatar (vi)	remizovat	[rɛmɪzovat]
vitória (f)	vítězství (s)	[vi:tɛzstvi:]
ganhar, vencer (vi, vt)	zvítězit	[zvi:tɛzɪt]
campeão (m)	mistr (m)	[mɪstr]
melhor	nejlepší	[nɛjlɛpʃi:]
felicitar (vt)	blahopřát	[blahoprʃa:t]
comentador (m)	komentátor (m)	[komɛnta:tor]
comentar (vt)	komentovat	[komɛntovat]
transmissão (f)	přenos (m)	[prʃɛnos]

137. Esqui alpino

esqui (m)	lyže (ž mn)	[lɪʒe]
esquiar (vi)	lyžovat	[lɪʒovat]
estância (f) de esqui	sjezdařské středisko (s)	[sjɛzdarʃskɛ: strʃɛdɪsko]
teleférico (m)	vlek (m)	[vlɛk]
bastões (m pl) de esqui	hole (ž mn)	[holɛ]
declive (m)	svah (m)	[svax]
slalom (m)	slalom (m)	[slalom]

138. Ténis. Golfe

golfe (m)	golf (m)	[golf]
clube (m) de golfe	golfový klub (m)	[golfovi: klup]
jogador (m) de golfe	hráč (m) golfu	[hra:tʃ golfu]
buraco (m)	lůžko (s)	[lu:ʃko]
taco (m)	hůl (ž)	[hu:l]
trolley (m)	golfový vozík (m)	[golfovi: vozi:k]
ténis (m)	tenis (m)	[tɛnɪs]
quadra (f) de ténis	kurt (m)	[kurt]
saque (m)	podání (s)	[poda:ni:]
sacar (vi)	servírovat	[sɛrvi:rovat]
raquete (f)	raketa (ž)	[rakɛta]
rede (f)	síť (ž)	[si:tʲ]
bola (f)	míč (m)	[mi:tʃ]

139. Xadrez

xadrez (m)	šachy (m mn)	[ʃaxɪ]
peças (f pl) de xadrez	šachy (m mn)	[ʃaxɪ]
xadrezista (m)	šachista (m)	[ʃaxɪsta]
tabuleiro (m) de xadrez	šachovnice (ž)	[ʃaxovnɪtsɛ]
peça (f) de xadrez	figura (ž)	[fɪgura]
brancas (f pl)	bílé (ž mn)	[biːlɛ:]
pretas (f pl)	černé (ž mn)	[tʃɛrnɛ:]
peão (m)	pěšec (m)	[peʃɛts]
bispo (m)	střelec (m)	[strʃɛlɛts]
cavalo (m)	kůň (m)	[kuːnʲ]
torre (f)	věž (ž)	[veʃ]
dama (f)	královna (ž)	[kraːlovna]
rei (m)	král (m)	[kraːl]
vez (m)	tah (m)	[tax]
mover (vt)	táhnout	[taːhnout]
sacrificar (vt)	nechat sebrat	[nɛxat sɛbrat]
roque (m)	rošáda (ž)	[roʃaːda]
xeque (m)	šach (m)	[ʃax]
xeque-mate (m)	mat (m)	[mat]
torneio (m) de xadrez	šachový turnaj (m)	[ʃaxovi: turnaj]
grão-mestre (m)	velmistr (m)	[vɛlmɪstr]
combinação (f)	kombinace (ž)	[kombɪnatsɛ]
partida (f)	partie (ž)	[partɪɛ]
jogo (m) de damas	dáma (ž)	[daːma]

140. Boxe

boxe (m)	box (m)	[boks]
combate (m)	boj (m)	[boj]
duelo (m)	souboj (m)	[souboj]
round (m)	kolo (s)	[kolo]
ringue (m)	ring (m)	[rɪng]
gongo (m)	gong (m)	[gong]
murro, soco (m)	úder (m)	[uːdɛr]
knockdown (m)	knock-down (m)	[nok-daun]
nocaute (m)	knokaut (m)	[knokaut]
nocautear (vt)	knokautovat	[knokautovat]
luva (f) de boxe	boxerská rukavice (ž)	[boksɛrska: rukavɪtsɛ]
árbitro (m)	rozhodčí (m)	[rozhodtʃi:]
peso-leve (m)	lehká váha (ž)	[lɛhka: va:ha]
peso-médio (m)	střední váha (ž)	[strʃɛdni: va:ha]
peso-pesado (m)	těžká váha (ž)	[teʃka: va:ha]

141. Desportos. Diversos

Jogos (m pl) Olímpicos	Olympijské hry (ž mn)	[olɪmpɪjskɛ: hrɪ]
vencedor (m)	vítěz (m)	[vi:tez]
vencer (vi)	vítězit	[vi:tezɪt]
vencer, ganhar (vi)	vyhrát	[vɪhra:t]
líder (m)	vůdce (m)	[vu:dtsɛ]
liderar (vt)	vést	[vɛ:st]
primeiro lugar (m)	první místo (s)	[prvni: mi:sto]
segundo lugar (m)	druhé místo (s)	[druhɛ: mi:sto]
terceiro lugar (m)	třetí místo (s)	[trʃɛti: mi:sto]
medalha (f)	medaile (ž)	[mɛdajlɛ]
troféu (m)	trofej (ž)	[trofɛj]
taça (f)	pohár (m)	[poha:r]
prémio (m)	cena (ž)	[tsɛna]
prémio (m) principal	hlavní cena (ž)	[hlavni: tsɛna]
recorde (m)	rekord (m)	[rɛkort]
estabelecer um recorde	vytvořit rekord	[vɪtvorʒɪt rɛkort]
final (m)	finále (s)	[fɪna:lɛ]
final	finální	[fɪna:lni:]
campeão (m)	mistr (m)	[mɪstr]
campeonato (m)	mistrovství (s)	[mɪstrovstvi:]
estádio (m)	stadión (m)	[stadɪo:n]
bancadas (f pl)	tribuna (ž)	[trɪbuna]
fã, adepto (m)	fanoušek (m)	[fanouʃɛk]
adversário (m)	soupeř (m)	[soupɛrʃ]
partida (f)	start (m)	[start]
chegada, meta (f)	cíl (m)	[tsi:l]
derrota (f)	prohra (ž)	[prohra]
perder (vt)	prohrát	[prohra:t]
árbitro (m)	rozhodčí (m)	[rozhodtʃi:]
júri (m)	porota, jury (ž)	[porota], [ʒiri]
resultado (m)	skóre (s)	[sko:rɛ]
empate (m)	remíza (ž)	[rɛmi:za]
empatar (vi)	remizovat	[rɛmɪzovat]
ponto (m)	bod (m)	[bot]
resultado (m) final	výsledek (m)	[vi:slɛdɛk]
intervalo (m)	poločas (m)	[polotʃas]
doping (m)	doping (m)	[dopɪŋk]
penalizar (vt)	trestat	[trɛstat]
desqualificar (vt)	diskvalifikovat	[dɪskvalɪfɪkovat]
aparelho (m)	nářadí (s)	[na:rʒadi:]
dardo (m)	oštěp (m)	[oʃtep]

| peso (m) | koule (ž) | [koulɛ] |
| bola (f) | koule (ž) | [koulɛ] |

alvo, objetivo (m)	cíl (m)	[ʦi:l]
alvo (~ de papel)	terč (m)	[tɛrʧ]
atirar, disparar (vi)	střílet	[strʃi:lɛt]
preciso (tiro ~)	přesný	[prʃɛsni:]

treinador (m)	trenér (m)	[trɛnɛ:r]
treinar (vt)	trénovat	[trɛ:novat]
treinar-se (vr)	trénovat	[trɛ:novat]
treino (m)	trénink (m)	[trɛ:nɪŋk]

ginásio (m)	tělocvična (ž)	[telotsvɪʧna]
exercício (m)	cvičení (s)	[ʦvɪʧeni:]
aquecimento (m)	rozcvička (ž)	[rozʦvɪʧka]

Educação

142. Escola

escola (f)	škola (ž)	[ʃkola]
diretor (m) de escola	ředitel (m) školy	[rʒɛdɪtɛl ʃkolɪ]
aluno (m)	žák (m)	[ʒa:k]
aluna (f)	žákyně (ž)	[ʒa:kɪne]
escolar (m)	žák (m)	[ʒa:k]
escolar (f)	žákyně (ž)	[ʒa:kɪne]
ensinar (vt)	učit	[utʃɪt]
aprender (vt)	učit se	[utʃɪt sɛ]
aprender de cor	učit se nazpaměť	[utʃɪt sɛ naspamnetⁱ]
estudar (vi)	učit se	[utʃɪt sɛ]
andar na escola	chodí za školu	[xodi: za ʃkolu]
ir à escola	jít do školy	[ji:t do ʃkolɪ]
alfabeto (m)	abeceda (ž)	[abɛtsɛda]
disciplina (f)	předmět (m)	[prʃɛdmnet]
sala (f) de aula	třída (ž)	[trʃi:da]
lição (f)	hodina (ž)	[hodɪna]
recreio (m)	přestávka (ž)	[prʃɛsta:fka]
toque (m)	zvonění (s)	[zvoneni:]
carteira (f)	školní lavice (ž)	[ʃkolni: lavɪtsɛ]
quadro (m) negro	tabule (ž)	[tabulɛ]
nota (f)	známka (ž)	[zna:mka]
boa nota (f)	dobrá známka (ž)	[dobra: zna:mka]
nota (f) baixa	špatná známka (ž)	[ʃpatna: zna:mka]
dar uma nota	dávat známku	[da:vat zna:mku]
erro (m)	chyba (ž)	[xɪba]
fazer erros	dělat chyby	[delat xɪbɪ]
corrigir (vt)	opravovat	[opravovat]
cábula (f)	tahák (m)	[taha:k]
dever (m) de casa	domácí úloha (ž)	[doma:tsi: u:loha]
exercício (m)	cvičení (s)	[tsvɪtʃɛni:]
estar presente	být přítomen	[bi:t prʃi:tomɛn]
estar ausente	chybět	[xɪbet]
punir (vt)	trestat	[trɛstat]
punição (f)	trest (m)	[trɛst]
comportamento (m)	chování (s)	[xova:ni:]

boletim (m) escolar	žákovská knížka (ž)	[ʒaːkovska: kniːʃka]
lápis (m)	tužka (ž)	[tuʃka]
borracha (f)	guma (ž)	[guma]
giz (m)	křída (ž)	[krʃiːda]
estojo (m)	penál (m)	[pɛnaːl]

pasta (f) escolar	brašna (ž)	[braʃna]
caneta (f)	pero (s)	[pɛro]
caderno (m)	sešit (m)	[sɛʃɪt]
manual (m) escolar	učebnice (ž)	[utʃɛbnɪtsɛ]
compasso (m)	kružidlo (s)	[kruʒɪdlo]

| traçar (vt) | rýsovat | [riːsovat] |
| desenho (m) técnico | výkres (m) | [viːkrɛs] |

poesia (f)	báseň (ž)	[baːsɛnʲ]
de cor	nazpaměť	[naspamnetʲ]
aprender de cor	učit se nazpaměť	[utʃɪt sɛ naspamnetʲ]

| férias (f pl) | prázdniny (ž mn) | [praːzdnɪnɪ] |
| estar de férias | mít prázdniny | [miːt praːzdnɪnɪ] |

teste (m)	písemka (ž)	[piːsɛmka]
composição, redação (f)	sloh (m)	[slox]
ditado (m)	diktát (m)	[dɪktaːt]

exame (m)	zkouška (ž)	[skouʃka]
fazer exame	dělat zkoušky	[delat skouʃkɪ]
experiência (~ química)	pokus (m)	[pokus]

143. Colégio. Universidade

academia (f)	akademie (ž)	[akadɛmɪe]
universidade (f)	univerzita (ž)	[unɪvɛrzɪta]
faculdade (f)	fakulta (ž)	[fakulta]

estudante (m)	student (m)	[studɛnt]
estudante (f)	studentka (ž)	[studɛntka]
professor (m)	vyučující (m)	[vɪutʃujiːtsi:]

| sala (f) de palestras | posluchárna (ž) | [posluxaːrna] |
| graduado (m) | absolvent (m) | [apsolvɛnt] |

| diploma (m) | diplom (m) | [dɪplom] |
| tese (f) | disertace (ž) | [dɪsɛrtatsɛ] |

| estudo (obra) | bádání (s) | [baːdaːni:] |
| laboratório (m) | laboratoř (ž) | [laboratorʃ] |

| palestra (f) | přednáška (ž) | [prʃɛdnaːʃka] |
| colega (m) de curso | spolužák (m) | [spoluʒaːk] |

| bolsa (f) de estudos | stipendium (s) | [stɪpɛndɪum] |
| grau (m) académico | akademická hodnost (ž) | [akadɛmɪtska: hodnost] |

144. Ciências. Disciplinas

matemática (f)	matematika (ž)	[matɛmatɪka]
álgebra (f)	algebra (ž)	[algɛbra]
geometria (f)	geometrie (ž)	[gɛomɛtrɪe]

astronomia (f)	astronomie (ž)	[astronomɪe]
biologia (f)	biologie (ž)	[bɪologɪe]
geografia (f)	zeměpis (m)	[zɛmnepɪs]
geologia (f)	geologie (ž)	[gɛologɪe]
história (f)	historie (ž)	[hɪstorɪe]

medicina (f)	lékařství (s)	[lɛ:karʃstvi:]
pedagogia (f)	pedagogika (ž)	[pɛdagogɪka]
direito (m)	právo (s)	[pra:vo]

física (f)	fyzika (ž)	[fɪzɪka]
química (f)	chemie (ž)	[xɛmɪe]
filosofia (f)	filozofie (ž)	[fɪlozofɪe]
psicologia (f)	psychologie (ž)	[psɪxologɪe]

145. Sistema de escrita. Ortografia

gramática (f)	mluvnice (ž)	[mluvnɪʦɛ]
vocabulário (m)	slovní zásoba (ž)	[slovni: za:soba]
fonética (f)	hláskosloví (s)	[hla:skoslovi:]

substantivo (m)	podstatné jméno (s)	[potsta:tnɛ: jmɛ:no]
adjetivo (m)	přídavné jméno (s)	[prʃi:davnɛ: jmɛ:no]
verbo (m)	sloveso (s)	[slovɛso]
advérbio (m)	příslovce (s)	[prʃi:slovʦɛ]

pronome (m)	zájmeno (s)	[za:jmɛno]
interjeição (f)	citoslovce (s)	[ʦɪtoslovʦɛ]
preposição (f)	předložka (ž)	[prʃɛdloʃka]

raiz (f) da palavra	slovní základ (m)	[slovni: za:klat]
terminação (f)	koncovka (ž)	[konʦofka]
prefixo (m)	předpona (ž)	[prʃɛtpona]
sílaba (f)	slabika (ž)	[slabɪka]
sufixo (m)	přípona (ž)	[prʃi:pona]

| acento (m) | přízvuk (m) | [prʃi:zvuk] |
| apóstrofo (m) | odsuvník (m) | [otsuvni:k] |

ponto (m)	tečka (ž)	[tɛʧka]
vírgula (f)	čárka (ž)	[ʧa:rka]
ponto e vírgula (m)	středník (m)	[strʃɛdni:k]
dois pontos (m pl)	dvojtečka (ž)	[dvojtɛʧka]
reticências (f pl)	tři tečky (ž mn)	[trʃɪ tɛʧkɪ]

| ponto (m) de interrogação | otazník (m) | [otazni:k] |
| ponto (m) de exclamação | vykřičník (m) | [vɪkrʃɪʧni:k] |

aspas (f pl)	uvozovky (ž mn)	[uvozofkɪ]
entre aspas	v uvozovkách	[f uvozofka:x]
parênteses (m pl)	závorky (ž mn)	[za:vorkɪ]
entre parênteses	v závorkách	[v za:vorkax]

hífen (m)	spojovník (m)	[spojovni:k]
travessão (m)	pomlčka (ž)	[pomltʃka]
espaço (m)	mezera (ž)	[mɛzɛra]

| letra (f) | písmeno (s) | [pi:smɛno] |
| letra (f) maiúscula | velké písmeno (s) | [vɛlkɛ: pi:smɛno] |

| vogal (f) | samohláska (ž) | [samohla:ska] |
| consoante (f) | souhláska (ž) | [souhla:ska] |

frase (f)	věta (ž)	[veta]
sujeito (m)	podmět (m)	[podmnet]
predicado (m)	přísudek (m)	[prʃi:sudɛk]

linha (f)	řádek (m)	[rʒa:dɛk]
em uma nova linha	z nového řádku	[z novɛ:ho rʒa:tku]
parágrafo (m)	odstavec (m)	[otstavɛts]

palavra (f)	slovo (s)	[slovo]
grupo (m) de palavras	slovní spojení (s)	[slovni: spojɛni:]
expressão (f)	výraz (m)	[vi:raz]
sinónimo (m)	synonymum (s)	[sɪnonɪmum]
antónimo (m)	antonymum (s)	[antonɪmum]

regra (f)	pravidlo (s)	[pravɪdlo]
exceção (f)	výjimka (ž)	[vi:jɪmka]
correto	správný	[spra:vni:]

conjugação (f)	časování (s)	[tʃasova:ni:]
declinação (f)	skloňování (s)	[sklonʲova:ni:]
caso (m)	pád (m)	[pa:t]
pergunta (f)	otázka (ž)	[ota:ska]
sublinhar (vt)	podtrhnout	[podtrhnout]
linha (f) pontilhada	tečkování (s)	[tɛtʃkova:ni:]

146. Línguas estrangeiras

língua (f)	jazyk (m)	[jazɪk]
língua (f) estrangeira	cizí jazyk (m)	[tsɪzi: jazɪk]
estudar (vt)	studovat	[studovat]
aprender (vt)	učit se	[utʃɪt sɛ]

ler (vt)	číst	[tʃi:st]
falar (vi)	mluvit	[mluvɪt]
compreender (vt)	rozumět	[rozumnet]
escrever (vt)	psát	[psa:t]

| rapidamente | rychle | [rɪxlɛ] |
| devagar | pomalu | [pomalu] |

fluentemente	plynně	[plɪnne]
regras (f pl)	pravidla (s mn)	[pravɪdla]
gramática (f)	mluvnice (ž)	[mluvnɪtsɛ]
vocabulário (m)	slovní zásoba (ž)	[slovni: za:soba]
fonética (f)	hláskosloví (s)	[hla:skoslovi:]

manual (m) escolar	učebnice (ž)	[utʃɛbnɪtsɛ]
dicionário (m)	slovník (m)	[slovni:k]
manual (m) de autoaprendizagem	učebnice (ž) pro samouky	[utʃɛbnɪtsɛ pro samoukɪ]
guia (m) de conversação	konverzace (ž)	[konvɛrzatsɛ]

cassete (f)	kazeta (ž)	[kazɛta]
vídeo cassete (m)	videokazeta (ž)	[vɪdɛokazɛta]
CD (m)	CD disk (m)	[tsɛ:dɛ: dɪsk]
DVD (m)	DVD (s)	[dɛvɛdɛ]

alfabeto (m)	abeceda (ž)	[abɛtsɛda]
soletrar (vt)	hláskovat	[hla:skovat]
pronúncia (f)	výslovnost (ž)	[vi:slovnost]

sotaque (m)	cizí přízvuk (m)	[tsɪzi: prʃi:zvuk]
com sotaque	s cizím přízvukem	[s tsɪzi:m prʃi:zvukɛm]
sem sotaque	bez cizího přízvuku	[bɛz tsɪzi:ho prʃi:zvuku]

| palavra (f) | slovo (s) | [slovo] |
| sentido (m) | smysl (m) | [smɪsl] |

cursos (m pl)	kurzy (m mn)	[kurzɪ]
inscrever-se (vr)	zapsat se	[zapsat sɛ]
professor (m)	vyučující (m)	[vɪutʃuji:tsi:]

tradução (processo)	překlad (m)	[prʃɛklat]
tradução (texto)	překlad (m)	[prʃɛklat]
tradutor (m)	překladatel (m)	[prʃɛkladatɛl]
intérprete (m)	tlumočník (m)	[tlumotʃni:k]

| poliglota (m) | polyglot (m) | [polɪglot] |
| memória (f) | paměť (ž) | [pamnetⁱ] |

147. Personagens de contos de fadas

| Pai (m) Natal | svatý Mikuláš (m) | [svati: mɪkula:ʃ] |
| sereia (f) | rusalka (ž) | [rusalka] |

mago (m)	čaroděj (m)	[tʃarodej]
fada (f)	čarodějka (ž)	[tʃarodejka]
mágico	čarodějný	[tʃarodejni:]
varinha (f) mágica	čarovný proutek (m)	[tʃarovni: proutɛk]

conto (m) de fadas	pohádka (ž)	[poha:tka]
milagre (m)	zázrak (m)	[za:zrak]
anão (m)	gnóm (m)	[gno:m]
transformar-se em ...	proměnit se	[promnenɪt sɛ]

fantasma (m)	přízrak (m)	[prʃiːzrak]
espetro (m)	přízrak (m)	[prʃiːzrak]
monstro (m)	příšera (ž)	[prʃiːʃɛra]
dragão (m)	drak (m)	[drak]
gigante (m)	obr (m)	[obr]

148. Signos do Zodíaco

Carneiro	Skopec (m)	[skopɛts]
Touro	Býk (m)	[biːk]
Gémeos	Blíženci (m mn)	[bliːʒɛntsɪ]
Caranguejo	Rak (m)	[rak]
Leão	Lev (m)	[lɛf]
Virgem (f)	Panna (ž)	[panna]

Balança	Váhy (ž mn)	[vaːhɪ]
Escorpião	Štír (m)	[ʃtiːr]
Sagitário	Střelec (m)	[strʃɛlɛts]
Capricórnio	Kozorožec (m)	[kozoroʒets]
Aquário	Vodnář (m)	[vodnaːrʃ]
Peixes	Ryby (ž mn)	[rɪbɪ]

caráter (m)	povaha (ž)	[povaha]
traços (m pl) do caráter	povahové vlastnosti (ž mn)	[povahovɛː vlastnostɪ]
comportamento (m)	chování (s)	[xovaːniː]
predizer (vt)	hádat	[haːdat]
adivinha (f)	věštkyně (ž)	[vɛʃtkɪne]
horóscopo (m)	horoskop (m)	[horoskop]

Artes

149. Teatro

teatro (m)	divadlo (s)	[dɪvadlo]
ópera (f)	opera (ž)	[opɛra]
opereta (f)	opereta (ž)	[opɛrɛta]
balé (m)	balet (m)	[balɛt]
cartaz (m)	plakát (m)	[plaka:t]
companhia (f) teatral	soubor (m)	[soubor]
turné (digressão)	pohostinská vystoupení (s mn)	[pohostɪnska: vɪstoupɛni:]
estar em turné	hostovat	[hostovat]
ensaiar (vt)	zkoušet	[skouʃɛt]
ensaio (m)	zkouška (ž)	[skouʃka]
repertório (m)	repertoár (m)	[rɛpɛrtoa:r]
apresentação (f)	představení (s)	[prʃɛtstavɛni:]
espetáculo (m)	hra (ž)	[hra]
peça (f)	hra (ž)	[hra]
bilhete (m)	vstupenka (ž)	[vstupɛŋka]
bilheteira (f)	pokladna (ž)	[pokladna]
hall (m)	vestibul (m)	[vɛstɪbul]
guarda-roupa (m)	šatna (ž)	[ʃatna]
senha (f) numerada	lístek (m) s číslem	[li:stɛk s tʃi:slem]
binóculo (m)	kukátko (s)	[kuka:tko]
lanterninha (m)	uvaděčka (ž)	[uvadetʃka]
plateia (f)	přízemí (s)	[prʃizɛmi:]
balcão (m)	balkón (m)	[balko:n]
primeiro balcão (m)	první balkón (m)	[prvni: balko:n]
camarote (m)	lóže (ž)	[lo:ʒe]
fila (f)	řada (ž)	[rʒada]
assento (m)	místo (s)	[mi:sto]
público (m)	obecenstvo (s)	[obɛtsɛnstvo]
espetador (m)	divák (m)	[dɪva:k]
aplaudir (vt)	tleskat	[tlɛskat]
aplausos (m pl)	potlesk (m)	[potlɛsk]
ovação (f)	ovace (ž)	[ovatsɛ]
palco (m)	jeviště (s)	[jɛvɪʃte]
pano (m) de boca	opona (ž)	[opona]
cenário (m)	dekorace (ž)	[dɛkoratsɛ]
bastidores (m pl)	kulisy (ž mn)	[kulɪsɪ]
cena (f)	scéna (ž)	[stsɛ:na]
ato (m)	jednání (s)	[jɛdna:ni:]
entreato (m)	přestávka (ž)	[prʃesta:fka]

150. Cinema

ator (m)	herec (m)	[hɛrɛts]
atriz (f)	herečka (ž)	[hɛrɛtʃka]
cinema (m)	kinematografie (ž)	[kɪnɛmatografɪe]
filme (m)	film (m)	[fɪlm]
episódio (m)	díl (m)	[di:l]
filme (m) policial	detektivka (ž)	[dɛtɛktɪfka]
filme (m) de ação	akční film (m)	[aktʃni: fɪlm]
filme (m) de aventuras	dobrodružný film (m)	[dobrodruʒni: fɪlm]
filme (m) de ficção científica	vědecko-fantastický film (m)	[vɛdɛtsko-fantastɪtski: fɪlm]
filme (m) de terror	horor (m)	[horor]
comédia (f)	filmová komedie (ž)	[fɪlmova: komɛdɪe]
melodrama (m)	melodrama (s)	[mɛlodrama]
drama (m)	drama (s)	[drama]
filme (m) ficcional	umělecký film (m)	[umnelɛtski: fɪlm]
documentário (m)	dokumentární film (m)	[dokumɛnta:rni: fɪlm]
desenho (m) animado	kreslený film (m)	[krɛslɛni: fɪlm]
cinema (m) mudo	němý film (m)	[nemi: fɪlm]
papel (m)	role (ž)	[rolɛ]
papel (m) principal	hlavní role (ž)	[hlavni: rolɛ]
representar (vt)	hrát	[hra:t]
estrela (f) de cinema	filmová hvězda (ž)	[fɪlmova: hvezda]
conhecido	slavný	[slavni:]
famoso	známý	[zna:mi:]
popular	oblíbený	[obli:bɛni:]
argumento (m)	scénář (m)	[stsɛ:na:rʃ]
argumentista (m)	scenárista (m)	[stsɛna:rɪsta]
realizador (m)	režisér (m)	[rɛʒɪsɛ:r]
produtor (m)	filmový producent (m)	[fɪlmovi: produtsɛnt]
assistente (m)	asistent (m)	[asɪstɛnt]
diretor (m) de fotografia	kameraman (m)	[kamɛraman]
duplo (m)	kaskadér (m)	[kaskadɛ:r]
filmar (vt)	natáčet film	[nata:tʃɛt fɪlm]
audição (f)	zkušební natáčení (s)	[skuʃɛbni: nata:tʃɛni:]
filmagem (f)	natáčení (s)	[nata:tʃɛni:]
equipe (f) de filmagem	filmová skupina (ž)	[fɪlmova: skupɪna]
set (m) de filmagem	natáčecí prostor (m)	[nata:tʃɛtsi: prostor]
câmara (f)	filmová kamera (ž)	[fɪlmova: kamɛra]
cinema (m)	biograf (m)	[bɪograf]
ecrã (m), tela (f)	plátno (s)	[pla:tno]
exibir um filme	promítat film	[promi:tat fɪlm]
pista (f) sonora	zvuková stopa (ž)	[zvukova: stopa]
efeitos (m pl) especiais	triky (m mn)	[trɪkɪ]
legendas (f pl)	titulky (m mn)	[tɪtulkɪ]

| crédito (m) | titulky (m mn) | [tɪtulkɪ] |
| tradução (f) | překlad (m) | [prʃɛklat] |

151. Pintura

arte (f)	umění (s)	[umneni:]
belas-artes (f pl)	krásná umění (s mn)	[kra:sna: umneni:]
galeria (f) de arte	galerie (ž)	[galɛrɪe]
exposição (f) de arte	výstava (ž) obrazů	[vi:stava obrazu:]

pintura (f)	malířství (s)	[mali:rʃstvi:]
arte (f) gráfica	grafika (ž)	[grafɪka]
arte (f) abstrata	abstraktní umění (s)	[apstraktni: umneni:]
impressionismo (m)	impresionismus (m)	[ɪmprɛsɪonɪzmus]

pintura (f), quadro (m)	obraz (m)	[obraz]
desenho (m)	kresba (ž)	[krɛzba]
cartaz, póster (m)	plakát (m)	[plaka:t]

ilustração (f)	ilustrace (ž)	[ɪlustratsɛ]
miniatura (f)	miniatura (ž)	[mɪnɪatura]
cópia (f)	kopie (ž)	[kopɪe]
reprodução (f)	reprodukce (ž)	[rɛproduktsɛ]

mosaico (m)	mozaika (ž)	[mozaɪka]
vitral (m)	skleněná mozaika (ž)	[sklɛnena: mozaɪka]
fresco (m)	freska (ž)	[frɛska]
gravura (f)	rytina (ž)	[rɪtɪna]

busto (m)	bysta (ž)	[bɪsta]
escultura (f)	skulptura (ž)	[skulptura]
estátua (f)	socha (ž)	[soxa]
gesso (m)	sádra (ž)	[sa:dra]
em gesso	sádrový	[sa:drovi:]

retrato (m)	portrét (m)	[portrɛ:t]
autorretrato (m)	autoportrét (m)	[autoportrɛ:t]
paisagem (f)	krajina (ž)	[krajɪna]
natureza (f) morta	zátiší (s)	[za:tɪʃi:]
caricatura (f)	karikatura (ž)	[karɪkatura]
esboço (m)	náčrt (m)	[na:tʃrt]

tinta (f)	barva (ž)	[barva]
aguarela (f)	vodová barva (ž)	[vodova: barva]
óleo (m)	olejová barva (ž)	[olɛjova: barva]
lápis (m)	tužka (ž)	[tuʃka]
tinta da China (f)	tuž (ž)	[tuʃ]
carvão (m)	uhel (m)	[uhɛl]

| desenhar (vt) | kreslit | [krɛslɪt] |
| pintar (vt) | malovat | [malovat] |

| posar (vi) | být modelem | [bi:t modɛlɛm] |
| modelo (m) | živý model (m) | [ʒɪvi: modɛl] |

modelo (f)	modelka (ž)	[modɛlka]
pintor (m)	malíř (m)	[mali:rʃ]
obra (f)	dílo (s)	[di:lo]
obra-prima (f)	veledílo (s)	[vɛlɛdi:lo]
estúdio (m)	dílna (ž)	[di:lna]

tela (f)	plátno (s)	[pla:tno]
cavalete (m)	malířský stojan (m)	[malirʒski: stojan]
paleta (f)	paleta (ž)	[palɛta]

moldura (f)	rám (m)	[ra:m]
restauração (f)	restaurace (ž)	[rɛstauraʦɛ]
restaurar (vt)	restaurovat	[rɛstaurovat]

152. Literatura & Poesia

literatura (f)	literatura (ž)	[lɪtɛratura]
autor (m)	autor (m)	[autor]
pseudónimo (m)	pseudonym (m)	[psɛudonɪm]

livro (m)	kniha (ž)	[knɪha]
volume (m)	díl (m)	[di:l]
índice (m)	obsah (m)	[opsax]
página (f)	stránka (ž)	[stra:ŋka]
protagonista (m)	hlavní hrdina (m)	[hlavni: hrdɪna]
autógrafo (m)	autogram (m)	[autogram]

conto (m)	povídka (ž)	[povi:tka]
novela (f)	novela (ž)	[novɛla]
romance (m)	román (m)	[roma:n]
obra (f)	spis (m)	[spɪs]
fábula (m)	bajka (ž)	[bajka]
romance (m) policial	detektivka (ž)	[dɛtɛktɪfka]

poesia (obra)	báseň (ž)	[ba:sɛnʲ]
poesia (arte)	poezie (ž)	[poɛzɪe]
poema (m)	báseň (ž)	[ba:sɛnʲ]
poeta (m)	básník (m)	[ba:sni:k]

| ficção (f) | beletrie (ž) | [bɛlɛtrɪe] |
| ficção (f) científica | vědecko-fantastická literatura (ž) | [vɛdɛtsko-fantastɪʦska lɪtɛratura] |

aventuras (f pl)	dobrodružství (s)	[dobrodruʒstvi:]
literatura (f) didática	školní literatura (ž)	[ʃkolni: lɪtɛratura]
literatura (f) infantil	dětská literatura (ž)	[detska: lɪtɛratura]

153. Circo

circo (m)	cirkus (m)	[ʦɪrkus]
programa (m)	program (m)	[program]
apresentação (f)	představení (s)	[prʃɛtstavɛni:]
número (m)	výstup (m)	[vi:stup]

arena (f)	aréna (ž)	[arɛ:na]
pantomima (f)	pantomima (ž)	[pantomɪma]
palhaço (m)	klaun (m)	[klaun]

acrobata (m)	akrobat (m)	[akrobat]
acrobacia (f)	akrobatika (ž)	[akrobatɪka]
ginasta (m)	gymnasta (m)	[gɪmnasta]
ginástica (f)	gymnastika (ž)	[gɪmnastɪka]
salto (m) mortal	salto (s)	[salto]

homem forte (m)	atlet (m)	[atlɛt]
domador (m)	krotitel (m)	[krotɪtɛl]
cavaleiro (m) equilibrista	jezdec (m)	[jɛzdɛʦ]
assistente (m)	asistent (m)	[asɪstɛnt]

truque (m)	trik (m)	[trɪk]
truque (m) de mágica	kouzlo (s)	[kouzlo]
mágico (m)	kouzelník (m)	[kouzɛlni:k]

malabarista (m)	žonglér (m)	[ʒonglɛ:r]
fazer malabarismos	žonglovat	[ʒonglovat]
domador (m)	cvičitel (m)	[ʦvɪʧɪtɛl]
adestramento (m)	drezůra (ž)	[drɛzu:ra]
adestrar (vt)	cvičit	[ʦvɪʧɪt]

154. Música. Música popular

música (f)	hudba (ž)	[hudba]
músico (m)	hudebník (m)	[hudɛbni:k]
instrumento (m) musical	hudební nástroj (m)	[hudɛbni: na:stroj]
tocar ...	hrát na ...	[hra:t na]

guitarra (f)	kytara (ž)	[kɪtara]
violino (m)	housle (ž mn)	[houslɛ]
violoncelo (m)	violoncello (s)	[vɪolonʧelo]
contrabaixo (m)	basa (ž)	[basa]
harpa (f)	harfa (ž)	[harfa]

piano (m)	pianino (s)	[pɪanɪno]
piano (m) de cauda	klavír (m)	[klavi:r]
órgão (m)	varhany (ž mn)	[varhanɪ]

instrumentos (m pl) de sopro	dechové nástroje (m mn)	[dɛxovɛ: na:strojɛ]
oboé (m)	hoboj (m)	[hoboj]
saxofone (m)	saxofon (m)	[saksofon]
clarinete (m)	klarinet (m)	[klarɪnɛt]
flauta (f)	flétna (ž)	[flɛ:tna]
trompete (m)	trubka (ž)	[trupka]

acordeão (m)	akordeon (m)	[akordɛon]
tambor (m)	buben (m)	[bubɛn]

duo, dueto (m)	duo (s)	[duo]
trio (m)	trio (s)	[trɪo]

quarteto (m)	**kvarteto** (s)	[kvartɛto]
coro (m)	**sbor** (m)	[zbor]
orquestra (f)	**orchestr** (m)	[orxɛstr]

música (f) pop	**populární hudba** (ž)	[popula:rni: hudba]
música (f) rock	**rocková hudba** (ž)	[rokova: hudba]
grupo (m) de rock	**roková kapela** (ž)	[rokova: kapɛla]
jazz (m)	**jazz** (m)	[dʒɛs]

ídolo (m)	**idol** (m)	[ɪdol]
fã, admirador (m)	**ctitel** (m)	[tstɪtɛl]

concerto (m)	**koncert** (m)	[kontsɛrt]
sinfonia (f)	**symfonie** (ž)	[sɪmfonɪe]
composição (f)	**skladba** (ž)	[skladba]
compor (vt)	**složit**	[sloʒɪt]

canto (m)	**zpěv** (m)	[spef]
canção (f)	**píseň** (ž)	[pi:sɛnʲ]
melodia (f)	**melodie** (ž)	[mɛlodɪe]
ritmo (m)	**rytmus** (m)	[rɪtmus]
blues (m)	**blues** (s)	[blu:s]

notas (f pl)	**noty** (ž mn)	[notɪ]
batuta (f)	**taktovka** (ž)	[taktofka]
arco (m)	**smyčec** (m)	[smɪʧɛts]
corda (f)	**struna** (ž)	[struna]
estojo (m)	**pouzdro** (s)	[pouzdro]

Descanso. Entretenimento. Viagens

155. Viagens

turismo (m)	turistika (ž)	[turɪstɪka]
turista (m)	turista (m)	[turɪsta]
viagem (f)	cestování (s)	[tsɛstova:ni:]
aventura (f)	příhoda (ž)	[prʃi:hoda]
viagem (f)	cesta (ž)	[tsɛsta]
férias (f pl)	dovolená (ž)	[dovolɛna:]
estar de férias	mít dovolenou	[mi:t dovolɛnou]
descanso (m)	odpočinek (m)	[otpotʃɪnɛk]
comboio (m)	vlak (m)	[vlak]
de comboio (chegar ~)	vlakem	[vlakɛm]
avião (m)	letadlo (s)	[lɛtadlo]
de avião	letadlem	[lɛtadlɛm]
de carro	autem	[autɛm]
de navio	lodí	[lodi:]
bagagem (f)	zavazadla (s mn)	[zavazadla]
mala (f)	kufr (m)	[kufr]
carrinho (m)	vozík (m) na zavazadla	[vozi:k na zavazadla]
passaporte (m)	pas (m)	[pas]
visto (m)	vízum (s)	[vi:zum]
bilhete (m)	jízdenka (ž)	[ji:zdɛŋka]
bilhete (m) de avião	letenka (ž)	[lɛtɛŋka]
guia (m) de viagem	průvodce (m)	[pru:votsɛ]
mapa (m)	mapa (ž)	[mapa]
local (m), area (f)	krajina (ž)	[krajɪna]
lugar, sítio (m)	místo (s)	[mi:sto]
exotismo (m)	exotika (ž)	[ɛgzotɪka]
exótico	exotický	[ɛgzotɪtski:]
surpreendente	podivuhodný	[podɪvuhodni:]
grupo (m)	skupina (ž)	[skupɪna]
excursão (f)	výlet (m)	[vi:lɛt]
guia (m)	průvodce (m)	[pru:votsɛ]

156. Hotel

hotel (m)	hotel (m)	[hotɛl]
motel (m)	motel (m)	[motɛl]
três estrelas	tři hvězdy	[trʃɪ hvɛzdɪ]

cinco estrelas	pět hvězd	[pet hvezt]
ficar (~ num hotel)	ubytovat se	[ubɪtovat sɛ]

quarto (m)	pokoj (m)	[pokoj]
quarto (m) individual	jednolůžkový pokoj (m)	[jɛdnolu:ʃkovi: pokoj]
quarto (m) duplo	dvoulůžkový pokoj (m)	[dvoulu:ʃkovi: pokoj]
reservar um quarto	rezervovat pokoj	[rɛzɛrvovat pokoj]

meia pensão (f)	polopenze (ž)	[polopɛnzɛ]
pensão (f) completa	plná penze (ž)	[plna: pɛnzɛ]

com banheira	s koupelnou	[s koupɛlnou]
com duche	se sprchou	[sɛ sprxou]
televisão (m) satélite	satelitní televize (ž)	[satɛlɪtni: tɛlɛvɪzɛ]
ar (m) condicionado	klimatizátor (m)	[klɪmatɪza:tor]
toalha (f)	ručník (m)	[rutʃni:k]
chave (f)	klíč (m)	[kli:tʃ]

administrador (m)	recepční (m)	[rɛtsɛptʃni:]
camareira (f)	pokojská (ž)	[pokojska:]
bagageiro (m)	nosič (m)	[nosɪtʃ]
porteiro (m)	vrátný (m)	[vra:tni:]

restaurante (m)	restaurace (ž)	[rɛstauratsɛ]
bar (m)	bar (m)	[bar]
pequeno-almoço (m)	snídaně (ž)	[sni:dane]
jantar (m)	večeře (ž)	[vɛtʃɛrʒɛ]
buffet (m)	obložený stůl (m)	[obl. oʒeni: stu:l]

hall (m) de entrada	vstupní hala (ž)	[vstupni: hala]
elevador (m)	výtah (m)	[vi:tax]

NÃO PERTURBE	NERUŠIT	[nɛruʃɪt]
PROIBIDO FUMAR!	ZÁKAZ KOUŘENÍ	[za:kaz kourʒeni:]

157. Livros. Leitura

livro (m)	kniha (ž)	[knɪha]
autor (m)	autor (m)	[autor]
escritor (m)	spisovatel (m)	[spɪsovatɛl]
escrever (vt)	napsat	[napsat]

leitor (m)	čtenář (m)	[tʃtɛna:rʃ]
ler (vt)	číst	[tʃi:st]
leitura (f)	četba (ž)	[tʃɛtba]

para si	pro sebe	[pro sɛbɛ]
em voz alta	nahlas	[nahlas]

publicar (vt)	vydávat	[vɪda:vat]
publicação (f)	vydání (s)	[vɪda:ni:]
editor (m)	vydavatel (m)	[vɪdavatɛl]
editora (f)	nakladatelství (s)	[nakladatɛlstvi:]
sair (vi)	vyjít	[vɪji:t]

lançamento (m)	**vydání** (s)	[vɪda:ni:]
tiragem (f)	**náklad** (m)	[na:klat]
livraria (f)	**knihkupectví** (s)	[knɪxkupɛtstvi:]
biblioteca (f)	**knihovna** (ž)	[knɪhovna]
novela (f)	**novela** (ž)	[novɛla]
conto (m)	**povídka** (ž)	[povi:tka]
romance (m)	**román** (m)	[roma:n]
romance (m) policial	**detektivka** (ž)	[dɛtɛktɪfka]
memórias (f pl)	**paměti** (ž mn)	[pamnetɪ]
lenda (f)	**legenda** (ž)	[lɛgɛnda]
mito (m)	**mýtus** (m)	[mi:tus]
poesia (f)	**básně** (ž mn)	[ba:sne]
autobiografia (f)	**vlastní životopis** (m)	[vlastni: ʒɪvotopɪs]
obras (f pl) escolhidas	**výbor** (m) z díla	[vi:bor z di:la]
ficção (f) científica	**fantastika** (ž)	[fantastɪka]
título (m)	**název** (m)	[na:zɛf]
introdução (f)	**úvod** (m)	[u:vot]
folha (f) de rosto	**titulní list** (m)	[tɪtulni: lɪst]
capítulo (m)	**kapitola** (ž)	[kapɪtola]
excerto (m)	**úryvek** (m)	[u:rɪvɛk]
episódio (m)	**epizoda** (ž)	[ɛpɪzoda]
tema (m)	**námět** (m)	[na:mnet]
conteúdo (m)	**obsah** (m)	[opsax]
índice (m)	**obsah** (m)	[opsax]
protagonista (m)	**hlavní hrdina** (m)	[hlavni: hrdɪna]
tomo, volume (m)	**svazek** (m)	[svazɛk]
capa (f)	**obálka** (ž)	[oba:lka]
encadernação (f)	**vazba** (ž)	[vazba]
marcador (m) de livro	**záložka** (ž)	[za:loʃka]
página (f)	**stránka** (ž)	[stra:ŋka]
folhear (vt)	**listovat**	[lɪstovat]
margem (f)	**okraj** (m)	[okraj]
anotação (f)	**poznámka** (ž) na okraj	[pozna:mka na okraj]
nota (f) de rodapé	**poznámka** (ž)	[pozna:mka]
texto (m)	**text** (m)	[tɛkst]
fonte (f)	**písmo** (s)	[pi:smo]
gralha (f)	**chyba** (ž) tisku	[xɪba tɪsku]
tradução (f)	**překlad** (m)	[prʃɛklat]
traduzir (vt)	**překládat**	[prʃɛkla:dat]
original (m)	**originál** (m)	[orɪgɪna:l]
famoso	**slavný**	[slavni:]
desconhecido	**neznámý**	[nɛzna:mi:]
interessante	**zajímavý**	[zaji:mavi:]
best-seller (m)	**bestseller** (m)	[bɛstsɛlɛr]

dicionário (m)	slovník (m)	[slovni:k]
manual (m) escolar	učebnice (ž)	[utʃɛbnɪtsɛ]
enciclopédia (f)	encyklopedie (ž)	[ɛntsɪklopɛdɪe]

158. Caça. Pesca

caça (f)	lov (m)	[lof]
caçar (vi)	lovit	[lovɪt]
caçador (m)	lovec (m)	[lovɛts]

atirar (vi)	střílet	[strʃi:lɛt]
caçadeira (f)	puška (ž)	[puʃka]
cartucho (m)	náboj (m)	[na:boj]
chumbo (m) de caça	broky (m mn)	[brokɪ]

armadilha (f)	past (ž)	[past]
armadilha (com corda)	léčka (ž)	[lɛ:tʃka]
pôr a armadilha	líčit past	[li:tʃɪt past]
caçador (m) furtivo	pytlák (m)	[pɪtla:k]
caça (f)	zvěřina (ž)	[zverʒɪna]
cão (m) de caça	lovecký pes (m)	[lovɛtski: pɛs]
safári (m)	safari (s)	[safarɪ]
animal (m) empalhado	vycpané zvíře (s)	[vɪtspanɛ: zvi:rʒɛ]

pescador (m)	rybář (m)	[rɪba:rʃ]
pesca (f)	rybaření (s)	[rɪbarʒɛni:]
pescar (vt)	lovit ryby	[lovɪt rɪbɪ]
cana (f) de pesca	udice (ž)	[udɪtsɛ]
linha (f) de pesca	vlas (m)	[vlas]
anzol (m)	háček (m)	[ha:tʃɛk]
boia (f)	splávek (m)	[spla:vɛk]
isca (f)	návnada (ž)	[na:vnada]

lançar a linha	hodit udici	[hodɪt udɪtsɪ]
morder (vt)	brát	[bra:t]
pesca (f)	úlovek (m)	[u:lovɛk]
buraco (m) no gelo	otvor (m) v ledu	[otvor v lɛdu]

rede (f)	síť (ž)	[si:tʲ]
barco (m)	loďka (ž)	[lotʲka]
pescar com rede	lovit sítí	[lovɪt si:ti:]
lançar a rede	házet síť	[ha:zɛt si:tʲ]
puxar a rede	vytahovat síť	[vɪtahovat si:tʲ]

baleeiro (m)	velrybář (m)	[vɛlrɪba:rʃ]
baleeira (f)	velrybářská loď (ž)	[vɛlrɪba:rʃska: lotʲ]
arpão (m)	harpuna (ž)	[harpuna]

159. Jogos. Bilhar

bilhar (m)	kulečník (m)	[kulɛtʃni:k]
sala (f) de bilhar	kulečníková herna (ž)	[kulɛtʃni:kova: hɛrna]

bola (f) de bilhar	kulečníková koule (ž)	[kulɛtʃni:kova: koulɛ]
embolsar uma bola	strefit se koulí	[strɛfɪt sɛ kouli:]
taco (m)	tágo (s)	[ta:go]
caçapa (f)	otvor (m) v kulečníku	[otvor v kulɛtʃni:ku]

160. Jogos. Jogar cartas

ouros (m pl)	kára (s mn)	[ka:ra]
espadas (f pl)	piky (m mn)	[pɪkɪ]
copas (f pl)	srdce (s mn)	[srdtsɛ]
paus (m pl)	kříže (m mn)	[krʃi:ʒe]

ás (m)	eso (s)	[ɛso]
rei (m)	král (m)	[kra:l]
dama (f)	dáma (ž)	[da:ma]
valete (m)	kluk (m)	[kluk]

carta (f) de jogar	karta (ž)	[karta]
cartas (f pl)	karty (ž mn)	[kartɪ]
trunfo (m)	trumf (m)	[trumf]
baralho (m)	karty (ž mn)	[kartɪ]

dar, distribuir (vt)	rozdávat	[rozda:vat]
embaralhar (vt)	míchat	[mi:xat]
vez, jogada (f)	vynášení (s)	[vɪna:ʃɛni:]
batoteiro (m)	falešný hráč (m)	[falɛʃni: hra:tʃ]

161. Casino. Roleta

casino (m)	kasino (s)	[kasi:no]
roleta (f)	ruleta (ž)	[rulɛta]
aposta (f)	sázka (ž)	[sa:ska]
apostar (vt)	sázet	[sa:zɛt]

vermelho (m)	červené (s)	[tʃɛrvɛnɛ:]
preto (m)	černé (s)	[tʃɛrnɛ:]
apostar no vermelho	sázet na červené	[sa:zɛt na tʃɛrvɛnɛ:]
apostar no preto	sázet na černé	[sa:zɛt na tʃɛrnɛ:]

crupiê (m, f)	krupiér (m)	[krupjɛ:r]
girar a roda	otáčet buben	[ota:tʃɛt bubɛn]
regras (f pl) do jogo	pravidla (s mn) hry	[pravɪdla hrɪ]
ficha (f)	žeton (m)	[ʒeton]

| ganhar (vi, vt) | vyhrát | [vɪhra:t] |
| ganho (m) | výhra (ž) | [vi:hra] |

| perder (dinheiro) | prohrát | [prohra:t] |
| perda (f) | prohra (ž) | [prohra] |

| jogador (m) | hráč (m) | [hra:tʃ] |
| blackjack (m) | hra (ž) jednadvacet | [hra jɛdnadvatsɛt] |

| jogo (m) de dados | hra (ž) v kostky | [hra v kostkɪ] |
| máquina (f) de jogo | hrací automat (m) | [hraʦi: automat] |

162. Descanso. Jogos. Diversos

passear (vi)	procházet se	[proxa:zɛt sɛ]
passeio (m)	procházka (ž)	[proxa:ska]
viagem (f) de carro	vyjížďka (ž)	[vɪji:ʒtʲka]
aventura (f)	příhoda (ž)	[prʃi:hoda]
piquenique (m)	piknik (m)	[pɪknɪk]

jogo (m)	hra (ž)	[hra]
jogador (m)	hráč (m)	[hra:ʧ]
partida (f)	partie (ž)	[partɪe]

colecionador (m)	sběratel (m)	[zberatɛl]
colecionar (vt)	sbírat	[zbi:rat]
coleção (f)	sbírka (ž)	[zbi:rka]

palavras (f pl) cruzadas	křížovka (ž)	[krʃi:ʒofka]
hipódromo (m)	hipodrom (m)	[hɪpodrom]
discoteca (f)	diskotéka (ž)	[dɪskotɛ:ka]

| sauna (f) | sauna (ž) | [sauna] |
| lotaria (f) | loterie (ž) | [lotɛrɪe] |

campismo (m)	túra (ž)	[tu:ra]
acampamento (m)	tábor (m)	[ta:bor]
tenda (f)	stan (m)	[stan]
bússola (f)	kompas (m)	[kompas]
campista (m)	turista (m)	[turɪsta]

ver (vt), assistir à ...	dívat se na ...	[di:vat sɛ na]
telespectador (m)	televizní divák (m)	[tɛlɛvɪzni: dɪva:k]
programa (m) de TV	televizní pořad (m)	[tɛlɛvɪzni: porʒat]

163. Fotografia

| máquina (f) fotográfica | fotoaparát (m) | [fotoapara:t] |
| foto, fotografia (f) | fotografie (ž) | [fotografɪe] |

fotógrafo (m)	fotograf (m)	[fotograf]
estúdio (m) fotográfico	fotografický salón (m)	[fotografɪʦki: salo:n]
álbum (m) de fotografias	fotoalbum (s)	[fotoalbum]

objetiva (f)	objektiv (m)	[objɛktɪf]
teleobjetiva (f)	teleobjektiv (m)	[tɛlɛobjɛktɪf]
filtro (m)	filtr (m)	[fɪltr]
lente (f)	čočka (ž)	[ʧoʧka]

| ótica (f) | optika (ž) | [optɪka] |
| abertura (f) | clona (ž) | [ʦlona] |

exposição (f)	expozice (ž)	[εkspozɪtsε]
visor (m)	hledáček (m)	[hlɛda:tʃεk]

câmara (f) digital	digitální kamera (ž)	[dɪgɪta:lni: kamεra]
tripé (m)	stativ (m)	[statɪf]
flash (m)	blesk (m)	[blεsk]

fotografar (vt)	fotografovat	[fotografovat]
tirar fotos	fotografovat	[fotografovat]
fotografar-se	fotografovat se	[fotografovat sε]

foco (m)	ostrost (ž)	[ostrost]
focar (vt)	zaostřovat	[zaostrʃovat]
nítido	ostrý	[ostri:]
nitidez (f)	ostrost (ž)	[ostrost]

contraste (m)	kontrast (m)	[kontrast]
contrastante	kontrastní	[kontrastni:]

retrato (m)	snímek (m)	[sni:mεk]
negativo (m)	negativ (m)	[nεgatɪf]
filme (m)	film (m)	[fɪlm]
fotograma (m)	záběr (m)	[za:ber]
imprimir (vt)	tisknout	[tɪsknout]

164. Praia. Natação

praia (f)	pláž (ž)	[pla:ʃ]
areia (f)	písek (m)	[pi:sεk]
deserto	pustý	[pusti:]

bronzeado (m)	opálení (s)	[opa:lεni:]
bronzear-se (vr)	opalovat se	[opalovat sε]
bronzeado	opálený	[opa:lεni:]
protetor (m) solar	krém (m) na opalování	[krε:m na opalova:ni:]

biquíni (m)	bikiny (mn)	[bɪkɪnɪ]
fato (m) de banho	dámské plavky (ž mn)	[damske plafkɪ]
calção (m) de banho	plavky (ž mn)	[plafkɪ]

piscina (f)	bazén (m)	[bazε:n]
nadar (vi)	plavat	[plavat]
duche (m)	sprcha (ž)	[sprxa]
mudar de roupa	převlékat se	[prʃεvlε:kat sε]
toalha (f)	ručník (m)	[rutʃni:k]

barco (m)	loďka (ž)	[loťka]
lancha (f)	motorový člun (m)	[motorovi: tʃlun]
esqui (m) aquático	vodní lyže (ž mn)	[vodni: lɪʒe]
barco (m) de pedais	vodní bicykl (m)	[vodni: bɪtsɪkl]
surf (m)	surfování (s)	[surfova:ni:]
surfista (m)	surfař (m)	[surfarʃ]
equipamento (m) de mergulho	potápěčský dýchací přístroj (m)	[pota:petʃski: di:xatsi: prʃi:stroj]

barbatanas (f pl)	ploutve (ž mn)	[ploutvɛ]
máscara (f)	maska (ž)	[maska]
mergulhador (m)	potápěč (m)	[pota:petʃ]
mergulhar (vi)	potápět se	[pota:pet sɛ]
debaixo d'água	pod vodou	[pod vodou]

guarda-sol (m)	slunečník (m)	[slunɛtʃni:k]
espreguiçadeira (f)	rozkládací lehátko (s)	[roskla:datsi: lɛha:tko]
óculos (m pl) de sol	sluneční brýle (mn)	[slunɛtʃni: bri:lɛ]
colchão (m) de ar	nafukovací matrace (ž)	[nafukovatsi: matratsɛ]

| brincar (vi) | hrát | [hra:t] |
| ir nadar | koupat se | [koupat sɛ] |

bola (f) de praia	míč (m)	[mi:tʃ]
encher (vt)	nafukovat	[nafukovat]
inflável, de ar	nafukovací	[nafukovatsi:]

onda (f)	vlna (ž)	[vlna]
boia (f)	bóje (ž)	[bo:jɛ]
afogar-se (pessoa)	topit se	[topɪt sɛ]

salvar (vt)	zachraňovat	[zaxranʲovat]
colete (m) salva-vidas	záchranná vesta (ž)	[za:xranna: vɛsta]
observar (vt)	pozorovat	[pozorovat]
nadador-salvador (m)	záchranář (m)	[za:xrana:rʃ]

EQUIPAMENTO TÉCNICO. TRANSPORTES

Equipamento técnico. Transportes

165. Computador

computador (m)	počítač (m)	[potʃi:tatʃ]
portátil (m)	notebook (m)	[noutbu:k]
ligar (vt)	zapnout	[zapnout]
desligar (vt)	vypnout	[vɪpnout]
teclado (m)	klávesnice (ž)	[kla:vɛsnɪtsɛ]
tecla (f)	klávesa (ž)	[kla:vɛsa]
rato (m)	myš (ž)	[mɪʃ]
tapete (m) de rato	podložka (ž) pro myš	[podloʃka pro mɪʃ]
botão (m)	tlačítko (s)	[tlatʃi:tko]
cursor (m)	kurzor (m)	[kurzor]
monitor (m)	monitor (m)	[monɪtor]
ecrã (m)	obrazovka (ž)	[obrazofka]
disco (m) rígido	pevný disk (m)	[pɛvni: dɪsk]
capacidade (f) do disco rígido	rozměr (m) disku	[rozmner dɪsku]
memória (f)	paměť (ž)	[pamnetʲ]
memória RAM (f)	operační paměť (ž)	[opɛratʃni: pamnetʲ]
ficheiro (m)	soubor (m)	[soubor]
pasta (f)	složka (ž)	[sloʃka]
abrir (vt)	otevřít	[otɛvrʒi:t]
fechar (vt)	zavřít	[zavrʒi:t]
guardar (vt)	uložit	[uloʒɪt]
apagar, eliminar (vt)	vymazat	[vɪmazat]
copiar (vt)	zkopírovat	[skopi:rovat]
ordenar (vt)	uspořádat	[usporʒa:dat]
copiar (vt)	zkopírovat	[skopi:rovat]
programa (m)	program (m)	[program]
software (m)	programové vybavení (s)	[programovɛ: vɪbavɛni:]
programador (m)	programátor (m)	[programa:tor]
programar (vt)	programovat	[programovat]
hacker (m)	hacker (m)	[hɛkr]
senha (f)	heslo (s)	[hɛslo]
vírus (m)	virus (m)	[vɪrus]
detetar (vt)	zjistít	[zjɪstɪt]
byte (m)	byte (m)	[bajt]

megabyte (m)	megabyte (m)	[mɛgabajt]
dados (m pl)	data (s mn)	[data]
base (f) de dados	databáze (ž)	[databa:zɛ]

cabo (m)	kabel (m)	[kabɛl]
desconectar (vt)	odpojit	[otpojɪt]
conetar (vt)	připojit	[prʃɪpojɪt]

166. Internet. E-mail

internet (f)	internet (m)	[ɪntɛrnɛt]
browser (m)	prohlížeč (m)	[prohli:ʒetʃ]
motor (m) de busca	vyhledávací zdroj (m)	[vɪhlɛda:vatsi: zdroj]
provedor (m)	dodavatel (m)	[dodavatɛl]

webmaster (m)	web-master (m)	[vɛb-mastɛr]
website, sítio web (m)	webové stránky (ž mn)	[vɛbovɛ: stra:ŋkɪ]
página (f) web	webová stránka (ž)	[vɛbova: stra:ŋka]

| endereço (m) | adresa (ž) | [adrɛsa] |
| livro (m) de endereços | adresář (m) | [adrɛsa:rʃ] |

| caixa (f) de correio | e-mailová schránka (ž) | [i:mɛjlova: sxra:ŋka] |
| correio (m) | pošta (ž) | [poʃta] |

mensagem (f)	zpráva (ž)	[spra:va]
remetente (m)	odesílatel (m)	[odɛsi:latɛl]
enviar (vt)	odeslat	[odɛslat]
envio (m)	odeslání (s)	[odɛsla:ni:]

| destinatário (m) | příjemce (m) | [prʃi:jɛmtsɛ] |
| receber (vt) | dostat | [dostat] |

| correspondência (f) | korespondence (ž) | [korɛspondɛntsɛ] |
| corresponder-se (vr) | korespondovat | [korɛspondovat] |

ficheiro (m)	soubor (m)	[soubor]
fazer download, baixar	stáhnout	[sta:hnout]
criar (vt)	vytvořit	[vɪtvorʒɪt]
apagar, eliminar (vt)	vymazat	[vɪmazat]
eliminado	vymazaný	[vɪmazani:]

conexão (f)	spojení (s)	[spojɛni:]
velocidade (f)	rychlost (ž)	[rɪxlost]
modem (m)	modem (m)	[modɛm]

| acesso (m) | přístup (m) | [prʃi:stup] |
| porta (f) | port (m) | [port] |

| conexão (f) | připojení (s) | [prʃɪpojɛni:] |
| conetar (vi) | připojit se | [prʃɪpojɪt sɛ] |

| escolher (vt) | vybrat | [vɪbrat] |
| buscar (vt) | hledat | [hlɛdat] |

167. Eletricidade

eletricidade (f)	elektřina (ž)	[ɛlɛktrʃɪna]
elétrico	elektrický	[ɛlɛktrɪtski:]
central (f) elétrica	elektrárna (ž)	[ɛlɛktra:rna]
energia (f)	energie (ž)	[ɛnɛrgɪe]
energia (f) elétrica	elektrická energie (ž)	[ɛlɛktrɪtska: ɛnɛrgɪe]
lâmpada (f)	žárovka (ž)	[ʒa:rofka]
lanterna (f)	baterka (ž)	[batɛrka]
poste (m) de iluminação	pouliční lampa (ž)	[poulɪtʃni: lampa]
luz (f)	světlo (s)	[svetlo]
ligar (vt)	zapínat	[zapi:nat]
desligar (vt)	vypínat	[vɪpi:nat]
apagar a luz	zhasnout světlo	[zhasnout svetlo]
fundir (vi)	přepálit se	[prʃɛpa:lɪt sɛ]
curto-circuito (m)	krátké spojení (s)	[kra:tkɛ: spojɛni:]
rutura (f)	přetržení (s)	[prʃɛtrʒeni:]
contacto (m)	kontakt (m)	[kontakt]
interruptor (m)	vypínač (m)	[vɪpi:natʃ]
tomada (f)	zásuvka (ž)	[za:sufka]
ficha (f)	zástrčka (ž)	[za:strtʃka]
extensão (f)	prodlužovák (m)	[prodluʒova:k]
fusível (m)	pojistka (ž)	[pojɪstka]
fio, cabo (m)	vodič (m)	[vodɪtʃ]
instalação (f) elétrica	vedení (s)	[vɛdɛni:]
ampere (m)	ampér (m)	[ampɛ:r]
amperagem (f)	intenzita (ž) proudu	[ɪntɛnzɪta proudu]
volt (m)	volt (m)	[volt]
voltagem (f)	napětí (s)	[napeti:]
aparelho (m) elétrico	elektrický přístroj (m)	[ɛlɛktrɪtski: prʃi:stroj]
indicador (m)	indikátor (m)	[ɪndɪka:tor]
eletricista (m)	elektrotechnik (m)	[ɛlɛktrotɛxnɪk]
soldar (vt)	letovat	[lɛtovat]
ferro (m) de soldar	letovačka (ž)	[lɛtovatʃka]
corrente (f) elétrica	proud (m)	[prout]

168. Ferramentas

ferramenta (f)	nářadí (s)	[na:rʒadi:]
ferramentas (f pl)	nástroje (m mn)	[nastrojɛ]
equipamento (m)	zařízení (s)	[zarʒi:zeni:]
martelo (m)	kladivo (s)	[kladɪvo]
chave (f) de fendas	šroubovák (m)	[ʃroubova:k]
machado (m)	sekera (ž)	[sɛkɛra]

serra (f)	**pila** (ž)	[pɪla]
serrar (vt)	**řezat**	[rʒɛzat]
plaina (f)	**hoblík** (m)	[hobli:k]
aplainar (vt)	**hoblovat**	[hoblovat]
ferro (m) de soldar	**letovačka** (ž)	[lɛtovatʃka]
soldar (vt)	**letovat**	[lɛtovat]
lima (f)	**pilník** (m)	[pɪlni:k]
tenaz (f)	**kleště** (ž mn)	[klɛʃte]
alicate (m)	**ploché kleště** (ž mn)	[ploxɛː klɛʃte]
formão (m)	**dláto** (s)	[dla:to]
broca (f)	**vrták** (m)	[vrta:k]
berbequim (f)	**svidřík** (m)	[svɪdrʒi:k]
furar (vt)	**vrtat**	[vrtat]
faca (f)	**nůž** (m)	[nu:ʃ]
lâmina (f)	**čepel** (ž)	[tʃɛpɛl]
afiado	**ostrý**	[ostri:]
cego	**tupý**	[tupi:]
embotar-se (vr)	**ztupit se**	[stupɪt sɛ]
afiar, amolar (vt)	**ostřit**	[ostrʃɪt]
parafuso (m)	**šroub** (m)	[ʃroup]
porca (f)	**matice** (ž)	[matɪtsɛ]
rosca (f)	**závit** (m)	[za:vɪt]
parafuso (m) para madeira	**vrut** (m)	[vrut]
prego (m)	**hřebík** (m)	[hrʒɛbi:k]
cabeça (f) do prego	**hlavička** (ž)	[hlavɪtʃka]
régua (f)	**pravítko** (s)	[pravi:tko]
fita (f) métrica	**měřicí pásmo** (s)	[mnerʒɪtsi: pa:smo]
nível (m)	**libela** (ž)	[lɪbɛla]
lupa (f)	**lupa** (ž)	[lupa]
medidor (m)	**měřicí přístroj** (m)	[mnerʒɪtsi: prʃi:stroj]
medir (vt)	**měřit**	[mnerʒɪt]
escala (f)	**stupnice** (ž)	[stupnɪtsɛ]
indicação (f), registo (m)	**údaje** (m mn)	[u:dajɛ]
compressor (m)	**kompresor** (m)	[komprɛsor]
microscópio (m)	**mikroskop** (m)	[mɪkroskop]
bomba (f)	**pumpa** (ž)	[pumpa]
robô (m)	**robot** (m)	[robot]
laser (m)	**laser** (m)	[lɛjzr]
chave (f) de boca	**maticový klíč** (m)	[matɪtsovi: kli:tʃ]
fita (f) adesiva	**lepicí páska** (ž)	[lɛpɪtsi: pa:ska]
cola (f)	**lepidlo** (s)	[lɛpɪdlo]
lixa (f)	**smirkový papír** (m)	[smɪrkovi: papi:r]
mola (f)	**pružina** (ž)	[pruʒɪna]
íman (m)	**magnet** (m)	[magnɛt]

luvas (f pl)	rukavice (ž mn)	[rukavɪtsɛ]
corda (f)	provaz (m)	[provaz]
cordel (m)	šňůra (ž)	[ʃnu:ra]
fio (m)	vodič (m)	[vodɪtʃ]
cabo (m)	kabel (m)	[kabɛl]

marreta (f)	palice (ž)	[palɪtsɛ]
pé de cabra (m)	sochor (m)	[soxor]
escada (f) de mão	žebřík (m)	[ʒebrʒi:k]
escadote (m)	dvojitý žebřík (m)	[dvojɪti: ʒebrʒi:k]

enroscar (vt)	zakroutit	[zakroutɪt]
desenroscar (vt)	odšroubovávat	[otʃroubova:vat]
apertar (vt)	svírat	[svi:rat]
colar (vt)	přilepit	[prʃɪlɛpɪt]
cortar (vt)	řezat	[rʒɛzat]

falha (mau funcionamento)	porucha (ž)	[poruxa]
conserto (m)	oprava (ž)	[oprava]
consertar, reparar (vt)	opravovat	[opravovat]
regular, ajustar (vt)	seřizovat	[sɛrʒɪzovat]

verificar (vt)	zkoušet	[skouʃɛt]
verificação (f)	kontrola (ž)	[kontrola]
indicação (f), registo (m)	údaj (m)	[u:daj]

| seguro | spolehlivý | [spolɛhlɪvi:] |
| complicado | složitý | [sloʒɪti:] |

enferrujar (vi)	rezavět	[rɛzavet]
enferrujado	rezavý	[rɛzavi:]
ferrugem (f)	rez (ž)	[rɛz]

Transportes

169. Avião

avião (m)	letadlo (s)	[lɛtadlo]
bilhete (m) de avião	letenka (ž)	[lɛtɛŋka]
companhia (f) aérea	letecká společnost (ž)	[lɛtɛtska: spolɛtʃnost]
aeroporto (m)	letiště (s)	[lɛtɪʃte]
supersónico	nadzvukový	[nadzvukovi:]
comandante (m) do avião	velitel (m) posádky	[vɛlɪtɛl posa:tkɪ]
tripulação (f)	posádka (ž)	[posa:tka]
piloto (m)	pilot (m)	[pɪlot]
hospedeira (f) de bordo	letuška (ž)	[lɛtuʃka]
copiloto (m)	navigátor (m)	[navɪga:tor]
asas (f pl)	křídla (s mn)	[krʃi:dla]
cauda (f)	ocas (m)	[otsas]
cabine (f) de pilotagem	kabina (ž)	[kabɪna]
motor (m)	motor (m)	[motor]
trem (m) de aterragem	podvozek (m)	[podvozɛk]
turbina (f)	turbína (ž)	[turbi:na]
hélice (f)	vrtule (ž)	[vrtulɛ]
caixa-preta (f)	černá skříňka (ž)	[tʃɛrna: skrʃi:nʲka]
coluna (f) de controlo	řídicí páka (ž)	[rʒi:dɪtsi: pa:ka]
combustível (m)	palivo (s)	[palɪvo]
instruções (f pl) de segurança	předpis (m)	[prʃɛtpɪs]
máscara (f) de oxigénio	kyslíková maska (ž)	[kɪsli:kova: maska]
uniforme (m)	uniforma (ž)	[unɪforma]
colete (m) salva-vidas	záchranná vesta (ž)	[za:xranna: vɛsta]
paraquedas (m)	padák (m)	[pada:k]
descolagem (f)	start (m) letadla	[start lɛtadla]
descolar (vi)	vzlétat	[vzlɛ:tat]
pista (f) de descolagem	rozjezdová dráha (ž)	[rozjɛzdova: dra:ha]
visibilidade (f)	viditelnost (ž)	[vɪdɪtɛlnost]
voo (m)	let (m)	[lɛt]
altura (f)	výška (ž)	[vi:ʃka]
poço (m) de ar	vzdušná jáma (ž)	[vzduʃna: jama]
assento (m)	místo (s)	[mi:sto]
auscultadores (m pl)	sluchátka (s mn)	[sluxa:tka]
mesa (f) rebatível	odklápěcí stolek (m)	[otkla:pɛtsi: stolɛk]
vigia (f)	okénko (s)	[okɛ:ŋko]
passagem (f)	chodba (ž)	[xodba]

170. Comboio

comboio (m)	vlak (m)	[vlak]
comboio (m) suburbano	elektrický vlak (m)	[ɛlɛktɪɪtski: vlak]
comboio (m) rápido	rychlík (m)	[rɪxli:k]
locomotiva (f) diesel	motorová lokomotiva (ž)	[motorova: lokomotɪva]
locomotiva (f) a vapor	parní lokomotiva (ž)	[parni: lokomotɪva]
carruagem (f)	vůz (m)	[vu:z]
carruagem restaurante (f)	jídelní vůz (m)	[ji:dɛlni: vu:z]
carris (m pl)	koleje (ž mn)	[kolɛjɛ]
caminho de ferro (m)	železnice (ž mn)	[ʒelɛznɪtsɛ]
travessa (f)	pražec (m)	[praʒets]
plataforma (f)	nástupiště (s)	[na:stupɪʃte]
linha (f)	kolej (ž)	[kolɛj]
semáforo (m)	návěstidlo (s)	[na:vestɪdlo]
estação (f)	stanice (ž)	[stanɪtsɛ]
maquinista (m)	strojvůdce (m)	[strojvu:dtsɛ]
bagageiro (m)	nosič (m)	[nosɪtʃ]
hospedeiro, -a (da carruagem)	průvodčí (m)	[pru:vodtʃi:]
passageiro (m)	cestující (m)	[tsɛstuji:tsi:]
revisor (m)	revizor (m)	[rɛvɪzor]
corredor (m)	chodba (ž)	[xodba]
freio (m) de emergência	záchranná brzda (ž)	[za:xranna: brzda]
compartimento (m)	oddělení (s)	[oddelɛni:]
cama (f)	lůžko (s)	[lu:ʃko]
cama (f) de cima	horní lůžko (s)	[horni: lu:ʃko]
cama (f) de baixo	dolní lůžko (s)	[dolni: lu:ʃko]
roupa (f) de cama	lůžkoviny (ž mn)	[lu:ʃkovɪnɪ]
bilhete (m)	jízdenka (ž)	[ji:zdɛŋka]
horário (m)	jízdní řád (m)	[ji:zdni: rʒa:t]
painel (m) de informação	tabule (ž)	[tabulɛ]
partir (vt)	odjíždět	[odji:ʒdet]
partida (f)	odjezd (m)	[odjɛst]
chegar (vi)	přijíždět	[prʃiji:ʒdet]
chegada (f)	příjezd (m)	[prʃi:jɛst]
chegar de comboio	přijet vlakem	[prʃɪet vlakɛm]
apanhar o comboio	nastoupit do vlaku	[nastoupɪt do vlaku]
sair do comboio	vystoupit z vlaku	[vɪstoupɪt z vlaku]
acidente (m) ferroviário	železniční neštěstí (s)	[ʒelɛznɪtʃni: nɛʃtesti:]
locomotiva (f) a vapor	parní lokomotiva (ž)	[parni: lokomotɪva]
fogueiro (m)	topič (m)	[topɪtʃ]
fornalha (f)	topeniště (s)	[topɛnɪʃte]
carvão (m)	uhlí (s)	[uhli:]

171. Barco

| navio (m) | loď (ž) | [loťʲ] |
| embarcação (f) | loď (ž) | [loťʲ] |

vapor (m)	parník (m)	[parniːk]
navio (m)	říční loď (ž)	[riʧni loťʲ]
transatlântico (m)	linková loď (ž)	[lɪŋkovaː loťʲ]
cruzador (m)	křižník (m)	[krʒɪʒniːk]

iate (m)	jachta (ž)	[jaxta]
rebocador (m)	vlek (m)	[vlɛk]
barcaça (f)	vlečná nákladní loď (ž)	[vlɛʧna: naːkladni: loťʲ]
ferry (m)	prám (m)	[praːm]

| veleiro (m) | plachetnice (ž) | [plaxɛtnɪʦɛ] |
| bergantim (m) | brigantina (ž) | [brɪgantiːna] |

| quebra-gelo (m) | ledoborec (m) | [lɛdoborɛʦ] |
| submarino (m) | ponorka (ž) | [ponorka] |

bote, barco (m)	loďka (ž)	[loťʲka]
bote, dingue (m)	člun (m)	[ʧlun]
bote (m) salva-vidas	záchranný člun (m)	[za:xranni: ʧlun]
lancha (f)	motorový člun (m)	[motorovi: ʧlun]

capitão (m)	kapitán (m)	[kapɪta:n]
marinheiro (m)	námořník (m)	[na:morʒni:k]
marujo (m)	námořník (m)	[na:morʒni:k]
tripulação (f)	posádka (ž)	[posa:tka]

contramestre (m)	loďmistr (m)	[loďʲmɪstr]
grumete (m)	plavčík (m)	[plavʧi:k]
cozinheiro (m) de bordo	lodní kuchař (m)	[lodni: kuxarʃ]
médico (m) de bordo	lodní lékař (m)	[lodni: lɛ:karʃ]

convés (m)	paluba (ž)	[paluba]
mastro (m)	stěžeň (m)	[stɛʒenʲ]
vela (f)	plachta (ž)	[plaxta]

porão (m)	podpalubí (s)	[potpalubi:]
proa (f)	příď (ž)	[prʃi:ťʲ]
popa (f)	záď (ž)	[za:ťʲ]
remo (m)	veslo (s)	[vɛslo]
hélice (f)	lodní šroub (m)	[lodni: ʃroup]

camarote (m)	kajuta (ž)	[kajuta]
sala (f) dos oficiais	společenská místnost (ž)	[spolɛʧɛnska: mi:stnost]
sala (f) das máquinas	strojovna (ž)	[strojovna]
ponte (f) de comando	kapitánský můstek (m)	[kapɪta:nski: mu:stɛk]
sala (f) de comunicações	rádiová kabina (ž)	[ra:dɪova: kabɪna]
onda (f) de rádio	vlna (ž)	[vlna]
diário (m) de bordo	lodní deník (m)	[lodni: dɛni:k]
luneta (f)	dalekohled (m)	[dalɛkohlet]
sino (m)	zvon (m)	[zvon]

bandeira (f)	vlajka (ž)	[vlajka]
cabo (m)	lano (s)	[lano]
nó (m)	uzel (m)	[uzɛl]

| corrimão (m) | zábradlí (s) | [za:bradli:] |
| prancha (f) de embarque | schůdky (m mn) | [sxu:tkɪ] |

âncora (f)	kotva (ž)	[kotva]
recolher a âncora	zvednout kotvy	[zvɛdnout kotvɪ]
lançar a âncora	spustit kotvy	[spustɪt kotvɪ]
amarra (f)	kotevní řetěz (m)	[kotɛvni: rʒɛtez]

porto (m)	přístav (m)	[prʃi:staf]
cais, amarradouro (m)	přístaviště (s)	[prʃi:stavɪʃte]
atracar (vi)	přistávat	[prʃɪsta:vat]
desatracar (vi)	vyplouvat	[vɪplouvat]

viagem (f)	cestování (s)	[tsɛstova:ni:]
cruzeiro (m)	výletní plavba (ž)	[vi:letni: plavba]
rumo (m), rota (f)	kurz (m)	[kurs]
itinerário (m)	trasa (ž)	[trasa]

canal (m) navegável	plavební dráha (ž)	[plavɛbni: dra:ha]
banco (m) de areia	mělčina (ž)	[mneltʃɪna]
encalhar (vt)	najet na mělčinu	[najɛt na mneltʃɪnu]

tempestade (f)	bouřka (ž)	[bourʃka]
sinal (m)	signál (m)	[sɪgna:l]
afundar-se (vr)	potápět se	[pota:pet sɛ]
SOS	SOS	[ɛs o: ɛs]
boia (f) salva-vidas	záchranný kruh (m)	[za:xranni: krux]

172. Aeroporto

aeroporto (m)	letiště (s)	[lɛtɪʃte]
avião (m)	letadlo (s)	[lɛtadlo]
companhia (f) aérea	letecká společnost (ž)	[lɛtɛtska: spolɛtʃnost]
controlador (m) de tráfego aéreo	dispečer (m)	[dɪspɛtʃɛr]

partida (f)	odlet (m)	[odlɛt]
chegada (f)	přílet (m)	[prʃi:lɛt]
chegar (~ de avião)	přiletět	[prʃɪlɛtet]

| hora (f) de partida | čas (m) odletu | [tʃas odlɛtu] |
| hora (f) de chegada | čas (m) příletu | [tʃas prʃilɛtu] |

| estar atrasado | mít zpoždění | [mi:t spoʒdɛni:] |
| atraso (m) de voo | zpoždění (s) odletu | [spoʒdeni: odlɛtu] |

painel (m) de informação	informační tabule (ž)	[ɪnformatʃni: tabulɛ]
informação (f)	informace (ž)	[ɪnformatsɛ]
anunciar (vt)	hlásit	[hla:sɪt]
voo (m)	let (m)	[lɛt]

alfândega (f)	celnice (ž)	[ʦɛlnɪʦɛ]
funcionário (m) da alfândega	celník (m)	[ʦɛlni:k]

declaração (f) alfandegária	prohlášení (s)	[prohla:ʃɛni:]
preencher a declaração	vyplnit prohlášení	[vɪplnɪt prohla:ʃɛni:]
controlo (m) de passaportes	pasová kontrola (ž)	[pasova: kontrola]

bagagem (f)	zavazadla (s mn)	[zavazadla]
bagagem (f) de mão	příruční zavazadlo (s)	[prʃi:ruʧni: zavazadlo]
carrinho (m)	vozík (m) na zavazadla	[vozi:k na zavazadla]

aterragem (f)	přistání (s)	[prʃɪsta:ni:]
pista (f) de aterragem	přistávací dráha (ž)	[prʃɪsta:vaʦi: dra:ha]
aterrar (vi)	přistávat	[prʃɪsta:vat]
escada (f) de avião	pojízdné schůdky (m mn)	[poji:zdnɛ: sxu:tkɪ]

check-in (m)	registrace (ž)	[rɛgɪstraʦɛ]
balcão (m) do check-in	přepážka (ž) registrace	[prʃɛpa:ʃka rɛgɪstraʦɛ]
fazer o check-in	zaregistrovat se	[zarɛgɪstrovat sɛ]
cartão (m) de embarque	palubní lístek (m)	[palubni: li:stɛk]
porta (f) de embarque	příchod (m) k nástupu	[prʃi:xot k na:stupu]

trânsito (m)	tranzit (m)	[tranzɪt]
esperar (vi, vt)	čekat	[ʧɛkat]
sala (f) de espera	čekárna (ž)	[ʧɛka:rna]
despedir-se de ...	doprovázet	[doprova:zɛt]
despedir-se (vr)	loučit se	[louʧɪt sɛ]

173. Bicicleta. Motocicleta

bicicleta (f)	kolo (s)	[kolo]
scotter, lambreta (f)	skútr (m)	[sku:tr]
mota (f)	motocykl (m)	[mototsɪkl]

ir de bicicleta	jet na kole	[jɛt na kolɛ]
guiador (m)	řídítka (s mn)	[rʒi:di:tka]
pedal (m)	pedál (m)	[pɛda:l]
travões (m pl)	brzdy (ž mn)	[brzdɪ]
selim (m)	sedlo (s)	[sɛdlo]

bomba (f) de ar	pumpa (ž)	[pumpa]
porta-bagagens (m)	nosič (m)	[nosɪʧ]
lanterna (f)	světlo (s)	[svetlo]
capacete (m)	helma (ž)	[hɛlma]

roda (f)	kolo (s)	[kolo]
guarda-lamas (m)	blatník (m)	[blatni:k]
aro (m)	věnec (m)	[venɛʦ]
raio (m)	paprsek (m)	[paprsɛk]

Carros

174. Tipos de carros

carro, automóvel (m)	auto (s)	[auto]
carro (m) desportivo	sportovní auto (s)	[sportovni: auto]
limusine (f)	limuzína (ž)	[lɪmuzi:na]
todo o terreno (m)	terénní vozidlo (s)	[tɛrɛ:nni: vozɪdlo]
descapotável (m)	kabriolet (m)	[kabrɪolɛt]
minibus (m)	mikrobus (m)	[mɪkrobus]
ambulância (f)	sanitka (ž)	[sanɪtka]
limpa-neve (m)	sněžný pluh (m)	[sneʒni: plux]
camião (m)	náklaďák (m)	[na:kladʲa:k]
camião-cisterna (m)	cisterna (ž)	[tsɪstɛrna]
carrinha (f)	dodávka (ž)	[doda:fka]
camião-trator (m)	tahač (m)	[tahatʃ]
atrelado (m)	přívěs (m)	[prʃi:ves]
confortável	komfortní	[komfortni:]
usado	ojetý	[oeti:]

175. Carros. Carroçaria

capô (m)	kapota (ž)	[kapota]
guarda-lamas (m)	blatník (m)	[blatni:k]
tejadilho (m)	střecha (ž)	[strʃɛxa]
para-brisa (m)	ochranné sklo (s)	[oxrannɛ: sklo]
espelho (m) retrovisor	zpětné zrcátko (s)	[spetnɛ: zrʦa:tko]
lavador (m)	ostřikovač (m)	[ostrʃɪkovatʃ]
limpa-para-brisas (m)	stírače (m mn)	[sti:ratʃɛ]
vidro (m) lateral	boční sklo (s)	[botʃni: sklo]
elevador (m) do vidro	stahování okna (s)	[stahova:ni: okna]
antena (f)	anténa (ž)	[antɛ:na]
teto solar (m)	střešní okno (s)	[strʃɛʃni: okno]
para-choques (m pl)	nárazník (m)	[na:razni:k]
bagageira (f)	kufr (m)	[kufr]
bagageira (f) de tejadilho	nosič (m)	[nosɪtʃ]
porta (f)	dveře (ž mn)	[dvɛrʒɛ]
maçaneta (f)	klika (ž)	[klɪka]
fechadura (f)	zámek (m)	[za:mɛk]
matrícula (f)	statní poznávací značka (ž)	[statni: pozna:vatsi: znatʃka]
silenciador (m)	tlumič (m)	[tlumɪtʃ]

| tanque (m) de gasolina | nádržka (ž) na benzín | [na:drʃka na bɛnzi:n] |
| tubo (m) de escape | výfuková trubka (ž) | [vi:fukova: trupka] |

acelerador (m)	plyn (m)	[plɪn]
pedal (m)	pedál (m)	[pɛda:l]
pedal (m) do acelerador	plynový pedál (m)	[plɪnovi: pɛda:l]

travão (m)	brzda (ž)	[brzda]
pedal (m) do travão	brzdový pedál (m)	[brzdovi: pɛda:l]
travar (vt)	brzdit	[brzdɪt]
travão (m) de mão	parkovací brzda (ž)	[parkovatsi: brzda]

embraiagem (f)	spojka (ž)	[spojka]
pedal (m) da embraiagem	spojkový pedál (m)	[spojkovi: pɛda:l]
disco (m) de embraiagem	spojkový kotouč (m)	[spojkovi: kotoutʃ]
amortecedor (m)	tlumič (m)	[tlumɪtʃ]

roda (f)	kolo (s)	[kolo]
pneu (m) sobresselente	náhradní kolo (s)	[na:hradni: kolo]
tampão (m) de roda	poklice (ž)	[poklɪtsɛ]

rodas (f pl) motrizes	hnací kola (s mn)	[hnatsi: kola]
de tração dianteira	s pohonem předních kol	[s pohonɛm prʃɛdni:x kol]
de tração traseira	s pohonem zadních kol	[s pohonɛm zadni:x kol]
de tração às 4 rodas	s pohonem všech kol	[s pohonɛm vʃɛx kol]

caixa (f) de mudanças	převodová skříň (ž)	[prʃɛvodova: skrʃi:nʲ]
automático	samočinný	[samotʃɪnni:]
mecânico	mechanický	[mɛxanɪtski:]
alavanca (f) das mudanças	převodová páka (ž)	[prʃɛvodova: pa:ka]

| farol (m) | světlo (s) | [svetlo] |
| faróis, luzes | světla (s mn) | [svetla] |

médios (m pl)	potkávací světla (s mn)	[potka:vatsi: svetla]
máximos (m pl)	dálková světla (s mn)	[da:lkova: svetla]
luzes (f pl) de stop	brzdová světla (s mn)	[brzdova: svetla]

mínimos (m pl)	obrysová světla (s mn)	[obrɪsova: svetla]
luzes (f pl) de emergência	havarijní světla (s mn)	[havarɪjni: svetla]
faróis (m pl) antinevoeiro	mlhovky (ž mn)	[mlhofkɪ]
pisca-pisca (m)	směrové světlo (s)	[smnerovɛ: svetlo]
luz (f) de marcha atrás	zpětné světlo (s)	[spetnɛ svetlo]

176. Carros. Habitáculo

interior (m) do carro	interiér (m)	[ɪntɛrjɛ:r]
de couro, de pele	kožený	[koʒeni:]
de veludo	velurový	[vɛlurovi:]
estofos (m pl)	potah (m)	[potax]

indicador (m)	přístroj (m)	[prʃi:stroj]
painel (m) de instrumentos	přístrojová deska (ž)	[prʃi:strojova: dɛska]
velocímetro (m)	rychloměr (m)	[rɪxlomner]

ponteiro (m)	ručička (ž)	[rutʃɪtʃka]
conta-quilómetros (m)	počítač (m) kilometrů	[potʃi:tatʃ kɪlomɛtru:]
sensor (m)	snímač (m)	[sni:matʃ]
nível (m)	hladina (ž)	[hladɪna]
luz (f) avisadora	lampička (ž)	[lampɪtʃka]

volante (m)	volant (m)	[volant]
buzina (f)	houkačka (ž)	[houkatʃka]
botão (m)	tlačítko (s)	[tlatʃi:tko]
interruptor (m)	přepínač (m)	[prʃɛpi:natʃ]

assento (m)	sedadlo (s)	[sɛdadlo]
costas (f pl) do assento	opěradlo (m)	[operadlo]
cabeceira (f)	podhlavník (m)	[pothlavni:k]
cinto (m) de segurança	bezpečnostní pás (m)	[bɛzpɛtʃnostni: pa:s]
apertar o cinto	připásat se	[prʃɪpa:sat sɛ]
regulação (f)	regulování (s)	[rɛgulova:ni:]

| airbag (m) | nafukovací vak (m) | [nafukovatsi: vak] |
| ar (m) condicionado | klimatizátor (m) | [klɪmatɪza:tor] |

rádio (m)	rádio (s)	[ra:dɪo]
leitor (m) de CD	CD přehrávač (m)	[tsɛ:dɛ: prʃɛhra:vatʃ]
ligar (vt)	zapnout	[zapnout]
antena (f)	anténa (ž)	[antɛ:na]
porta-luvas (m)	přihrádka (ž)	[prʃɪhra:tka]
cinzeiro (m)	popelník (m)	[popɛlni:k]

177. Carros. Motor

motor (m)	motor (m)	[motor]
diesel	dieselový	[dɪzɪlovi:]
a gasolina	benzínový	[bɛnzi:novi:]

cilindrada (f)	obsah (m) motoru	[opsax motoru]
potência (f)	výkon (m)	[vi:kon]
cavalo-vapor (m)	koňská síla (ž)	[konʲska: si:la]
pistão (m)	píst (m)	[pi:st]
cilindro (m)	cylindr (m)	[tsɪlɪndr]
válvula (f)	ventil (m)	[vɛntɪl]

injetor (m)	injektor (m)	[ɪnjɛktor]
gerador (m)	generátor (m)	[genera:tor]
carburador (m)	karburátor (m)	[karbura:tor]
óleo (m) para motor	motorový olej (m)	[motorovi: olɛj]

radiador (m)	chladič (m)	[xladɪtʃ]
refrigerante (m)	chladicí kapalina (ž)	[xladɪtsi: kapalɪna]
ventilador (m)	ventilátor (m)	[vɛntɪla:tor]

bateria (f)	akumulátor (m)	[akumula:tor]
dispositivo (m) de arranque	startér (m)	[startɛ:r]
ignição (f)	zapalování (s)	[zapalova:ni:]
vela (f) de ignição	zapalovací svíčka (ž)	[zapalovatsi: svi:tʃka]

borne (m)	svorka (ž)	[svorka]
borne (m) positivo	plus (m)	[plus]
borne (m) negativo	minus (m)	[mi:nus]
fusível (m)	pojistka (ž)	[pojɪstka]

filtro (m) de ar	vzduchový filtr (m)	[vzduxovi: fɪltr]
filtro (m) de óleo	olejový filtr (m)	[olɛjovi: fɪltr]
filtro (m) de combustível	palivový filtr (m)	[palɪvovi: fɪltr]

178. Carros. Batidas. Reparação

acidente (m) de carro	havárie (ž)	[hava:rɪe]
acidente (m) rodoviário	dopravní nehoda (ž)	[dopravni: nɛhoda]
ir contra ...	narazit	[narazɪt]
sofrer um acidente	rozbít se	[rozbi:t sɛ]
danos (m pl)	poškození (s)	[poʃkozɛni:]
intato	celý	[ʦɛli:]

avaria (no motor, etc.)	porucha (ž)	[poruxa]
avariar (vi)	porouchat se	[porouxat sɛ]
cabo (m) de reboque	vlečné lano (s)	[vlɛʧnɛ: lano]

furo (m)	píchnutí (s)	[pi:xnuti:]
estar furado	splasknout	[splasknout]
encher (vt)	nafukovat	[nafukovat]
pressão (f)	tlak (m)	[tlak]
verificar (vt)	prověřit	[provɛrʒɪt]

reparação (f)	oprava (ž)	[oprava]
oficina (f)	opravna (ž)	[opravna]
de reparação de carros		
peça (f) sobresselente	náhradní díl (m)	[na:hradni: di:l]
peça (f)	díl (m)	[di:l]

parafuso (m)	šroub (m)	[ʃroup]
parafuso (m)	šroub (m)	[ʃroup]
porca (f)	matice (ž)	[matɪʦɛ]
anilha (f)	podložka (ž)	[podloʃka]
rolamento (m)	ložisko (s)	[loʒɪsko]

tubo (m)	trubka (ž)	[trupka]
junta (f)	vložka (ž)	[vloʃka]
fio, cabo (m)	vodič (m)	[vodɪʧ]

macaco (m)	zvedák (m)	[zvɛda:k]
chave (f) de boca	francouzský klíč (m)	[frantsouski: kli:ʧ]
martelo (m)	kladivo (s)	[kladɪvo]
bomba (f)	pumpa (ž)	[pumpa]
chave (f) de fendas	šroubovák (m)	[ʃroubova:k]

extintor (m)	hasicí přístroj (m)	[hasɪʦi: prʃi:stroj]
triângulo (m) de emergência	výstražný trojúhelník (ž)	[vi:straʒni: troju:hɛlnik]
parar (vi) (motor)	zhasínat	[zhasi:nat]
paragem (f)	zastavení (s)	[zastavɛni:]

estar quebrado	být porouchaný	[bi:t porouxani:]
superaquecer-se (vr)	přehřát se	[prʃɛhrʒa:t sɛ]
congelar-se (vr)	zamrznout	[zamrznout]
rebentar (vi)	puknout	[puknout]

pressão (f)	tlak (m)	[tlak]
nível (m)	hladina (ž)	[hladɪna]
frouxo	slabý	[slabi:]

mossa (f)	promáčknutí (s)	[proma:tʃknuti:]
ruído (m)	klapot (m)	[klapot]
fissura (f)	prasklina (ž)	[prasklɪna]
arranhão (m)	rýha (ž)	[ri:ha]

179. Carros. Estrada

estrada (f)	cesta (ž)	[tsɛsta]
autoestrada (f)	dálnice (ž)	[da:lnɪtsɛ]
rodovia (f)	silnice (ž)	[sɪlnɪtsɛ]
direção (f)	směr (m)	[smner]
distância (f)	vzdálenost (ž)	[vzda:lɛnost]

ponte (f)	most (m)	[most]
parque (m) de estacionamento	parkoviště (s)	[parkovɪʃte]
praça (f)	náměstí (s)	[na:mnesti:]
nó (m) rodoviário	nadjezd (m)	[nadjɛzt]
túnel (m)	podjezd (m)	[podjɛzt]

posto (m) de gasolina	benzínová stanice (ž)	[bɛnzi:nova: stanɪtsɛ]
parque (m) de estacionamento	parkoviště (s)	[parkovɪʃte]
bomba (f) de gasolina	benzínová pumpa (ž)	[bɛnzi:nova: pumpa]
oficina (f) de reparação de carros	autoopravna (ž)	[autoopravna]
abastecer (vt)	natankovat	[nataŋkovat]
combustível (m)	palivo (s)	[palɪvo]
bidão (m) de gasolina	kanystr (m)	[kanɪstr]

asfalto (m)	asfalt (m)	[asfalt]
marcação (f) de estradas	označení (s)	[oznatʃeni:]
lancil (m)	obrubník (m)	[obrubni:k]
proteção (f) guard-rail	ochranné zábradlí (s)	[oxrannɛ za:bradli:]
valeta (f)	příkop (m)	[prʃi:kop]
berma (f) da estrada	krajnice (ž)	[krajnɪtsɛ]
poste (m) de luz	sloup (m)	[sloup]

conduzir, guiar (vt)	řídit	[rʒi:dɪt]
virar (ex. ~ à direita)	zatáčet	[zata:tʃet]
dar retorno	otáčet se	[ota:tʃet sɛ]
marcha-atrás (f)	zpáteční rychlost (ž)	[spa:tɛtʃni: rɪxlost]

buzinar (vi)	houkat	[houkat]
buzina (f)	houkání (s)	[houka:ni:]
atolar-se (vr)	uváznout	[uva:znout]
patinar (na lama)	prokluzovat	[prokluzovat]

desligar (vt)	zastavovat	[zastavovat]
velocidade (f)	rychlost (ž)	[rɪxlost]
exceder a velocidade	překročit dovolenou rychlost	[prʃɛkrotʃɪt dovolɛnou rɪxlost]
multar (vt)	pokutovat	[pokutovat]
semáforo (m)	semafor (m)	[sɛmafor]
carta (f) de condução	řidičský průkaz (m)	[rʒɪdɪtʃski: pru:kaz]
passagem (f) de nível	přejezd (m)	[prʃɛjɛzt]
cruzamento (m)	křižovatka (ž)	[krʃɪʒovatka]
passadeira (f)	přechod (m) pro chodce	[prʃɛxot pro xodtsɛ]
curva (f)	zatáčka (ž)	[zata:tʃka]
zona (f) pedonal	pěší zóna (ž)	[peʃi: zo:na]

180. Sinais de trânsito

código (m) da estrada	dopravní předpisy (m mn)	[dopravni: prʃɛtpɪsɪ]
sinal (m) de trânsito	značka (ž)	[znatʃka]
ultrapassagem (f)	předjíždění (s)	[prʃɛdji:ʒdeni:]
curva (f)	zatáčka (ž)	[zata:tʃka]
inversão (f) de marcha	otáčení (s)	[ota:tʃɛni:]
rotunda (f)	kruhový objezd (m)	[kruhovi: objɛzt]
sentido proibido	zákaz vjezdu	[za:kaz vjɛzdu]
trânsito proibido	zákaz provozu	[za:kaz provozu]
proibição de ultrapassar	zákaz předjíždění	[za:kaz prʃɛdji:ʒdeni:]
estacionamento proibido	zákaz stání	[za:kaz sta:ni:]
paragem proibida	zákaz zastavení	[za:kaz zastavɛni:]
curva (f) perigosa	ostrá zatáčka (ž)	[ostra: zata:tʃka]
descida (f) perigosa	nebezpečné klesání (s)	[nebɛspɛtʃnɛ: klesa:ni:]
trânsito de sentido único	jednosměrný provoz (m)	[jɛdnosmnerni: provoz]
passadeira (f)	přechod (m) pro chodce	[prʃɛxot pro xodtsɛ]
pavimento (m) escorregadio	nebezpečí smyku (ž)	[nɛbɛspɛtʃi: smɪku]
cedência de passagem	dej přednost v jízdě	[dɛj prʃɛdnost v ji:zde]

PESSOAS. EVENTOS

Eventos

181. Férias. Evento

festa (f)	svátek (m)	[svaːtɛk]
festa (f) nacional	národní svátek (m)	[naːrodniː svaːtɛk]
feriado (m)	sváteční den (m)	[svaːtɛʧniː dɛn]
festejar (vt)	oslavovat	[oslavovat]
evento (festa, etc.)	událost (ž)	[udaːlost]
evento (banquete, etc.)	akce (ž)	[aktsɛ]
banquete (m)	banket (m)	[baŋkɛt]
receção (f)	recepce (ž)	[rɛtsɛptsɛ]
festim (m)	hostina (ž)	[hostɪna]
aniversário (m)	výročí (s)	[viːroʧiː]
jubileu (m)	jubileum (s)	[jubɪlɛjum]
celebrar (vt)	oslavit	[oslavɪt]
Ano (m) Novo	Nový rok (m)	[novi rok]
Feliz Ano Novo!	Šťastný nový rok!	[ʃtʲastni novi rok]
Natal (m)	Vánoce (ž mn)	[vaːnotsɛ]
Feliz Natal!	Veselé Vánoce!	[vɛsɛlɛ vaːnotsɛ]
árvore (f) de Natal	vánoční stromek (m)	[vaːnoʧniː stromɛk]
fogo (m) de artifício	ohňostroj (m)	[ohnʲostroj]
boda (f)	svatba (ž)	[svatba]
noivo (m)	ženich (m)	[ʒenɪx]
noiva (f)	nevěsta (ž)	[nɛvesta]
convidar (vt)	zvát	[zvaːt]
convite (m)	pozvánka (ž)	[pozvaːŋka]
convidado (m)	host (m)	[host]
visitar (vt)	jít na návštěvu	[jiːt na naːvʃtevu]
receber os hóspedes	vítat hosty	[vitat hostɪ]
presente (m)	dárek (m)	[daːrɛk]
oferecer (vt)	darovat	[darovat]
receber presentes	dostávat dárky	[dostaːvat daːrkɪ]
ramo (m) de flores	kytice (ž)	[kɪtɪtsɛ]
felicitações (f pl)	blahopřání (s)	[blahoprʃaːniː]
felicitar (dar os parabéns)	blahopřát	[blahoprʃaːt]
cartão (m) de parabéns	blahopřejný lístek (m)	[blahoprʃɛjni liːstɛk]
enviar um postal	poslat lístek	[poslat liːstɛk]

receber um postal	dostat lístek	[dostat li:stɛk]
brinde (m)	přípitek (m)	[prʃi:pɪtɛk]
oferecer (vt)	častovat	[ʧastovat]
champanhe (m)	šampaňské (s)	[ʃampanˈskɛ:]

divertir-se (vr)	bavit se	[bavɪt sɛ]
diversão (f)	zábava (ž)	[za:bava]
alegria (f)	radost (ž)	[radost]

| dança (f) | tanec (m) | [tanɛʦ] |
| dançar (vi) | tančit | [tanʧɪt] |

| valsa (f) | valčík (m) | [valʧi:k] |
| tango (m) | tango (s) | [tango] |

182. Funerais. Enterro

cemitério (m)	hřbitov (m)	[hrʒbɪtof]
sepultura (f), túmulo (m)	hrob (m)	[hrop]
cruz (f)	kříž (m)	[krʃi:ʃ]
lápide (f)	náhrobek (m)	[na:hrobɛk]
cerca (f)	ohrádka (ž)	[ohra:tka]
capela (f)	kaple (ž)	[kaplɛ]

morte (f)	úmrtí (s)	[u:mrti:]
morrer (vi)	umřít	[umrʒi:t]
defunto (m)	zemřelý (m)	[zɛmrʒɛli:]
luto (m)	smutek (m)	[smutɛk]

enterrar, sepultar (vt)	pohřbívat	[pohrʒbi:vat]
agência (f) funerária	pohřební ústav (m)	[pohrʒɛbni u:staf]
funeral (m)	pohřeb (m)	[pohrʒɛp]

coroa (f) de flores	věnec (m)	[venɛʦ]
caixão (m)	rakev (ž)	[rakɛf]
carro (m) funerário	katafalk (m)	[katafalk]
mortalha (f)	pohřební roucho (m)	[pohrʒɛbni rouxo]

| urna (f) funerária | popelnice (ž) | [popɛlnɪʦɛ] |
| crematório (m) | krematorium (s) | [krɛmatorɪum] |

obituário (m), necrologia (f)	nekrolog (m)	[nɛkrolog]
chorar (vi)	plakat	[plakat]
soluçar (vi)	vzlykat	[vzlɪkat]

183. Guerra. Soldados

pelotão (m)	četa (ž)	[ʧɛta]
companhia (f)	rota (ž)	[rota]
regimento (m)	pluk (m)	[pluk]
exército (m)	armáda (ž)	[arma:da]
divisão (f)	divize (ž)	[dɪvɪzɛ]

| destacamento (m) | oddíl (m) | [oddi:l] |
| hoste (f) | vojsko (s) | [vojsko] |

| soldado (m) | voják (m) | [voja:k] |
| oficial (m) | důstojník (m) | [du:stojni:k] |

soldado (m) raso	vojín (m)	[voji:n]
sargento (m)	seržant (m)	[sɛrʒant]
tenente (m)	poručík (m)	[porutʃi:k]
capitão (m)	kapitán (m)	[kapɪta:n]
major (m)	major (m)	[major]
coronel (m)	plukovník (m)	[plukovni:k]
general (m)	generál (m)	[gɛnɛra:l]

marujo (m)	námořník (m)	[na:morʒni:k]
capitão (m)	kapitán (m)	[kapɪta:n]
contramestre (m)	loďmistr (m)	[lodʲmɪstr]

artilheiro (m)	dělostřelec (m)	[delostrʃɛlɛts]
soldado (m) paraquedista	výsadkář (m)	[vi:satka:rʃ]
piloto (m)	letec (m)	[lɛtɛts]
navegador (m)	navigátor (m)	[navɪga:tor]
mecânico (m)	mechanik (m)	[mɛxanɪk]

sapador (m)	ženista (m)	[ʒenɪsta]
paraquedista (m)	parašutista (m)	[paraʃutɪsta]
explorador (m)	rozvědčík (m)	[rozvedtʃi:k]
franco-atirador (m)	odstřelovač (m)	[otstrʃɛlovatʃ]

patrulha (f)	hlídka (ž)	[hli:tka]
patrulhar (vt)	hlídkovat	[hli:tkovat]
sentinela (f)	strážný (m)	[stra:ʒni:]

guerreiro (m)	vojín (m)	[voji:n]
patriota (m)	vlastenec (m)	[vlastɛnɛts]
herói (m)	hrdina (m)	[hrdɪna]
heroína (f)	hrdinka (ž)	[hrdɪŋka]

traidor (m)	zrádce (m)	[zra:dtsɛ]
desertor (m)	zběh (m)	[zbex]
desertar (vt)	dezertovat	[dɛzɛrtovat]

mercenário (m)	žoldnéř (m)	[ʒoldnɛ:rʃ]
recruta (m)	branec (m)	[branɛts]
voluntário (m)	dobrovolník (m)	[dobrovolni:k]

morto (m)	zabitý (m)	[zabɪti:]
ferido (m)	raněný (m)	[raneni:]
prisioneiro (m) de guerra	zajatec (m)	[zajatɛts]

184. Guerra. Ações militares. Parte 1

| guerra (f) | válka (ž) | [va:lka] |
| guerrear (vt) | bojovat | [bojovat] |

guerra (f) civil	občanská válka (ž)	[obtʃanska: va:lka]
perfidamente	věrolomně	[verolomne]
declaração (f) de guerra	vyhlášení (s)	[vɪhla:ʃɛni:]
declarar (vt) guerra	vyhlásit	[vɪhla:sɪt]
agressão (f)	agrese (ž)	[agrɛsɛ]
atacar (vt)	přepadat	[prʃɛpadat]

invadir (vt)	uchvacovat	[uxvatsovat]
invasor (m)	uchvatitel (m)	[uxvatɪtɛl]
conquistador (m)	dobyvatel (m)	[dobɪvatɛl]

defesa (f)	obrana (ž)	[obrana]
defender (vt)	bránit	[bra:nɪt]
defender-se (vr)	bránit se	[bra:nɪt sɛ]

| inimigo, adversário (m) | nepřítel (m) | [nɛprʃi:tɛl] |
| inimigo | nepřátelský | [nɛprʃa:tɛlski:] |

| estratégia (f) | strategie (ž) | [stratɛgɪe] |
| tática (f) | taktika (ž) | [taktɪka] |

ordem (f)	rozkaz (m)	[roskas]
comando (m)	povel (m)	[povɛl]
ordenar (vt)	rozkazovat	[roskazovat]
missão (f)	úkol (m)	[u:kol]
secreto	tajný	[tajni:]

| batalha (f) | bitva (ž) | [bɪtva] |
| combate (m) | boj (m) | [boj] |

ataque (m)	útok (m)	[u:tok]
assalto (m)	útok (m)	[u:tok]
assaltar (vt)	dobývat útokem	[dobi:vat u:tokɛm]
assédio, sítio (m)	obležení (s)	[oblɛʒeni:]

| ofensiva (f) | ofenzíva (ž) | [ofɛnzi:va] |
| passar à ofensiva | zahájit ofenzivu | [zaha:jɪt ofɛnzivu] |

| retirada (f) | ústup (m) | [u:stup] |
| retirar-se (vr) | ustupovat | [ustupovat] |

| cerco (m) | obklíčení (s) | [opkli:tʃɛni:] |
| cercar (vt) | obkličovat | [opklɪtʃovat] |

bombardeio (m)	bombardování (s)	[bombardova:ni:]
lançar uma bomba	shodit pumu	[sxodɪt pumu]
bombardear (vt)	bombardovat	[bombardovat]
explosão (f)	výbuch (m)	[vi:bux]

tiro (m)	výstřel (m)	[vi:strʃɛl]
disparar um tiro	vystřelit	[vɪstrʒɛlɪt]
tiroteio (m)	střelba (ž)	[strʃɛlba]

apontar para ...	mířit	[mi:rʒɪt]
apontar (vt)	zamířit	[zami:rʒɪt]
acertar (vt)	zasáhnout	[zasa:hnout]

afundar (um navio)	potopit	[potopɪt]
brecha (f)	trhlina (ž)	[trhlɪna]
afundar-se (vr)	topit se	[topɪt sɛ]

frente (m)	fronta (ž)	[fronta]
evacuação (f)	evakuace (ž)	[ɛvakuatsɛ]
evacuar (vt)	evakuovat	[ɛvakuovat]

arame (m) farpado	ostnatý drát (m)	[ostnati: dra:t]
obstáculo (m) anticarro	zátaras (m)	[za:taras]
torre (f) de vigia	věž (ž)	[veʃ]

hospital (m)	vojenská nemocnice (ž)	[vojɛnska: nɛmotsnɪtsɛ]
ferir (vt)	zranit	[zranɪt]
ferida (f)	rána (ž)	[ra:na]
ferido (m)	raněný (m)	[raneni:]
ficar ferido	utrpět zranění	[utrpet zraneni:]
grave (ferida ~)	těžký	[teʃki:]

185. Guerra. Ações militares. Parte 2

cativeiro (m)	zajetí (s)	[zajɛti:]
capturar (vt)	zajmout	[zajmout]
estar em cativeiro	být v zajetí	[bi:t v zajɛti:]
ser aprisionado	dostat se do zajetí	[dostat sɛ do zajɛti:]

campo (m) de concentração	koncentrační tábor (m)	[kontsɛntratʃni: ta:bor]
prisioneiro (m) de guerra	zajatec (m)	[zajatɛts]
escapar (vi)	utéci	[utɛ:tsɪ]

trair (vt)	zradit	[zradɪt]
traidor (m)	zrádce (m)	[zra:dtsɛ]
traição (f)	zrada (ž)	[zrada]

| fuzilar, executar (vt) | zastřelit | [zastrʃɛlɪt] |
| fuzilamento (m) | smrt (ž) zastřelením | [smrt zastrʃɛlɛni:m] |

equipamento (m)	výstroj (ž)	[vi:stroj]
platina (f)	nárameník (m)	[na:ramɛni:k]
máscara (f) antigás	plynová maska (ž)	[plɪnova: maska]

rádio (m)	vysílačka (ž)	[vɪsi:latʃka]
cifra (f), código (m)	šifra (ž)	[ʃɪfra]
conspiração (f)	konspirace (ž)	[konspɪratsɛ]
senha (f)	heslo (s)	[hɛslo]

mina (f)	mina (ž)	[mɪna]
minar (vt)	zaminovat	[zamɪnovat]
campo (m) minado	minové pole (s)	[mɪnovɛ: polɛ]

alarme (m) aéreo	letecký poplach (m)	[lɛtɛtski: poplax]
alarme (m)	poplach (m)	[poplax]
sinal (m)	signál (m)	[sɪgna:l]
sinalizador (m)	světlice (ž)	[svetlɪtsɛ]

estado-maior (m)	štáb (m)	[ʃta:p]
reconhecimento (m)	rozvědka (ž)	[rozvetka]
situação (f)	situace (ž)	[sɪtuatsɛ]
relatório (m)	hlášení (s)	[hla:ʃɛni:]
emboscada (f)	záloha (ž)	[za:loha]
reforço (m)	posila (ž)	[posɪla]

alvo (m)	terč (m)	[tɛrtʃ]
campo (m) de tiro	střelnice (ž)	[strʃɛlnɪtsɛ]
manobras (f pl)	manévry (m mn)	[manɛ:vrɪ]

pânico (m)	panika (ž)	[panɪka]
devastação (f)	rozvrat (m)	[rozvrat]
ruínas (f pl)	zpustošení (s)	[spustoʃɛni:]
destruir (vt)	zpustošit	[spustoʃɪt]

sobreviver (vi)	přežít	[prʃɛʒi:t]
desarmar (vt)	odzbrojit	[odzbrojɪt]
manusear (vt)	zacházet	[zaxa:zɛt]

| Firmes! | Pozor! | [pozor] |
| Descansar! | Pohov! | [pohoʃ] |

façanha (f)	hrdinský čin (m)	[hrdɪnski: tʃɪn]
juramento (m)	přísaha (ž)	[prʃi:saha]
jurar (vi)	přísahat	[prʃi:sahat]

condecoração (f)	vyznamenání (s)	[vɪznamɛna:ni:]
condecorar (vt)	vyznamenávat	[vɪznamɛna:vat]
medalha (f)	medaile (ž)	[mɛdajlɛ]
ordem (f)	řád (m)	[rʒa:t]

vitória (f)	vítězství (s)	[vi:tezstvi:]
derrota (f)	porážka (ž)	[pora:ʃka]
armistício (m)	příměří (s)	[prʃi:mnerʒi:]

bandeira (f)	prapor (m)	[prapor]
glória (f)	sláva (ž)	[sla:va]
desfile (m) militar	vojenská přehlídka (ž)	[vojɛnska: prʃɛhli:tka]
marchar (vi)	pochodovat	[poxodovat]

186. Armas

arma (f)	zbraň (ž)	[zbranj]
arma (f) de fogo	střelná zbraň (ž)	[strʃɛlna: zbranj]
arma (f) branca	bodná a sečná zbraň (ž)	[bodna: a sɛtʃna: zbranj]

arma (f) química	chemická zbraň (ž)	[xɛmɪtska: zbranj]
nuclear	jaderný	[jadɛrni:]
arma (f) nuclear	jaderná zbraň (ž)	[jadɛrna: zbranj]

bomba (f)	puma (ž)	[puma]
bomba (f) atómica	atomová puma (ž)	[atomova: puma]
pistola (f)	pistole (ž)	[pɪstolɛ]

caçadeira (f)	**puška** (ž)	[puʃka]
pistola-metralhadora (f)	**samopal** (m)	[samopal]
metralhadora (f)	**kulomet** (m)	[kulomɛt]
boca (f)	**ústí** (s) **hlavně**	[u:sti: hlavne]
cano (m)	**hlaveň** (ž)	[hlavɛnʲ]
calibre (m)	**ráž** (ž)	[ra:ʃ]
gatilho (m)	**kohoutek** (m)	[kohoutɛk]
mira (f)	**hledí** (s)	[hlɛdi:]
carregador (m)	**zásobník** (m)	[za:sobni:k]
coronha (f)	**pažba** (ž)	[paʒba]
granada (f) de mão	**granát** (m)	[grana:t]
explosivo (m)	**výbušnina** (ž)	[vi:buʃnɪna]
bala (f)	**kulka** (ž)	[kulka]
cartucho (m)	**náboj** (m)	[na:boj]
carga (f)	**nálož** (ž)	[na:loʃ]
munições (f pl)	**střelivo** (s)	[strʃɛlɪvo]
bombardeiro (m)	**bombardér** (m)	[bombardɛ:r]
avião (m) de caça	**stíhačka** (ž)	[sti:hatʃka]
helicóptero (m)	**vrtulník** (m)	[vrtulni:k]
canhão (m) antiaéreo	**protiletadlové dělo** (s)	[protɪlɛtadlovɛ: delo]
tanque (m)	**tank** (m)	[taŋk]
canhão (de um tanque)	**tankové dělo** (s)	[taŋkovɛ: delo]
artilharia (f)	**dělostřelectvo** (s)	[delostrʃɛlɛʦtvo]
canhão (m)	**dělo** (s)	[delo]
fazer a pontaria	**zamířit**	[zami:rʒɪt]
obus (m)	**střela** (ž)	[strʃɛla]
granada (f) de morteiro	**mina** (ž)	[mɪna]
morteiro (m)	**minomet** (m)	[mɪnomɛt]
estilhaço (m)	**střepina** (ž)	[strʃɛpɪna]
submarino (m)	**ponorka** (ž)	[ponorka]
torpedo (m)	**torpédo** (s)	[torpɛ:do]
míssil (m)	**raketa** (ž)	[rakɛta]
carregar (uma arma)	**nabíjet**	[nabi:jɛt]
atirar, disparar (vi)	**střílet**	[strʃi:lɛt]
apontar para ...	**mířit**	[mi:rʒɪt]
baioneta (f)	**bodák** (m)	[boda:k]
espada (f)	**kord** (m)	[kort]
sabre (m)	**šavle** (ž)	[ʃavlɛ]
lança (f)	**kopí** (s)	[kopi:]
arco (m)	**luk** (m)	[luk]
flecha (f)	**šíp** (m)	[ʃi:p]
mosquete (m)	**mušketa** (ž)	[muʃkɛta]
besta (f)	**samostříl** (m)	[samostrʃi:l]

187. Povos da antiguidade

primitivo	prvobytný	[prvobɪtni:]
pré-histórico	prehistorický	[prɛhɪstorɪtski:]
antigo	starobylý	[starobɪli:]

Idade (f) da Pedra	Doba (ž) kamenná	[doba kamɛnna:]
Idade (f) do Bronze	Doba (ž) bronzová	[doba bronzova:]
período (m) glacial	Doba (ž) ledová	[doba lɛdova:]

tribo (f)	kmen (m)	[kmɛn]
canibal (m)	lidojed (m)	[lɪdojɛt]
caçador (m)	lovec (m)	[lovɛts]
caçar (vi)	lovit	[lovɪt]
mamute (m)	mamut (m)	[mamut]

caverna (f)	jeskyně (ž)	[jɛskɪne]
fogo (m)	oheň (m)	[ohɛnʲ]
fogueira (f)	táborák (m)	[taborak]
pintura (f) rupestre	jeskynní malba (ž)	[jɛskɪnni: malba]

ferramenta (f)	pracovní nástroje (m mn)	[pratsovni: na:strojɛ]
lança (f)	oštěp (m)	[oʃtep]
machado (m) de pedra	kamenná sekera (ž)	[kamɛnna: sɛkɛra]
guerrear (vt)	bojovat	[bojovat]
domesticar (vt)	ochočovat	[oxotʃovat]

ídolo (m)	modla (ž)	[modla]
adorar, venerar (vt)	klanět se	[klanet sɛ]
superstição (f)	pověra (ž)	[povera]

evolução (f)	evoluce (ž)	[ɛvolutsɛ]
desenvolvimento (m)	rozvoj (m)	[rozvoj]
desaparecimento (m)	vymizení (s)	[vɪmɪzɛni:]
adaptar-se (vr)	přizpůsobovat se	[prʃɪspu:sobovat sɛ]

arqueologia (f)	archeologie (ž)	[arxɛologɪe]
arqueólogo (m)	archeolog (m)	[arxɛolog]
arqueológico	archeologický	[arxɛologɪtski:]

local (m) das escavações	vykopávky (ž mn)	[vɪkopa:fkɪ]
escavações (f pl)	vykopávky (ž mn)	[vɪkopa:fkɪ]
achado (m)	objev (m)	[objɛf]
fragmento (m)	část (ž)	[tʃa:st]

188. Idade média

povo (m)	lid, národ (m)	[lɪt], [na:rot]
povos (m pl)	národy (m mn)	[na:rodɪ]
tribo (f)	kmen (m)	[kmɛn]
tribos (f pl)	kmeny (m mn)	[kmɛnɪ]
bárbaros (m pl)	barbaři (m mn)	[barbarʒɪ]
gauleses (m pl)	Galové (m mn)	[galovɛ:]

godos (m pl)	Gótové (m mn)	[go:tovɛ:]
eslavos (m pl)	Slované (m mn)	[slovanɛ:]
víquingues (m pl)	Vikingové (m mn)	[vɪkɪŋgovɛ:]

| romanos (m pl) | Římané (m mn) | [rʒi:manɛ:] |
| romano | římský | [rʒi:mski:] |

bizantinos (m pl)	obyvatelé (m mn)	[obɪvatɛlɛ:
	Byzantské říše	bɪzantskɛ: rʃi:ʃɛ]
Bizâncio	Byzantská říše (ž)	[bɪzantska: rʃi:ʃɛ]
bizantino	byzantský	[bɪzantski:]

imperador (m)	císař (m)	[tsi:sarʃ]
líder (m)	vůdce (m)	[vu:dtsɛ]
poderoso	mocný	[motsni:]
rei (m)	král (m)	[kra:l]
governante (m)	vladař (m)	[vladarʃ]

cavaleiro (m)	rytíř (m)	[rɪti:rʃ]
senhor feudal (m)	feudál (m)	[fɛuda:l]
feudal	feudální	[fɛuda:lni:]
vassalo (m)	vasal (m)	[vasal]

duque (m)	vévoda (m)	[vɛ:voda]
conde (m)	hrabě (m)	[hrabe]
barão (m)	barel (m)	[barɛl]
bispo (m)	biskup (m)	[bɪskup]

armadura (f)	brnění (s)	[brneni:]
escudo (m)	štít (m)	[ʃti:t]
espada (f)	meč (m)	[mɛtʃ]
viseira (f)	hledí (s)	[hlɛdi:]
cota (f) de malha	kroužková košile (ž)	[krouʃkova: koʃɪlɛ]

| cruzada (f) | křižácká výprava (ž) | [krʃɪʒa:tska: vi:prava] |
| cruzado (m) | křižák (m) | [krʃɪʒa:k] |

território (m)	území (s)	[u:zɛmi:]
atacar (vt)	přepadat	[prʃɛpadat]
conquistar (vt)	dobýt	[dobi:t]
ocupar, invadir (vt)	zmocnit se	[zmotsnɪt sɛ]

assédio, sítio (m)	obležení (s)	[oblɛʒeni:]
sitiado	obklíčený	[opkli:tʃɛni:]
assediar, sitiar (vt)	obkličovat	[opklɪtʃovat]

inquisição (f)	inkvizice (ž)	[ɪŋkvɪzɪtsɛ]
inquisidor (m)	inkvizitor (m)	[ɪŋkvɪzɪtor]
tortura (f)	mučení (s)	[mutʃɛni:]
cruel	krutý	[kruti:]
herege (m)	kacíř (m)	[katsi:rʃ]
heresia (f)	bludařství (s)	[bludarʃstvi:]

navegação (f) marítima	mořeplavba (ž)	[morʒɛplavba]
pirata (m)	pirát (m)	[pɪra:t]
pirataria (f)	pirátství (s)	[pɪra:tstvi:]

abordagem (f)	abordáž (ž)	[aborda:ʃ]
presa (f), butim (m)	kořist (ž)	[korʒɪst]
tesouros (m pl)	bohatství (s)	[bohatstvi:]

descobrimento (m)	objevení (s)	[objɛvɛni:]
descobrir (novas terras)	objevit	[objɛvɪt]
expedição (f)	výprava (ž)	[vi:prava]

mosqueteiro (m)	mušketýr (m)	[muʃkɛti:r]
cardeal (m)	kardinál (m)	[kardɪna:l]
heráldica (f)	heraldika (ž)	[hɛraldɪka]
heráldico	heraldický	[hɛraldɪtski:]

189. Líder. Chefe. Autoridades

rei (m)	král (m)	[kra:l]
rainha (f)	královna (ž)	[kra:lovna]
real	královský	[kra:lovski:]
reino (m)	království (s)	[kra:lovstvi:]

| príncipe (m) | princ (m) | [prɪnts] |
| princesa (f) | princezna (ž) | [prɪntsɛzna] |

presidente (m)	prezident (m)	[prɛzɪdɛnt]
vice-presidente (m)	viceprezident (m)	[vɪtsɛprɛzɪdɛnt]
senador (m)	senátor (m)	[sɛna:tor]

monarca (m)	monarcha (m)	[monarxa]
governante (m)	vladař (m)	[vladarʃ]
ditador (m)	diktátor (m)	[dɪkta:tor]
tirano (m)	tyran (m)	[tɪran]
magnata (m)	magnát (m)	[magna:t]

diretor (m)	ředitel (m)	[rʒɛdɪtɛl]
chefe (m)	šéf (m)	[ʃɛ:f]
dirigente (m)	správce (m)	[spra:vtsɛ]
patrão (m)	bos (m)	[bos]
dono (m)	majitel (m)	[majɪtɛl]

chefe (~ de delegação)	hlava (m)	[hlava]
autoridades (f pl)	úřady (m mn)	[u:rʒadɪ]
superiores (m pl)	vedení (s)	[vɛdɛni:]

governador (m)	gubernátor (m)	[gubɛrna:tor]
cônsul (m)	konzul (m)	[konzul]
diplomata (m)	diplomat (m)	[dɪplomat]

| Presidente (m) da Câmara | primátor (m) | [prɪma:tor] |
| xerife (m) | šerif (m) | [ʃɛrɪf] |

imperador (m)	císař (m)	[tsi:sarʃ]
czar (m)	car (m)	[tsar]
faraó (m)	faraón (m)	[farao:n]
cã (m)	chán (m)	[xa:n]

190. Estrada. Caminho. Direções

estrada (f)	cesta (ž)	[ʦɛsta]
caminho (m)	cesta (ž)	[ʦɛsta]
rodovia (f)	silnice (ž)	[sɪlnɪʦɛ]
autoestrada (f)	dálnice (ž)	[da:lnɪʦɛ]
estrada (f) nacional	národní trasa (ž)	[na:rodni: trasa]
estrada (f) principal	hlavní silnice (ž)	[hlavni: sɪlnɪʦɛ]
caminho (m) de terra batida	polní cesta (ž)	[polni: ʦɛsta]
trilha (f)	stezka (ž)	[stɛska]
vereda (f)	stezka (ž)	[stɛska]
Onde?	Kde?	[gdɛ]
Para onde?	Kam?	[kam]
De onde?	Odkud?	[otkut]
direção (f)	směr (m)	[smner]
indicar (orientar)	ukázat	[uka:zat]
para esquerda	vlevo	[vlɛvo]
para direita	vpravo	[vpravo]
em frente	rovně	[rovne]
para trás	zpátky	[spa:tkɪ]
curva (f)	zatáčka (ž)	[zata:ʧka]
virar (ex. ~ à direita)	zatáčet	[zata:ʧɛt]
dar retorno	otáčet se	[ota:ʧɛt sɛ]
estar visível	být vidět	[bi:t vɪdet]
aparecer (vi)	ukázat se	[uka:zat sɛ]
paragem (pausa)	zastávka (ž)	[zasta:fka]
descansar (vi)	odpočinout	[otpoʧɪnout]
descanso (m)	odpočinek (m)	[otpoʧɪnɛk]
perder-se (vr)	zabloudit	[zabloudɪt]
conduzir (caminho)	vést k ...	[vɛ:st k]
chegar a ...	dostat se k ...	[dostat sɛ k]
trecho (m)	úsek (m)	[u:sɛk]
asfalto (m)	asfalt (m)	[asfalt]
lancil (m)	obrubník (m)	[obrubni:k]
valeta (f)	příkop (m)	[prʃi:kop]
tampa (f) de esgoto	poklop (m)	[poklop]
berma (f) da estrada	krajnice (ž)	[krajnɪʦɛ]
buraco (m)	jáma (ž)	[ja:ma]
ir (a pé)	jít	[ji:t]
ultrapassar (vt)	předejít	[prʃɛdɛji:t]
passo (m)	krok (m)	[krok]
a pé	pěšky	[pɛʃkɪ]

bloquear (vt)	**zatarasit**	[zatarasɪt]
cancela (f)	**závory** (ž mn)	[zaːvorɪ]
beco (m) sem saída	**slepá ulice** (ž)	[slɛpaː ulɪtsɛ]

191. Viloação da lei. Criminosos. Parte 1

bandido (m)	**bandita** (m)	[bandɪta]
crime (m)	**zločin** (m)	[zlotʃɪn]
criminoso (m)	**zločinec** (m)	[zlotʃɪnɛts]
ladrão (m)	**zloděj** (m)	[zlodej]
roubar (vt)	**krást**	[kraːst]
furto (m)	**loupež** (ž)	[loupɛʃ]
furto (m)	**krádež** (ž)	[kraːdɛʃ]
raptar (ex. ~ uma criança)	**unést**	[unɛːst]
rapto (m)	**únos** (m)	[uːnos]
raptor (m)	**únosce** (m)	[uːnostsɛ]
resgate (m)	**výkupné** (s)	[viːkupnɛː]
pedir resgate	**žádat výkupné**	[ʒaːdat viːkupnɛː]
roubar (vt)	**loupit**	[loupɪt]
assalto, roubo (m)	**loupež** (ž)	[loupɛʃ]
assaltante (m)	**lupič** (m)	[lupɪtʃ]
extorquir (vt)	**vydírat**	[vɪdiːrat]
extorsionário (m)	**vyděrač** (m)	[vɪderatʃ]
extorsão (f)	**vyděračství** (s)	[vɪderatʃstviː]
matar, assassinar (vt)	**zabít**	[zabiːt]
homicídio (m)	**vražda** (ž)	[vraʒda]
homicida, assassino (m)	**vrah** (m)	[vrax]
tiro (m)	**výstřel** (m)	[viːstrʃɛl]
dar um tiro	**vystřelit**	[vɪstrʒɛlɪt]
matar a tiro	**zastřelit**	[zastrʃɛlɪt]
atirar, disparar (vi)	**střílet**	[strʃiːlɛt]
tiroteio (m)	**střelba** (ž)	[strʃɛlba]
incidente (m)	**nehoda** (ž)	[nɛhoda]
briga (~ de rua)	**rvačka** (ž)	[rvatʃka]
Socorro!	**Pomoc!**	[pomots]
vítima (f)	**oběť** (ž)	[obetʲ]
danificar (vt)	**poškodit**	[poʃkodɪt]
dano (m)	**škoda** (ž)	[ʃkoda]
cadáver (m)	**mrtvola** (ž)	[mrtvola]
grave	**těžký**	[tɛʃkiː]
atacar (vt)	**napadnout**	[napadnout]
bater (espancar)	**bít**	[biːt]
espancar (vt)	**zbít**	[zbiːt]
tirar, roubar (dinheiro)	**odebrat**	[odɛbrat]

esfaquear (vt)	**zabít**	[zabi:t]
mutilar (vt)	**zmrzačit**	[zmrzatʃɪt]
ferir (vt)	**zranit**	[zranɪt]

chantagem (f)	**vyděračství** (s)	[vɪderatʃstvi:]
chantagear (vt)	**vydírat**	[vɪdi:rat]
chantagista (m)	**vyděrač** (m)	[vɪderatʃ]

extorsão (em troca de proteção)	**vyděračství** (s)	[vɪderatʃstvi:]
extorsionário (m)	**vyděrač** (m)	[vɪderatʃ]
gângster (m)	**gangster** (m)	[gangstɛr]
máfia (f)	**mafie** (ž)	[mafɪe]

carteirista (m)	**kapsář** (m)	[kapsa:rʃ]
assaltante, ladrão (m)	**kasař** (m)	[kasarʃ]
contrabando (m)	**pašování** (s)	[paʃova:ni:]
contrabandista (m)	**pašerák** (m)	[paʃɛra:k]

falsificação (f)	**padělání** (s)	[padela:ni:]
falsificar (vt)	**padělat**	[padelat]
falsificado	**padělaný**	[padelani:]

192. Viloação da lei. Criminosos. Parte 2

violação (f)	**znásilnění** (s)	[zna:sɪlneni:]
violar (vt)	**znásilnit**	[zna:sɪlnɪt]
violador (m)	**násilník** (m)	[na:sɪlni:k]
maníaco (m)	**maniak** (m)	[manɪak]

prostituta (f)	**prostitutka** (ž)	[prostɪtutka]
prostituição (f)	**prostituce** (ž)	[prostɪtutsɛ]
chulo (m)	**kuplíř** (m)	[kupli:rʃ]

toxicodependente (m)	**narkoman** (m)	[narkoman]
traficante (m)	**drogový dealer** (m)	[drogovi: di:lɛr]

explodir (vt)	**vyhodit do povětří**	[vɪhodɪt do povetrʃi:]
explosão (f)	**výbuch** (m)	[vi:bux]
incendiar (vt)	**zapálit**	[zapa:lɪt]
incendiário (m)	**žhář** (m)	[ʒha:rʃ]

terrorismo (m)	**terorismus** (m)	[tɛrorɪzmus]
terrorista (m)	**terorista** (m)	[tɛrorɪsta]
refém (m)	**rukojmí** (m)	[rukojmi:]

enganar (vt)	**oklamat**	[oklamat]
engano (m)	**podvod** (m)	[podvot]
vigarista (m)	**podvodník** (m)	[podvodni:k]

subornar (vt)	**podplatit**	[potplatɪt]
suborno (atividade)	**podplácení** (s)	[potpla:tsɛni:]
suborno (dinheiro)	**úplatek** (m)	[u:platɛk]
veneno (m)	**jed** (m)	[jɛt]

envenenar (vt)	otrávit	[otra:vɪt]
envenenar-se (vr)	otrávit se	[otra:vɪt sɛ]

suicídio (m)	sebevražda (ž)	[sɛbɛvraʒda]
suicida (m)	sebevrah (m)	[sɛbɛvrax]

ameaçar (vt)	vyhrožovat	[vɪhroʒovat]
ameaça (f)	vyhrůžka (ž)	[vɪhru:ʃka]
atentar contra a vida de …	páchat atentát	[pa:xat atenta:t]
atentado (m)	atentát (m)	[atɛnta:t]

roubar (o carro)	unést	[unɛ:st]
desviar (o avião)	unést	[unɛ:st]

vingança (f)	pomsta (ž)	[pomsta]
vingar (vt)	mstít se	[msti:t sɛ]

torturar (vt)	mučit	[muʧɪt]
tortura (f)	mučení (s)	[muʧɛni:]
atormentar (vt)	trápit	[tra:pɪt]

pirata (m)	pirát (m)	[pɪra:t]
desordeiro (m)	chuligán (m)	[xulɪga:n]
armado	ozbrojený	[ozbrojɛni:]
violência (f)	násilí (s)	[na:sɪli:]

espionagem (f)	špionáž (ž)	[ʃpɪona:ʃ]
espionar (vi)	špehovat	[ʃpɛhovat]

193. Polícia. Lei. Parte 1

justiça (f)	justice (ž)	[justɪʦɛ]
tribunal (m)	soud (m)	[sout]

juiz (m)	soudce (m)	[soudʦɛ]
jurados (m pl)	porotci (m mn)	[porotʦɪ]
tribunal (m) do júri	porota (ž)	[porota]
julgar (vt)	soudit	[soudɪt]

advogado (m)	advokát (m)	[advoka:t]
réu (m)	obžalovaný (m)	[obʒalovani:]
banco (m) dos réus	lavice (ž) obžalovaných	[lavɪʦɛ obʒalovani:x]

acusação (f)	žaloba (ž)	[ʒaloba]
acusado (m)	obžalovaný (m)	[obʒalovani:]

sentença (f)	rozsudek (m)	[rozsudɛk]
sentenciar (vt)	odsoudit	[otsoudɪt]

culpado (m)	viník (m)	[vɪni:k]
punir (vt)	potrestat	[potrɛstat]
punição (f)	trest (m)	[trɛst]
multa (f)	pokuta (ž)	[pokuta]
prisão (f) perpétua	doživotní vězení (s)	[doʒɪvotni: vezɛni:]

pena (f) de morte	trest (m) smrti	[trɛst smrtɪ]
cadeira (f) elétrica	elektrické křeslo (s)	[ɛlɛktrɪtskɛ: krʃɛslo]
forca (f)	šibenice (ž)	[ʃɪbɛnɪtsɛ]

| executar (vt) | popravit | [popravɪt] |
| execução (f) | poprava (ž) | [poprava] |

| prisão (f) | vězení (s) | [vezɛni:] |
| cela (f) de prisão | cela (ž) | [tsɛla] |

escolta (f)	ozbrojený doprovod (m)	[ozbrojɛni: doprovot]
guarda (m) prisional	dozorce (m)	[dozortsɛ]
preso (m)	vězeň (m)	[vezɛnʲ]

| algemas (f pl) | pouta (s mn) | [pouta] |
| algemar (vt) | nasadit pouta | [nasadɪt pouta] |

fuga, evasão (f)	útěk (m)	[u:tek]
fugir (vi)	uprchnout	[uprxnout]
desaparecer (vi)	zmizet	[zmɪzɛt]
soltar, libertar (vt)	propustit	[propustɪt]
amnistia (f)	amnestie (ž)	[amnɛstɪe]

polícia (instituição)	policie (ž)	[polɪtsɪe]
polícia (m)	policista (m)	[polɪtsɪsta]
esquadra (f) de polícia	policejní stanice (ž)	[polɪtsɛjni: stanɪtsɛ]
cassetete (m)	gumový obušek (m)	[gumovi: obuʃɛk]
megafone (m)	hlásná trouba (ž)	[hla:sna: trouba]

carro (m) de patrulha	policejní vůz (m)	[polɪtsɛjni: vu:z]
sirene (f)	houkačka (ž)	[houkatʃka]
ligar a sirene	zapnout houkačku	[zapnout houkatʃku]
toque (m) da sirene	houkání (s)	[houka:ni:]

cena (f) do crime	místo (s) činu	[mi:sto tʃɪnu]
testemunha (f)	svědek (m)	[svedɛk]
liberdade (f)	svoboda (ž)	[svoboda]
cúmplice (m)	spolupachatel (m)	[spolupaxatɛl]
escapar (vi)	zmizet	[zmɪzɛt]
traço (não deixar ~s)	stopa (ž)	[stopa]

194. Polícia. Lei. Parte 2

procura (f)	pátrání (s)	[pa:tra:ni:]
procurar (vt)	pátrat	[pa:trat]
suspeita (f)	podezření (s)	[podɛzrʒɛni:]
suspeito	podezřelý	[podɛzrʒɛli:]
parar (vt)	zastavit	[zastavɪt]
deter (vt)	zadržet	[zadrʒet]

caso (criminal)	případ (m)	[prʃi:pat]
investigação (f)	vyšetřování (s)	[vɪʃɛtrʃova:ni:]
detetive (m)	detektiv (m)	[dɛtɛktɪf]
investigador (m)	vyšetřovatel (m)	[vɪʃɛtrʃovatɛl]

versão (f)	verze (ž)	[vɛrzɛ]
motivo (m)	motiv (m)	[motɪf]
interrogatório (m)	výslech (m)	[vi:slɛx]
interrogar (vt)	vyslýchat	[vɪsli:xat]
questionar (vt)	vyslýchat	[vɪsli:xat]
verificação (f)	kontrola (ž)	[kontrola]

batida (f) policial	zátah (m)	[za:tax]
busca (f)	prohlídka (ž)	[prohli:tka]
perseguição (f)	stíhání (s)	[sti:ha:ni:]
perseguir (vt)	pronásledovat	[prona:slɛdovat]
seguir (vt)	sledovat	[slɛdovat]

prisão (f)	zatčení (s)	[zatʃɛni:]
prender (vt)	zatknout	[zatknout]
pegar, capturar (vt)	chytit	[xɪtɪt]
captura (f)	chycení (s)	[xɪtsɛni:]

documento (m)	dokument (m)	[dokumɛnt]
prova (f)	důkaz (m)	[du:kaz]
provar (vt)	dokazovat	[dokazovat]
pegada (f)	stopa (ž)	[stopa]
impressões (f pl) digitais	otisky (m mn) prstů	[otɪskɪ prstu:]
prova (f)	důkaz (m)	[du:kaz]

álibi (m)	alibi (s)	[alɪbɪ]
inocente	nevinný	[nɛvɪnni:]
injustiça (f)	nespravedlivost (ž)	[nɛspravɛdlɪvost]
injusto	nespravedlivý	[nɛspra:vɛdlɪvi:]

criminal	kriminální	[krɪmɪna:lni:]
confiscar (vt)	konfiskovat	[konfɪskovat]
droga (f)	droga (ž)	[droga]
arma (f)	zbraň (ž)	[zbraɲ]
desarmar (vt)	odzbrojit	[odzbrojɪt]
ordenar (vt)	rozkazovat	[roskazovat]
desaparecer (vi)	zmizet	[zmɪzɛt]

lei (f)	zákon (m)	[za:kon]
legal	zákonný	[za:konni:]
ilegal	nezákonný	[nɛza:konni:]

| responsabilidade (f) | odpovědnost (ž) | [otpovednost] |
| responsável | odpovědný | [otpovedni:] |

NATUREZA

A Terra. Parte 1

195. Espaço sideral

cosmos (m)	kosmos (m)	[kosmos]
cósmico	kosmický	[kosmɪtski:]
espaço (m) cósmico	kosmický prostor (m)	[kosmɪtski: prostor]
mundo, universo (m)	vesmír (m)	[vɛsmi:r]
galáxia (f)	galaxie (ž)	[galaksɪe]
estrela (f)	hvězda (ž)	[hvezda]
constelação (f)	souhvězdí (s)	[souhvezdi:]
planeta (m)	planeta (ž)	[planɛta]
satélite (m)	družice (ž)	[druʒɪtsɛ]
meteorito (m)	meteorit (m)	[mɛtɛorɪt]
cometa (m)	kometa (ž)	[komɛta]
asteroide (m)	asteroid (m)	[astɛroɪt]
órbita (f)	oběžná dráha (ž)	[obeʒna: dra:ha]
girar (vi)	otáčet se	[ota:tʃɛt sɛ]
atmosfera (f)	atmosféra (ž)	[atmosfɛ:ra]
Sol (m)	Slunce (s)	[sluntsɛ]
Sistema (m) Solar	sluneční soustava (ž)	[slunɛtʃni: soustava]
eclipse (m) solar	sluneční zatmění (s)	[slunɛtʃni: zatmneni:]
Terra (f)	Země (ž)	[zɛmnɛ]
Lua (f)	Měsíc (m)	[mnesi:ts]
Marte (m)	Mars (m)	[mars]
Vénus (f)	Venuše (ž)	[vɛnuʃɛ]
Júpiter (m)	Jupiter (m)	[jupɪtɛr]
Saturno (m)	Saturn (m)	[saturn]
Mercúrio (m)	Merkur (m)	[mɛrkur]
Urano (m)	Uran (m)	[uran]
Neptuno (m)	Neptun (m)	[nɛptun]
Plutão (m)	Pluto (s)	[pluto]
Via Láctea (f)	Mléčná dráha (ž)	[mlɛ:tʃna: dra:ha]
Ursa Maior (f)	Velká medvědice (ž)	[vɛlka: mɛdvedɪtsɛ]
Estrela Polar (f)	Polárka (ž)	[pola:rka]
marciano (m)	Marťan (m)	[martʲan]
extraterrestre (m)	mimozemšťan (m)	[mɪmozɛmʃtʲan]

alienígena (m)	vetřelec (m)	[vɛtrʃɛlɛts]
disco (m) voador	létající talíř (m)	[lɛ:taji:tsi: tali:rʃ]
nave (f) espacial	kosmická loď (ž)	[kosmɪtska: loťi]
estação (f) orbital	orbitální stanice (ž)	[orbɪta:lni: stanɪtsɛ]
lançamento (m)	start (m)	[start]
motor (m)	motor (m)	[motor]
bocal (m)	tryska (ž)	[trɪska]
combustível (m)	palivo (s)	[palɪvo]
cabine (f)	kabina (ž)	[kabɪna]
antena (f)	anténa (ž)	[antɛ:na]
vigia (f)	okénko (s)	[okɛ:ŋko]
bateria (f) solar	sluneční baterie (ž)	[slunɛtʃni: batɛrɪe]
traje (m) espacial	skafandr (m)	[skafandr]
imponderabilidade (f)	beztížný stav (m)	[bɛzti:ʒni: staf]
oxigénio (m)	kyslík (m)	[kɪsli:k]
acoplagem (f)	spojení (s)	[spojɛni:]
fazer uma acoplagem	spojovat se	[spojovat sɛ]
observatório (m)	observatoř (ž)	[opsɛrvatorʃ]
telescópio (m)	teleskop (m)	[tɛlɛskop]
observar (vt)	pozorovat	[pozorovat]
explorar (vt)	zkoumat	[skoumat]

196. A Terra

Terra (f)	Země (ž)	[zɛmnɛ]
globo terrestre (Terra)	zeměkoule (ž)	[zɛmnekoulɛ]
planeta (m)	planeta (ž)	[planɛta]
atmosfera (f)	atmosféra (ž)	[atmosfɛ:ra]
geografia (f)	zeměpis (m)	[zɛmnepɪs]
natureza (f)	příroda (ž)	[prʃi:roda]
globo (mapa esférico)	glóbus (m)	[glo:bus]
mapa (m)	mapa (ž)	[mapa]
atlas (m)	atlas (m)	[atlas]
Europa (f)	Evropa (ž)	[ɛvropa]
Ásia (f)	Asie (ž)	[azɪe]
África (f)	Afrika (ž)	[afrɪka]
Austrália (f)	Austrálie (ž)	[austra:lɪe]
América (f)	Amerika (ž)	[amɛrɪka]
América (f) do Norte	Severní Amerika (ž)	[sɛvɛrni: amɛrɪka]
América (f) do Sul	Jižní Amerika (ž)	[jɪʒni: amɛrɪka]
Antártida (f)	Antarktida (ž)	[antarkti:da]
Ártico (m)	Arktida (ž)	[arktɪda]

197. Pontos cardeais

norte (m)	**sever** (m)	[sɛvɛr]
para norte	**na sever**	[na sɛvɛr]
no norte	**na severu**	[na sɛvɛru]
do norte	**severní**	[sɛvɛrni:]
sul (m)	**jih** (m)	[jɪx]
para sul	**na jih**	[na jɪx]
no sul	**na jihu**	[na jɪhu]
do sul	**jižní**	[jɪʒni:]
oeste, ocidente (m)	**západ** (m)	[za:pat]
para oeste	**na západ**	[na za:pat]
no oeste	**na západě**	[na za:pade]
ocidental	**západní**	[za:padni:]
leste, oriente (m)	**východ** (m)	[vi:xot]
para leste	**na východ**	[na vi:xot]
no leste	**na východě**	[na vi:xode]
oriental	**východní**	[vi:xodni:]

198. Mar. Oceano

mar (m)	**moře** (s)	[morʒɛ]
oceano (m)	**oceán** (m)	[otsɛa:n]
golfo (m)	**záliv** (m)	[za:lɪf]
estreito (m)	**průliv** (m)	[pru:lɪf]
continente (m)	**pevnina** (ž)	[pɛvnɪna]
ilha (f)	**ostrov** (m)	[ostrof]
península (f)	**poloostrov** (m)	[poloostrof]
arquipélago (m)	**souostroví** (s)	[souostrovi:]
baía (f)	**zátoka** (ž)	[za:toka]
porto (m)	**přístav** (m)	[prʃi:staf]
lagoa (f)	**laguna** (ž)	[lagu:na]
cabo (m)	**mys** (m)	[mɪs]
atol (m)	**atol** (m)	[atol]
recife (m)	**útes** (m)	[u:tɛs]
coral (m)	**korál** (m)	[kora:l]
recife (m) de coral	**korálový útes** (m)	[kora:lovi: u:tɛs]
profundo	**hluboký**	[hluboki:]
profundidade (f)	**hloubka** (ž)	[hloupka]
abismo (m)	**hlubina** (ž)	[hlubɪna]
fossa (f) oceânica	**prohlubeň** (ž)	[prohlubɛnʲ]
corrente (f)	**proud** (m)	[prout]
banhar (vt)	**omývat**	[omi:vat]
litoral (m)	**břeh** (m)	[brʒɛx]
costa (f)	**pobřeží** (s)	[pobrʒɛʒi:]

maré (f) alta	příliv (m)	[prʃiːlɪf]
refluxo (m), maré (f) baixa	odliv (m)	[odlɪf]
restinga (f)	mělčina (ž)	[mneltʃɪna]
fundo (m)	dno (s)	[dno]

onda (f)	vlna (ž)	[vlna]
crista (f) da onda	hřbet (m) vlny	[hrʒbɛt vlnɪ]
espuma (f)	pěna (ž)	[pena]

tempestade (f)	bouřka (ž)	[bourʃka]
furacão (m)	hurikán (m)	[hurɪkaːn]
tsunami (m)	tsunami (s)	[tsunamɪ]
calmaria (f)	bezvětří (s)	[bɛzvetrʃiː]
calmo	klidný	[klɪdniː]

| polo (m) | pól (m) | [poːl] |
| polar | polární | [polaːrniː] |

latitude (f)	šířka (ž)	[ʃiːrʃka]
longitude (f)	délka (ž)	[dɛːlka]
paralela (f)	rovnoběžka (ž)	[rovnobeʃka]
equador (m)	rovník (m)	[rovniːk]

céu (m)	obloha (ž)	[obloha]
horizonte (m)	horizont (m)	[horɪzont]
ar (m)	vzduch (m)	[vzdux]

farol (m)	maják (m)	[majaːk]
mergulhar (vi)	potápět se	[potaːpet sɛ]
afundar-se (vr)	potopit se	[potopɪt sɛ]
tesouros (m pl)	bohatství (s)	[bohatstviː]

199. Nomes de Mares e Oceanos

Oceano (m) Atlântico	Atlantický oceán (m)	[atlantɪtski: otsɛaːn]
Oceano (m) Índico	Indický oceán (m)	[ɪndɪtski: otsɛaːn]
Oceano (m) Pacífico	Tichý oceán (m)	[tɪxi: otsɛaːn]
Oceano (m) Ártico	Severní ledový oceán (m)	[sɛvɛrni: lɛdovi: otsɛaːn]

Mar (m) Negro	Černé moře (s)	[tʃɛrnɛ: morʒɛ]
Mar (m) Vermelho	Rudé moře (s)	[rudɛ: morʒɛ]
Mar (m) Amarelo	Žluté moře (s)	[ʒlutɛ: morʒɛ]
Mar (m) Branco	Bílé moře (s)	[bi:lɛ: morʒɛ]

Mar (m) Cáspio	Kaspické moře (s)	[kaspɪtskɛ: morʒɛ]
Mar (m) Morto	Mrtvé moře (s)	[mrtvɛ: morʒɛ]
Mar (m) Mediterrâneo	Středozemní moře (s)	[strʃedozɛmni: morʒɛ]

| Mar (m) Egeu | Egejské moře (s) | [ɛgɛjskɛ: morʒɛ] |
| Mar (m) Adriático | Jaderské moře (s) | [jadɛrskɛ: morʒɛ] |

Mar (m) Arábico	Arabské moře (s)	[arapskɛ: morʒɛ]
Mar (m) do Japão	Japonské moře (s)	[japonskɛ: morʒɛ]
Mar (m) de Bering	Beringovo moře (s)	[bɛrɪngovo morʒɛ]

Mar (m) da China Meridional	Jihočínské moře (s)	[jɪhotʃiːnskɛ: morʒɛ]
Mar (m) de Coral	Korálové moře (s)	[kora:lovɛ: morʒɛ]
Mar (m) de Tasman	Tasmanovo moře (s)	[tasmanovo morʒɛ]
Mar (m) do Caribe	Karibské moře (s)	[karɪpskɛ: morʒɛ]
Mar (m) de Barents	Barentsovo moře (s)	[barɛntsovo morʒɛ]
Mar (m) de Kara	Karské moře (s)	[karskɛ: morʒɛ]
Mar (m) do Norte	Severní moře (s)	[sɛverni: morʒɛ]
Mar (m) Báltico	Baltské moře (s)	[baltskɛ: morʒɛ]
Mar (m) da Noruega	Norské moře (s)	[norskɛ: morʒɛ]

200. Montanhas

montanha (f)	hora (ž)	[hora]
cordilheira (f)	horské pásmo (s)	[horskɛ: pa:smo]
serra (f)	horský hřbet (m)	[horski: hrʒbɛt]
cume (m)	vrchol (m)	[vrxol]
pico (m)	štít (m)	[ʃtiːt]
sopé (m)	úpatí (s)	[u:pati:]
declive (m)	svah (m)	[svax]
vulcão (m)	sopka (ž)	[sopka]
vulcão (m) ativo	činná sopka (ž)	[tʃɪnna: sopka]
vulcão (m) extinto	vyhaslá sopka (ž)	[vɪhasla: sopka]
erupção (f)	výbuch (m)	[vi:bux]
cratera (f)	kráter (m)	[kra:tɛr]
magma (m)	magma (ž)	[magma]
lava (f)	láva (ž)	[la:va]
fundido (lava ~a)	rozžhavený	[rozʒhavɛni:]
desfiladeiro (m)	kaňon (m)	[kanʲon]
garganta (f)	soutěska (ž)	[souteska]
fenda (f)	rozsedlina (ž)	[rozsɛdlɪna]
passo, colo (m)	průsmyk (m)	[pru:smɪk]
planalto (m)	plató (s)	[plato:]
falésia (f)	skála (ž)	[ska:la]
colina (f)	kopec (m)	[kopɛts]
glaciar (m)	ledovec (m)	[lɛdovɛts]
queda (f) d'água	vodopád (m)	[vodopa:t]
géiser (m)	vřídlo (s)	[vrʒi:dlo]
lago (m)	jezero (s)	[jɛzɛro]
planície (f)	rovina (ž)	[rovɪna]
paisagem (f)	krajina (ž)	[krajɪna]
eco (m)	ozvěna (ž)	[ozvena]
alpinista (m)	horolezec (m)	[horolɛzɛts]
escalador (m)	horolezec (m)	[horolɛzɛts]
conquistar (vt)	dobývat	[dobi:vat]
subida, escalada (f)	výstup (m)	[vi:stup]

201. Nomes de montanhas

Alpes (m pl)	**Alpy** (mn)	[alpɪ]
monte Branco (m)	**Mont Blanc** (m)	[monblaŋ]
Pirineus (m pl)	**Pyreneje** (mn)	[pɪrɛnɛjɛ]
Cárpatos (m pl)	**Karpaty** (mn)	[karpatɪ]
montes (m pl) Urais	**Ural** (m)	[ural]
Cáucaso (m)	**Kavkaz** (m)	[kafkaz]
Elbrus (m)	**Elbrus** (m)	[ɛlbrus]
Altai (m)	**Altaj** (m)	[altaj]
Tian Shan (m)	**Ťan-šan** (ž)	[tʲan-ʃan]
Pamir (m)	**Pamír** (m)	[pami:r]
Himalaias (m pl)	**Himaláje** (mn)	[hɪmala:jɛ]
monte (m) Everest	**Mount Everest** (m)	[mount ɛvɛrɛst]
Cordilheira (f) dos Andes	**Andy** (mn)	[andɪ]
Kilimanjaro (m)	**Kilimandžáro** (s)	[kɪlɪmandʒa:ro]

202. Rios

rio (m)	**řeka** (ž)	[rʒɛka]
fonte, nascente (f)	**pramen** (m)	[pramɛn]
leito (m) do rio	**koryto** (s)	[korɪto]
bacia (f)	**povodí** (s)	[povodi:]
desaguar no ...	**vlévat se**	[vlɛ:vat sɛ]
afluente (m)	**přítok** (m)	[prʃi:tok]
margem (do rio)	**břeh** (m)	[brʒɛx]
corrente (f)	**proud** (m)	[prout]
rio abaixo	**po proudu**	[po proudu]
rio acima	**proti proudu**	[protɪ proudu]
inundação (f)	**povodeň** (ž)	[povodɛnʲ]
cheia (f)	**záplava** (ž)	[za:plava]
transbordar (vi)	**rozlévat se**	[rozlɛ:vat sɛ]
inundar (vt)	**zaplavovat**	[zaplavovat]
banco (m) de areia	**mělčina** (ž)	[mnelʧɪna]
rápidos (m pl)	**peřej** (ž)	[pɛrʒɛj]
barragem (f)	**přehrada** (ž)	[prʃɛhrada]
canal (m)	**průplav** (m)	[pru:plaf]
reservatório (m) de água	**vodní nádrž** (ž)	[vodni: na:drʃ]
eclusa (f)	**zdymadlo** (s)	[zdɪmadlo]
corpo (m) de água	**vodojem** (m)	[vodojɛm]
pântano (m)	**bažina** (ž)	[baʒɪna]
tremedal (m)	**slať** (ž)	[slatʲ]
remoinho (m)	**vír** (m)	[vi:r]
arroio, regato (m)	**potok** (m)	[potok]

potável	**pitný**	[pɪtni:]
doce (água)	**sladký**	[slatki:]

gelo (m)	**led** (m)	[lɛt]
congelar-se (vr)	**zamrznout**	[zamrznout]

203. Nomes de rios

rio Sena (m)	**Seina** (ž)	[se:na]
rio Loire (m)	**Loira** (ž)	[loa:ra]

rio Tamisa (m)	**Temže** (ž)	[tɛmʒe]
rio Reno (m)	**Rýn** (m)	[ri:n]
rio Danúbio (m)	**Dunaj** (m)	[dunaj]

rio Volga (m)	**Volha** (ž)	[volha]
rio Don (m)	**Don** (m)	[don]
rio Lena (m)	**Lena** (ž)	[lɛna]

rio Amarelo (m)	**Chuang-chež** (ž)	[xuan-xɛ]
rio Yangtzé (m)	**Jang-c'-ťiang** (ž)	[jang-ʦɛ-tʲang]
rio Mekong (m)	**Mekong** (m)	[mɛkong]
rio Ganges (m)	**Ganga** (ž)	[ganga]

rio Nilo (m)	**Nil** (m)	[nɪl]
rio Congo (m)	**Kongo** (s)	[kongo]
rio Cubango (m)	**Okavango** (s)	[okavango]
rio Zambeze (m)	**Zambezi** (ž)	[zambɛzɪ]
rio Limpopo (m)	**Limpopo** (s)	[lɪmpopo]
rio Mississípi (m)	**Mississippi** (ž)	[mɪsɪsɪpɪ]

204. Floresta

floresta (f), bosque (m)	**les** (m)	[lɛs]
florestal	**lesní**	[lɛsni:]

mata (f) cerrada	**houština** (ž)	[houʃtɪna]
arvoredo (m)	**háj** (m)	[ha:j]
clareira (f)	**mýtina** (ž)	[mi:tɪna]

matagal (m)	**houští** (s)	[houʃti:]
mato (m)	**křoví** (s)	[krʃovi:]

vereda (f)	**stezka** (ž)	[stɛska]
ravina (f)	**rokle** (ž)	[roklɛ]

árvore (f)	**strom** (m)	[strom]
folha (f)	**list** (m)	[lɪst]
folhagem (f)	**listí** (s)	[lɪsti:]

queda (f) das folhas	**padání** (s) **listí**	[pada:ni: lɪsti:]
cair (vi)	**opadávat**	[opada:vat]

topo (m)	vrchol (m)	[vrxol]
ramo (m)	větev (ž)	[vetɛf]
galho (m)	suk (m)	[suk]
botão, rebento (m)	pupen (m)	[pupɛn]
agulha (f)	jehla (ž)	[jɛhla]
pinha (f)	šiška (ž)	[ʃɪʃka]

buraco (m) de árvore	dutina (ž)	[dutɪna]
ninho (m)	hnízdo (s)	[hni:zdo]
toca (f)	doupě (s)	[doupe]

tronco (m)	kmen (m)	[kmɛn]
raiz (f)	kořen (m)	[korʒɛn]
casca (f) de árvore	kůra (ž)	[ku:ra]
musgo (m)	mech (m)	[mɛx]

arrancar pela raiz	klučit	[klutʃɪt]
cortar (vt)	kácet	[ka:ʦɛt]
desflorestar (vt)	odlesnit	[odlesnɪt]
toco, cepo (m)	pařez (m)	[parʒɛz]

fogueira (f)	oheň (m)	[ohɛnʲ]
incêndio (m) florestal	požár (m)	[poʒa:r]
apagar (vt)	hasit	[hasɪt]

guarda-florestal (m)	hajný (m)	[hajni:]
proteção (f)	ochrana (ž)	[oxrana]
proteger (a natureza)	chránit	[xra:nɪt]
caçador (m) furtivo	pytlák (m)	[pɪtla:k]
armadilha (f)	past (ž)	[past]

| colher (cogumelos, bagas) | sbírat | [zbi:rat] |
| perder-se (vr) | zabloudit | [zabloudɪt] |

205. Recursos naturais

recursos (m pl) naturais	přírodní zdroje (m mn)	[prʃi:rodni zdrojɛ]
minerais (m pl)	užitkové nerosty (m mn)	[uʒɪtkovɛ: nɛrostɪ]
depósitos (m pl)	ložisko (s)	[loʒɪsko]
jazida (f)	naleziště (s)	[nalezɪʃte]

extrair (vt)	dobývat	[dobi:vat]
extração (f)	těžba (ž)	[teʒba]
minério (m)	ruda (ž)	[ruda]
mina (f)	důl (m)	[du:l]
poço (m) de mina	šachta (ž)	[ʃaxta]
mineiro (m)	horník (m)	[horni:k]

| gás (m) | plyn (m) | [plɪn] |
| gasoduto (m) | plynovod (m) | [plɪnovot] |

petróleo (m)	ropa (ž)	[ropa]
oleoduto (m)	ropovod (m)	[ropovot]
poço (m) de petróleo	ropová věž (ž)	[ropova: veʃ]

torre (f) petrolífera	vrtná věž (ž)	[vrtna: veʃ]
petroleiro (m)	tanková loď (ž)	[taŋkova: lotʲ]

areia (f)	písek (m)	[pi:sɛk]
calcário (m)	vápenec (m)	[va:pɛnɛts]
cascalho (m)	štěrk (m)	[ʃterk]
turfa (f)	rašelina (ž)	[raʃɛlɪna]
argila (f)	hlína (ž)	[hli:na]
carvão (m)	uhlí (s)	[uhli:]

ferro (m)	železo (s)	[ʒelɛzo]
ouro (m)	zlato (s)	[zlato]
prata (f)	stříbro (s)	[strʃi:bro]
níquel (m)	nikl (m)	[nɪkl]
cobre (m)	měď (ž)	[mnetʲ]

zinco (m)	zinek (m)	[zɪnɛk]
manganês (m)	mangan (m)	[mangan]
mercúrio (m)	rtuť (ž)	[rtutʲ]
chumbo (m)	olovo (s)	[olovo]

mineral (m)	minerál (m)	[mɪnɛra:l]
cristal (m)	krystal (m)	[krɪstal]
mármore (m)	mramor (m)	[mramor]
urânio (m)	uran (m)	[uran]

A Terra. Parte 2

206. Tempo

tempo (m)	**počasí** (s)	[potʃasi:]
previsão (f) do tempo	**předpověď** (ž) **počasí**	[pr̝ɛtpovetʲ potʃasi:]
temperatura (f)	**teplota** (ž)	[tɛplota]
termómetro (m)	**teploměr** (m)	[tɛplomner]
barómetro (m)	**barometr** (m)	[baromɛtr]
humidade (f)	**vlhkost** (ž)	[vlxkost]
calor (m)	**horko** (s)	[horko]
cálido	**horký**	[horki:]
está muito calor	**horko**	[horko]
está calor	**teplo**	[tɛplo]
quente	**teplý**	[tɛpli:]
está frio	**je zima**	[jɛ zɪma]
frio	**studený**	[studɛni:]
sol (m)	**slunce** (s)	[sluntsɛ]
brilhar (vi)	**svítit**	[svi:tɪt]
de sol, ensolarado	**slunečný**	[slunɛtʃni:]
nascer (vi)	**vzejít**	[vzɛji:t]
pôr-se (vr)	**zapadnout**	[zapadnout]
nuvem (f)	**mrak** (m)	[mrak]
nublado	**oblačný**	[oblatʃni:]
nuvem (f) preta	**mračno** (s)	[mratʃno]
escuro, cinzento	**pochmurný**	[poxmurni:]
chuva (f)	**déšť** (m)	[dɛ:ʃtʲ]
está a chover	**prší**	[prʃi:]
chuvoso	**deštivý**	[dɛʃtɪvi:]
chuviscar (vi)	**mrholit**	[mrholɪt]
chuva (f) torrencial	**liják** (m)	[lɪja:k]
chuvada (f)	**liják** (m)	[lɪja:k]
forte (chuva)	**silný**	[sɪlni:]
poça (f)	**kaluž** (ž)	[kaluʃ]
molhar-se (vr)	**moknout**	[moknout]
nevoeiro (m)	**mlha** (ž)	[mlha]
de nevoeiro	**mlhavý**	[mlhavi:]
neve (f)	**sníh** (m)	[sni:x]
está a nevar	**sněží**	[snɛʒi:]

207. Tempo extremo. Catástrofes naturais

trovoada (f)	bouřka (ž)	[bourʃka]
relâmpago (m)	blesk (m)	[blɛsk]
relampejar (vi)	blýskat se	[bli:skat sɛ]
trovão (m)	hřmění (s)	[hrʒmneni:]
trovejar (vi)	hřmít	[hrʒmi:t]
está a trovejar	hřmí	[hrʒmi:]
granizo (m)	kroupy (ž mn)	[kroupɪ]
está a cair granizo	padají kroupy	[padaji: kroupɪ]
inundar (vt)	zaplavit	[zaplavɪt]
inundação (f)	povodeň (ž)	[povodɛnʲ]
terremoto (m)	zemětřesení (s)	[zɛmnetrʃɛsɛni:]
abalo, tremor (m)	otřes (m)	[otrʃɛs]
epicentro (m)	epicentrum (s)	[ɛpɪtsɛntrum]
erupção (f)	výbuch (m)	[vi:bux]
lava (f)	láva (ž)	[la:va]
turbilhão (m)	smršť (ž)	[smrʃtʲ]
tornado (m)	tornádo (s)	[torna:do]
tufão (m)	tajfun (m)	[tajfun]
furacão (m)	hurikán (m)	[hurɪka:n]
tempestade (f)	bouřka (ž)	[bourʃka]
tsunami (m)	tsunami (s)	[tsunamɪ]
ciclone (m)	cyklón (m)	[tsiklo:n]
mau tempo (m)	nečas (m)	[nɛtʃas]
incêndio (m)	požár (m)	[poʒa:r]
catástrofe (f)	katastrofa (ž)	[katastrofa]
meteorito (m)	meteorit (m)	[mɛtɛorɪt]
avalanche (f)	lavina (ž)	[lavɪna]
deslizamento (m) de neve	lavina (ž)	[lavɪna]
nevasca (f)	metelice (ž)	[mɛtɛlɪtsɛ]
tempestade (f) de neve	vánice (ž)	[va:nɪtsɛ]

208. Ruídos. Sons

silêncio (m)	ticho (s)	[tɪxo]
som (m)	zvuk (m)	[zvuk]
ruído, barulho (m)	hluk (m)	[hluk]
fazer barulho	hlučet	[hlutʃɛt]
ruidoso, barulhento	hlučný	[hlutʃni:]
alto (adv)	hlasitě	[hlasɪte]
alto (adj)	hlasitý	[hlasɪti:]
constante (ruído, etc.)	neustálý	[nɛusta:li:]

grito (m)	křik (m)	[krʃɪk]
gritar (vi)	křičet	[krʃɪtʃɛt]
sussurro (m)	šepot (m)	[ʃɛpot]
sussurrar (vt)	šeptat	[ʃɛptat]

| latido (m) | štěkot (m) | [ʃtekot] |
| latir (vi) | štěkat | [ʃtekat] |

gemido (m)	sténání (s)	[stɛ:na:ni:]
gemer (vi)	sténat	[stɛ:nat]
tosse (f)	kašel (m)	[kaʃɛl]
tossir (vi)	kašlat	[kaʃlat]

assobio (m)	hvízdání (s)	[hvi:zda:ni:]
assobiar (vi)	hvízdat	[hvi:zdat]
batida (f)	klepání (s)	[klɛpa:ni:]
bater (vi)	klepat	[klɛpat]

| estalar (vi) | cvrčet | [tsvrtʃɛt] |
| estalido (m) | třesk (m) | [trʃɛsk] |

sirene (f)	houkačka (ž)	[houkatʃka]
apito (m)	houkání (s)	[houka:ni:]
apitar (vi)	hučet	[hutʃɛt]
buzina (f)	houkačka (ž)	[houkatʃka]
buzinar (vi)	houkat	[houkat]

209. Inverno

inverno (m)	zima (ž)	[zɪma]
de inverno	zimní	[zɪmni:]
no inverno	v zimě	[v zɪmne]

neve (f)	sníh (m)	[sni:x]
está a nevar	sněží	[sneʒi:]
queda (f) de neve	sněžení (s)	[sneʒeni:]
amontoado (m) de neve	závěj (ž)	[za:vej]

floco (m) de neve	sněhová vločka (ž)	[snehova: vlotʃka]
bola (f) de neve	sněhová koule (ž)	[snehova: koulɛ]
boneco (m) de neve	sněhulák (m)	[snehula:k]
sincelo (m)	rampouch (m)	[rampoux]

dezembro (m)	prosinec (m)	[prosɪnɛts]
janeiro (m)	leden (m)	[lɛdɛn]
fevereiro (m)	únor (m)	[u:nor]

| gelo (m) | mráz (m) | [mra:z] |
| gelado, glacial | mrazivý | [mrazɪvi:] |

abaixo de zero	pod nulou	[pod nulou]
geada (f)	mrazíky (m mn)	[mrazi:kɪ]
geada (f) branca	jinovatka (ž)	[jɪnovatka]
frio (m)	chlad (m)	[xlat]

está frio	**chladno**	[xladno]
casaco (m) de peles	**kožich** (m)	[koʒɪx]
mitenes (f pl)	**palčáky** (m mn)	[palʧaːkɪ]

adoecer (vi)	**onemocnět**	[onɛmoʦnet]
constipação (f)	**nachlazení** (s)	[naxlazɛniː]
constipar-se (vr)	**nachladit se**	[naxladɪt sɛ]

gelo (m)	**led** (m)	[lɛt]
gelo (m) na estrada	**náledí** (s)	[naːlɛdiː]
congelar-se (vr)	**zamrznout**	[zamrznout]
bloco (m) de gelo	**kra** (ž)	[kra]

esqui (m)	**lyže** (ž mn)	[lɪʒe]
esquiador (m)	**lyžař** (m)	[lɪʒarʃ]
esquiar (vi)	**lyžovat**	[lɪʒovat]
patinar (vi)	**bruslit**	[bruslɪt]

Fauna

210. Mamíferos. Predadores

predador (m)	šelma (ž)	[ʃɛlma]
tigre (m)	tygr (m)	[tɪgr]
leão (m)	lev (m)	[lɛf]
lobo (m)	vlk (m)	[vlk]
raposa (f)	liška (ž)	[lɪʃka]

jaguar (m)	jaguár (m)	[jagua:r]
leopardo (m)	levhart (m)	[lɛvhart]
chita (f)	gepard (m)	[gɛpart]

pantera (f)	panter (m)	[pantɛr]
puma (m)	puma (ž)	[puma]
leopardo-das-neves (m)	pardál (m)	[parda:l]
lince (m)	rys (m)	[rɪs]

coiote (m)	kojot (m)	[kojot]
chacal (m)	šakal (m)	[ʃakal]
hiena (f)	hyena (ž)	[hɪena]

211. Animais selvagens

| animal (m) | zvíře (s) | [zvi:rʒɛ] |
| besta (f) | zvíře (s) | [zvi:rʒɛ] |

esquilo (m)	veverka (ž)	[vɛvɛrka]
ouriço (m)	ježek (m)	[jɛʒek]
lebre (f)	zajíc (m)	[zaji:ts]
coelho (m)	králík (m)	[kra:li:k]

texugo (m)	jezevec (m)	[jɛzɛvɛts]
guaxinim (m)	mýval (m)	[mi:val]
hamster (m)	křeček (m)	[krʃɛtʃɛk]
marmota (f)	svišť (m)	[svɪʃtʲ]

toupeira (f)	krtek (m)	[krtɛk]
rato (m)	myš (ž)	[mɪʃ]
ratazana (f)	krysa (ž)	[krɪsa]
morcego (m)	netopýr (m)	[nɛtopi:r]

arminho (m)	hranostaj (m)	[hranostaj]
zibelina (f)	sobol (m)	[sobol]
marta (f)	kuna (ž)	[kuna]
doninha (f)	lasice (ž)	[lasɪtsɛ]
vison (m)	norek (m)	[norɛk]

| castor (m) | bobr (m) | [bobr] |
| lontra (f) | vydra (ž) | [vɪdra] |

cavalo (m)	kůň (m)	[ku:nʲ]
alce (m)	los (m)	[los]
veado (m)	jelen (m)	[jɛlɛn]
camelo (m)	velbloud (m)	[vɛlblout]

bisão (m)	bizon (m)	[bɪzon]
auroque (m)	zubr (m)	[zubr]
búfalo (m)	buvol (m)	[buvol]

zebra (f)	zebra (ž)	[zɛbra]
antílope (m)	antilopa (ž)	[antɪlopa]
corça (f)	srnka (ž)	[srŋka]
gamo (m)	daněk (m)	[danɛk]
camurça (f)	kamzík (m)	[kamzi:k]
javali (m)	vepř (m)	[vɛprʃ]

baleia (f)	velryba (ž)	[vɛlrɪba]
foca (f)	tuleň (m)	[tulɛnʲ]
morsa (f)	mrož (m)	[mroʃ]
urso-marinho (m)	lachtan (m)	[laxtan]
golfinho (m)	delfín (m)	[dɛlfi:n]

urso (m)	medvěd (m)	[mɛdvet]
urso (m) branco	bílý medvěd (m)	[bi:li: mɛdvet]
panda (m)	panda (ž)	[panda]

macaco (em geral)	opice (ž)	[opɪtsɛ]
chimpanzé (m)	šimpanz (m)	[ʃɪmpanz]
orangotango (m)	orangutan (m)	[orangutan]
gorila (m)	gorila (ž)	[gorɪla]
macaco (m)	makak (m)	[makak]
gibão (m)	gibon (m)	[gɪbon]

elefante (m)	slon (m)	[slon]
rinoceronte (m)	nosorožec (m)	[nosoroʒɛts]
girafa (f)	žirafa (ž)	[ʒɪrafa]
hipopótamo (m)	hroch (m)	[hrox]

| canguru (m) | klokan (m) | [klokan] |
| coala (m) | koala (ž) | [koala] |

mangusto (m)	promyka (ž) indická	[promɪka ɪndɪtska:]
chinchila (m)	činčila (ž)	[tʃɪntʃɪla]
doninha-fedorenta (f)	skunk (m)	[skuŋk]
porco-espinho (m)	dikobraz (m)	[dɪkobras]

212. Animais domésticos

gata (f)	kočka (ž)	[kotʃka]
gato (m) macho	kocour (m)	[kotsour]
cão (m)	pes (m)	[pɛs]

cavalo (m)	kůň (m)	[ku:nʲ]
garanhão (m)	hřebec (m)	[hrʒɛbɛʦ]
égua (f)	kobyla (ž)	[kobɪla]

vaca (f)	kráva (ž)	[kra:va]
touro (m)	býk (m)	[bi:k]
boi (m)	vůl (m)	[vu:l]

ovelha (f)	ovce (ž)	[ovʦɛ]
carneiro (m)	beran (m)	[bɛran]
cabra (f)	koza (ž)	[koza]
bode (m)	kozel (m)	[kozɛl]

| burro (m) | osel (m) | [osɛl] |
| mula (f) | mul (m) | [mul] |

porco (m)	prase (s)	[prasɛ]
leitão (m)	prasátko (s)	[prasa:tko]
coelho (m)	králík (m)	[kra:li:k]

| galinha (f) | slepice (ž) | [slɛpɪʦɛ] |
| galo (m) | kohout (m) | [kohout] |

pata (f)	kachna (ž)	[kaxna]
pato (macho)	kačer (m)	[katʃɛr]
ganso (m)	husa (ž)	[husa]

| peru (m) | krocan (m) | [kroʦan] |
| perua (f) | krůta (ž) | [kru:ta] |

animais (m pl) domésticos	domácí zvířata (s mn)	[doma:ʦi: zvi:rʒata]
domesticado	ochočený	[oxotʃɛni:]
domesticar (vt)	ochočovat	[oxotʃovat]
criar (vt)	chovat	[xovat]

quinta (f)	farma (ž)	[farma]
aves (f pl) domésticas	drůbež (ž)	[dru:bɛʃ]
gado (m)	dobytek (m)	[dobɪtɛk]
rebanho (m), manada (f)	stádo (s)	[sta:do]

estábulo (m)	stáj (ž)	[sta:j]
pocilga (f)	vepřín (m)	[vɛprʃi:n]
estábulo (m)	kravín (m)	[kravi:n]
coelheira (f)	králíkárna (ž)	[kra:li:ka:rna]
galinheiro (m)	kurník (m)	[kurni:k]

213. Cães. Raças de cães

cão (m)	pes (m)	[pɛs]
cão pastor (m)	vlčák (m)	[vltʃa:k]
caniche (m)	pudl (m)	[pudl]
teckel (m)	jezevčík (m)	[ezɛvtʃi:k]
buldogue (m)	buldok (m)	[buldok]
boxer (m)	boxer (m)	[boksɛr]

mastim (m)	mastif (m)	[mastɪf]
rottweiler (m)	rotvajler (m)	[rotvajlɛr]
dobermann (m)	dobrman (m)	[dobrman]

basset (m)	basset (m)	[basɛt]
pastor inglês (m)	bobtail (m)	[bobtɛjl]
dálmata (m)	dalmatin (m)	[dalmatɪn]
cocker spaniel (m)	kokršpaněl (m)	[kokrʃpanel]

| terra-nova (m) | novofoundlandský pes (m) | [novofaundlɛndski: pɛs] |
| são-bernardo (m) | bernardýn (m) | [bɛrnardi:n] |

husky (m)	husky (m)	[haskɪ]
Chow-chow (m)	Čau-čau (m)	[ʧau-ʧau]
spitz alemão (m)	špic (m)	[ʃpɪʦ]
carlindogue (m)	mopsl (m)	[mopsl]

214. Sons produzidos pelos animais

latido (m)	štěkot (m)	[ʃtekot]
latir (vi)	štěkat	[ʃtekat]
miar (vi)	mňoukat	[mnʲoukat]
ronronar (vi)	mručet	[mruʧɛt]

mugir (vaca)	bučet	[buʧɛt]
bramir (touro)	řvát	[rʒvaːt]
rosnar (vi)	vrčet	[vrʧɛt]

uivo (m)	vytí (s)	[vɪtiː]
uivar (vi)	výt	[viːt]
ganir (vi)	skučet	[skuʧɛt]

balir (vi)	blekotat	[blɛkotat]
grunhir (porco)	chrochtat	[xroxtat]
guinchar (vi)	vřískat	[vrʒiːskat]

coaxar (sapo)	kuňkat	[kunʲkat]
zumbir (inseto)	bzučet	[bzuʧɛt]
estridular, ziziar (vi)	cvrčet	[ʦvrʧɛt]

215. Animais jovens

cria (f), filhote (m)	mládě (s)	[mlaːde]
gatinho (m)	kotě (s)	[kote]
ratinho (m)	myší mládě (s)	[mɪʃiː mlaːde]
cãozinho (m)	štěně (s)	[ʃtene]

filhote (m) de lebre	zajíček (m)	[zaiːʧɛk]
coelhinho (m)	králíček (m)	[kraːliːʧɛk]
lobinho (m)	vlče (s)	[vlʧɛ]
raposinho (m)	liščí mládě (s)	[lɪʃʧiː mlaːde]
ursinho (m)	medvídě (s)	[mɛdviːde]

leãozinho (m)	lvíče (s)	[lvi:tʃɛ]
filhote (m) de tigre	tygří mládě (s)	[tɪɡrʒi: mla:de]
filhote (m) de elefante	slůně (s)	[slu:ne]

leitão (m)	prasátko (s)	[prasa:tko]
bezerro (m)	tele (s)	[tɛlɛ]
cabrito (m)	kůzle (s)	[ku:zlɛ]
cordeiro (m)	jehně (s)	[jɛhne]
cria (f) de veado	jelení mládě (s)	[jɛlɛni: mla:de]
cria (f) de camelo	velbloudí mládě (s)	[vɛlbloudi: mla:de]

filhote (m) de serpente	hádě (s)	[ha:de]
cria (f) de rã	žabička (ž)	[ʒabɪtʃka]

cria (f) de ave	ptáče (s)	[pta:tʃɛ]
pinto (m)	kuře (s)	[kurʒɛ]
patinho (m)	kačátko (s)	[katʃa:tko]

216. Pássaros

pássaro (m), ave (f)	pták (m)	[pta:k]
pombo (m)	holub (m)	[holup]
pardal (m)	vrabec (m)	[vrabɛts]
chapim-real (m)	sýkora (ž)	[si:kora]
pega-rabuda (f)	straka (ž)	[straka]

corvo (m)	havran (m)	[havran]
gralha (f) cinzenta	vrána (ž)	[vra:na]
gralha-de-nuca-cinzenta (f)	kavka (ž)	[kafka]
gralha-calva (f)	polní havran (m)	[polni: havran]

pato (m)	kachna (ž)	[kaxna]
ganso (m)	husa (ž)	[husa]
faisão (m)	bažant (m)	[baʒant]

águia (f)	orel (m)	[orɛl]
açor (m)	jestřáb (m)	[jɛstrʃa:p]
falcão (m)	sokol (m)	[sokol]
abutre (m)	sup (m)	[sup]
condor (m)	kondor (m)	[kondor]

cisne (m)	labuť (ž)	[labutʲ]
grou (m)	jeřáb (m)	[jɛrʒa:p]
cegonha (f)	čáp (m)	[tʃa:p]

papagaio (m)	papoušek (m)	[papouʃɛk]
beija-flor (m)	kolibřík (m)	[kolɪbrʒi:k]
pavão (m)	páv (m)	[pa:f]

avestruz (m)	pštros (m)	[pʃtros]
garça (f)	volavka (ž)	[volafka]
flamingo (m)	plameňák (m)	[plamɛnʲa:k]
pelicano (m)	pelikán (m)	[pɛlɪka:n]
rouxinol (m)	slavík (m)	[slavi:k]

andorinha (f)	vlaštovka (ž)	[vlaʃtofka]
tordo-zornal (m)	drozd (m)	[drozt]
tordo-músico (m)	zpěvný drozd (m)	[spevni: drozt]
melro-preto (m)	kos (m)	[kos]

andorinhão (m)	rorejs (m)	[rorɛjs]
cotovia (f)	skřivan (m)	[skrʃɪvan]
codorna (f)	křepel (m)	[krʃɛpɛl]

pica-pau (m)	datel (m)	[datɛl]
cuco (m)	kukačka (ž)	[kukaʧka]
coruja (f)	sova (ž)	[sova]
corujão, bufo (m)	výr (m)	[viːr]
tetraz-grande (m)	tetřev (m) hlušec	[tɛtrʃev hluʃɛts]
tetraz-lira (m)	tetřev (m)	[tɛtrʃɛf]
perdiz-cinzenta (f)	koroptev (ž)	[koroptɛf]

estorninho (m)	špaček (m)	[ʃpaʧɛk]
canário (m)	kanár (m)	[kanaːr]
galinha-do-mato (f)	jeřábek (m)	[jɛrʒaːbɛk]
tentilhão (m)	pěnkava (ž)	[peŋkava]
dom-fafe (m)	hejl (m)	[hɛjl]

gaivota (f)	racek (m)	[ratsɛk]
albatroz (m)	albatros (m)	[albatros]
pinguim (m)	tučňák (m)	[tuʧnʲaːk]

217. Pássaros. Canto e sons

cantar (vi)	zpívat	[spiːvat]
gritar (vi)	křičet	[krʃɪʧɛt]
cantar (o galo)	kokrhat	[kokrhat]
cocorocó (m)	kykyryký	[kɪkɪrɪkiː]

cacarejar (vi)	kdákat	[gdaːkat]
crocitar (vi)	krákat	[kraːkat]
grasnar (vi)	káchat	[kaːxat]
piar (vi)	kvičet	[kvɪʧɛt]
chilrear, gorjear (vi)	cvrlikat	[tsvrlɪkat]

218. Peixes. Animais marinhos

brema (f)	cejn (m)	[tsɛjn]
carpa (f)	kapr (m)	[kapr]
perca (f)	okoun (m)	[okoun]
siluro (m)	sumec (m)	[sumɛts]
lúcio (m)	štika (ž)	[ʃtɪka]

salmão (m)	losos (m)	[losos]
esturjão (m)	jeseter (m)	[jɛsɛtɛr]
arenque (m)	sleď (ž)	[slɛtʲ]
salmão (m)	losos (m)	[losos]

cavala, sarda (f)	**makrela** (ž)	[makrɛla]
solha (f)	**platýs** (m)	[plati:s]

lúcio perca (m)	**candát** (m)	[ʦandɑ:t]
bacalhau (m)	**treska** (ž)	[trɛska]
atum (m)	**tuňák** (m)	[tunʲaːk]
truta (f)	**pstruh** (m)	[pstrux]

enguia (f)	**úhoř** (m)	[uːhorʃ]
raia elétrica (f)	**rejnok** (m) **elektrický**	[rɛjnok ɛlɛktrɪʦki:]
moreia (f)	**muréna** (ž)	[murɛːna]
piranha (f)	**piraňa** (ž)	[pɪranʲja]

tubarão (m)	**žralok** (m)	[ʒralok]
golfinho (m)	**delfín** (m)	[dɛlfiːn]
baleia (f)	**velryba** (ž)	[vɛlrɪba]

caranguejo (m)	**krab** (m)	[krap]
medusa, alforreca (f)	**medúza** (ž)	[mɛduːza]
polvo (m)	**chobotnice** (ž)	[xobotnɪʦɛ]

estrela-do-mar (f)	**hvězdice** (ž)	[hvezdɪʦɛ]
ouriço-do-mar (m)	**ježovka** (ž)	[jɛʒofka]
cavalo-marinho (m)	**mořský koníček** (m)	[morʃski: koni:ʧɛk]

ostra (f)	**ústřice** (ž)	[uːstrʃɪʦɛ]
camarão (m)	**kreveta** (ž)	[krɛvɛta]
lavagante (m)	**humr** (m)	[humr]
lagosta (f)	**langusta** (ž)	[langusta]

219. Amfíbios. Répteis

serpente, cobra (f)	**had** (m)	[hat]
venenoso	**jedovatý**	[jɛdovati:]

víbora (f)	**zmije** (ž)	[zmɪjɛ]
cobra-capelo, naja (f)	**kobra** (ž)	[kobra]
pitão (m)	**krajta** (ž)	[krajta]
jiboia (f)	**hroznýš** (m)	[hrozni:ʃ]
cobra-de-água (f)	**užovka** (ž)	[uʒofka]
cascavel (f)	**chřestýš** (m)	[xrʃɛsti:ʃ]
anaconda (f)	**anakonda** (ž)	[anakonda]

lagarto (m)	**ještěrka** (ž)	[jɛʃterka]
iguana (f)	**leguán** (m)	[lɛguaːn]
varano (m)	**varan** (m)	[varan]
salamandra (f)	**mlok** (m)	[mlok]
camaleão (m)	**chameleón** (m)	[xamɛlɛoːn]
escorpião (m)	**štír** (m)	[ʃtiːr]

tartaruga (f)	**želva** (ž)	[ʒelva]
rã (f)	**žába** (ž)	[ʒaːba]
sapo (m)	**ropucha** (ž)	[ropuxa]
crocodilo (m)	**krokodýl** (m)	[krokodiːl]

220. Insetos

inseto (m)	hmyz (m)	[hmɪz]
borboleta (f)	motýl (m)	[moti:l]
formiga (f)	mravenec (m)	[mravɛnɛts]
mosca (f)	moucha (ž)	[mouxa]
mosquito (m)	komár (m)	[koma:r]
escaravelho (m)	brouk (m)	[brouk]
vespa (f)	vosa (ž)	[vosa]
abelha (f)	včela (ž)	[vtʃɛla]
mamangava (f)	čmelák (m)	[tʃmɛla:k]
moscardo (m)	střeček (m)	[strʃɛtʃɛk]
aranha (f)	pavouk (m)	[pavouk]
teia (f) de aranha	pavučina (ž)	[pavutʃɪna]
libélula (f)	vážka (ž)	[va:ʃka]
gafanhoto-do-campo (m)	kobylka (ž)	[kobɪlka]
traça (f)	motýl (m)	[moti:l]
barata (f)	šváb (m)	[ʃva:p]
carraça (f)	klíště (s)	[kli:ʃte]
pulga (f)	blecha (ž)	[blɛxa]
borrachudo (m)	muška (ž)	[muʃka]
gafanhoto (m)	saranče (ž)	[sarantʃɛ]
caracol (m)	hlemýžď (m)	[hlɛmi:ʒtʲ]
grilo (m)	cvrček (m)	[tsvrtʃɛk]
pirilampo (m)	svatojánská muška (ž)	[svatoja:nska: muʃka]
joaninha (f)	slunéčko (s) sedmitečné	[slunɛ:tʃko sɛdmɪtɛtʃnɛ:]
besouro (m)	chroust (m)	[xroust]
sanguessuga (f)	piavice (ž)	[pɪavɪtsɛ]
lagarta (f)	housenka (ž)	[housɛŋka]
minhoca (f)	červ (m)	[tʃɛrf]
larva (f)	larva (ž)	[larva]

221. Animais. Partes do corpo

bico (m)	zobák (m)	[zoba:k]
asas (f pl)	křídla (s mn)	[krʃi:dla]
pata (f)	běhák (m)	[bɛha:k]
plumagem (f)	opeření (s)	[opɛrʒɛni:]
pena, pluma (f)	pero (s)	[pɛro]
crista (f)	chochol (m)	[xoxol]
brânquias, guelras (f pl)	žábry (ž mn)	[ʒa:brɪ]
ovas (f pl)	jikry (ž mn)	[jɪkrɪ]
larva (f)	larva (ž)	[larva]
barbatana (f)	ploutev (ž)	[ploutɛf]
escama (f)	šupiny (ž mn)	[ʃupɪnɪ]
canino (m)	kel (m)	[kɛl]

pata (f)	tlapa (ž)	[tlapa]
focinho (m)	čumák (m)	[tʃumaːk]
boca (f)	tlama (ž)	[tlama]
cauda (f), rabo (m)	ocas (m)	[otsas]
bigodes (m pl)	vousy (m mn)	[vousɪ]

| casco (m) | kopyto (s) | [kopɪto] |
| corno (m) | roh (m) | [rox] |

carapaça (f)	krunýř (m)	[kruniːrʃ]
concha (f)	škeble (ž)	[ʃkɛblɛ]
casca (f) de ovo	skořápka (ž)	[skorʒaːpka]

| pelo (m) | srst (ž) | [srst] |
| pele (f), couro (m) | kůže (ž) | [kuːʒe] |

222. Ações dos animais

voar (vi)	létat	[lɛːtat]
dar voltas	kroužit	[krouʒɪt]
voar (para longe)	odletět	[odlɛtet]
bater as asas	mávat	[maːvat]

bicar (vi)	zobat	[zobat]
incubar (vt)	sedět na vejcích	[sɛdet na vɛjtsiːx]
sair do ovo	vyklubávat se	[vɪklubaːvat sɛ]
fazer o ninho	hnízdit	[hniːzdɪt]

rastejar (vi)	plazit se	[plazɪt sɛ]
picar (vt)	štípat	[ʃtiːpat]
morder (vt)	kousat	[kousat]

cheirar (vt)	čenichat	[tʃɛnɪxat]
latir (vi)	štěkat	[ʃtekat]
silvar (vi)	syčet	[sɪtʃɛt]
assustar (vt)	strašit	[straʃɪt]
atacar (vt)	útočit	[uːtotʃɪt]

roer (vt)	hryzat	[hrɪzat]
arranhar (vt)	škrábat	[ʃkraːbat]
esconder-se (vr)	schovávat se	[sxovaːvat sɛ]

brincar (vi)	hrát si	[hraːt sɪ]
caçar (vi)	lovit	[lovɪt]
hibernar (vi)	být v spánku	[biːt v spaːŋku]
extinguir-se (vr)	vymřít	[vɪmrʒiːt]

223. Animais. Habitats

hábitat	životní prostředí (s)	[ʒɪvotniː prostrʃɛdiː]
migração (f)	stěhování (s)	[stehovaːniː]
montanha (f)	hora (ž)	[hora]

recife (m)	**útes** (m)	[u:tɛs]
falésia (f)	**skála** (ž)	[ska:la]

floresta (f)	**les** (m)	[lɛs]
selva (f)	**džungle** (ž)	[dʒunglɛ]
savana (f)	**savana** (ž)	[savana]
tundra (f)	**tundra** (ž)	[tundra]

estepe (f)	**step** (ž)	[stɛp]
deserto (m)	**poušť** (ž)	[pouʃtʲ]
oásis (m)	**oáza** (ž)	[oa:za]

mar (m)	**moře** (s)	[morʒɛ]
lago (m)	**jezero** (s)	[jɛzɛro]
oceano (m)	**oceán** (m)	[otsɛa:n]

pântano (m)	**bažina** (ž)	[baʒɪna]
de água doce	**sladkovodní**	[slatkovodni:]
lagoa (f)	**rybník** (m)	[rɪbni:k]
rio (m)	**řeka** (ž)	[rʒɛka]

toca (f) do urso	**brloh** (m)	[brlox]
ninho (m)	**hnízdo** (s)	[hni:zdo]
buraco (m) de árvore	**dutina** (ž)	[dutɪna]
toca (f)	**doupě** (s)	[doupe]
formigueiro (m)	**mraveniště** (s)	[mravɛnɪʃte]

224. Cuidados com os animais

jardim (m) zoológico	**zoologická zahrada** (ž)	[zoologɪtska: zahrada]
reserva (f) natural	**přírodní rezervace** (ž)	[prʃi:rodni: rɛzɛrvatsɛ]

viveiro (m)	**obora** (ž)	[obora]
jaula (f) de ar livre	**voliéra** (ž)	[volɪe:ra]
jaula, gaiola (f)	**klec** (ž)	[klɛts]
casinha (f) de cão	**bouda** (ž)	[bouda]

pombal (m)	**holubník** (m)	[holubni:k]
aquário (m)	**akvárium** (s)	[akva:rɪum]
delfinário (m)	**delfinárium** (s)	[dɛlfɪna:rum]

criar (vt)	**chovat**	[xovat]
ninhada (f)	**potomstvo** (s)	[potomstvo]
domesticar (vt)	**ochočovat**	[oxotʃovat]
adestrar (vt)	**cvičit**	[tsvɪtʃɪt]

ração (f)	**krmivo** (s)	[krmɪvo]
alimentar (vt)	**krmit**	[krmɪt]

loja (f) de animais	**obchod** (m) **se zvířaty**	[obxot sɛ zvi:rʒatɪ]
açaime (m)	**košík** (m)	[koʃi:k]
coleira (f)	**obojek** (m)	[obojɛk]
nome (m)	**jméno** (s)	[jmɛ:no]
pedigree (m)	**rodokmen** (m)	[rodokmɛn]

225. Animais. Diversos

alcateia (f)	smečka (ž)	[smɛʧka]
bando (pássaros)	hejno (s)	[hɛjno]
cardume (peixes)	hejno (s)	[hɛjno]
manada (cavalos)	stádo (s)	[sta:do]
macho (m)	samec (m)	[samɛʦ]
fêmea (f)	samice (ž)	[samɪʦɛ]
faminto	hladový	[hladovi:]
selvagem	divoký	[dɪvoki:]
perigoso	nebezpečný	[nɛbɛzpɛʧni:]

226. Cavalos

cavalo (m)	kůň (m)	[ku:nʲ]
raça (f)	plemeno (s)	[plɛmɛno]
potro (m)	hříbě (s)	[hrʒi:be]
égua (f)	kobyla (ž)	[kobɪla]
mustangue (m)	mustang (m)	[mustaŋg]
pónei (m)	pony (m)	[ponɪ]
cavalo (m) de tiro	tahoun (m)	[tahoun]
crina (f)	hříva (ž)	[hrʒi:va]
cauda (f)	ocas (m)	[oʦas]
casco (m)	kopyto (s)	[kopɪto]
ferradura (f)	podkova (ž)	[potkova]
ferrar (vt)	okovat	[okovat]
ferreiro (m)	kovář (m)	[kova:rʃ]
sela (f)	sedlo (s)	[sɛdlo]
estribo (m)	třmen (m)	[trʃmɛn]
brida (f)	uzda (ž)	[uzda]
rédeas (f pl)	opratě (ž mn)	[oprate]
chicote (m)	bičík (m)	[bɪʧi:k]
cavaleiro (m)	jezdec (m)	[jɛzdɛʦ]
colocar sela	osedlat	[osɛdlat]
montar no cavalo	vsednout	[vsɛdnout]
galope (m)	cval (m)	[ʦval]
galopar (vi)	jet cvalem	[jɛt ʦvalɛm]
trote (m)	klus (m)	[klus]
a trote	klusem	[klusɛm]
cavalo (m) de corrida	dostihový kůň (m)	[dostɪhovi: ku:nʲ]
corridas (f pl)	dostihy (m mn)	[dostɪhɪ]
estábulo (m)	stáj (ž)	[sta:j]
alimentar (vt)	krmit	[krmɪt]

feno (m)	seno (s)	[sɛno]
dar água	napájet	[napa:jɛt]
limpar (vt)	hřebelcovat	[hrʒɛbɛltsovat]

pastar (vi)	pást se	[pa:st sɛ]
relinchar (vi)	řehtat	[rʒɛxtat]
dar um coice	kopnout	[kopnout]

Flora

227. Árvores

árvore (f)	**strom** (m)	[strom]
decídua	**listnatý**	[lɪstnati:]
conífera	**jehličnatý**	[jɛhlɪtʃnati:]
perene	**stálezelená**	[sta:lɛzɛlɛna:]
macieira (f)	**jabloň** (ž)	[jablonʲ]
pereira (f)	**hruška** (ž)	[hruʃka]
cerejeira (f)	**třešně** (ž)	[trʃɛʃne]
ginjeira (f)	**višně** (ž)	[vɪʃne]
ameixeira (f)	**švestka** (ž)	[ʃvɛstka]
bétula (f)	**bříza** (ž)	[brʒi:za]
carvalho (m)	**dub** (m)	[dup]
tília (f)	**lípa** (ž)	[li:pa]
choupo-tremedor (m)	**osika** (ž)	[osɪka]
bordo (m)	**javor** (m)	[javor]
espruce-europeu (m)	**smrk** (m)	[smrk]
pinheiro (m)	**borovice** (ž)	[borovɪtsɛ]
alerce, lariço (m)	**modřín** (m)	[modrʒi:n]
abeto (m)	**jedle** (ž)	[jɛdlɛ]
cedro (m)	**cedr** (m)	[tsɛdr]
choupo, álamo (m)	**topol** (m)	[topol]
tramazeira (f)	**jeřáb** (m)	[jɛrʒa:p]
salgueiro (m)	**jíva** (ž)	[ji:va]
amieiro (m)	**olše** (ž)	[olʃɛ]
faia (f)	**buk** (m)	[buk]
ulmeiro (m)	**jilm** (m)	[jɪlm]
freixo (m)	**jasan** (m)	[jasan]
castanheiro (m)	**kaštan** (m)	[kaʃtan]
magnólia (f)	**magnólie** (ž)	[magno:lɪe]
palmeira (f)	**palma** (ž)	[palma]
cipreste (m)	**cypřiš** (m)	[tsɪprʃɪʃ]
mangue (m)	**mangróvie** (ž)	[mangro:vɪe]
embondeiro, baobá (m)	**baobab** (m)	[baobap]
eucalipto (m)	**eukalypt** (m)	[ɛukalɪpt]
sequoia (f)	**sekvoje** (ž)	[sɛkvojɛ]

228. Arbustos

arbusto (m)	**keř** (m)	[kɛrʃ]
arbusto (m), moita (f)	**křoví** (s)	[krʃovi:]

| videira (f) | vinná réva (s) | [vɪnna: re:va] |
| vinhedo (m) | vinice (ž) | [vɪnɪtsɛ] |

framboeseira (f)	maliny (ž mn)	[malɪnɪ]
groselheira-vermelha (f)	červený rybíz (m)	[tʃɛrvɛni: rɪbi:z]
groselheira (f) espinhosa	angrešt (m)	[angrɛʃt]

acácia (f)	akácie (ž)	[aka:tsɪe]
bérberis (f)	dřišťál (m)	[drʒɪʃťa:l]
jasmim (m)	jasmín (m)	[jasmi:n]

junípero (m)	jalovec (m)	[jalovɛts]
roseira (f)	růžový keř (m)	[ru:ʒovi: kɛrʃ]
roseira (f) brava	šípek (m)	[ʃi:pɛk]

229. Cogumelos

cogumelo (m)	houba (ž)	[houba]
cogumelo (m) comestível	jedlá houba (ž)	[jɛdla: houba]
cogumelo (m) venenoso	jedovatá houba (ž)	[jɛdovata: houba]
chapéu (m)	klobouk (m)	[klobouk]
pé, caule (m)	nožička (ž)	[noʒɪtʃka]

boleto (m)	hřib (m)	[hrʒɪp]
boleto (m) alaranjado	křemenáč (m)	[krʃɛmɛna:tʃ]
míscaro (m) das bétulas	kozák (m)	[koza:k]
cantarela (f)	liška (ž)	[lɪʃka]
rússula (f)	holubinka (ž)	[holubɪŋka]

morchella (f)	smrž (m)	[smrʃ]
agário-das-moscas (m)	muchomůrka (ž) červená	[muxomu:rka tʃɛrvɛna:]
cicuta (f) verde	prašivka (ž)	[praʃɪfka]

230. Frutos. Bagas

maçã (f)	jablko (s)	[jablko]
pera (f)	hruška (ž)	[hruʃka]
ameixa (f)	švestka (ž)	[ʃvɛstka]

morango (m)	zahradní jahody (ž mn)	[zahradni: jahodɪ]
ginja (f)	višně (ž)	[vɪʃne]
cereja (f)	třešně (ž mn)	[trʃɛʃne]
uva (f)	hroznové víno (s)	[hroznovɛ: vi:no]

framboesa (f)	maliny (ž mn)	[malɪnɪ]
groselha (f) preta	černý rybíz (m)	[tʃɛrni: rɪbi:z]
groselha (f) vermelha	červený rybíz (m)	[tʃɛrvɛni: rɪbi:z]
groselha (f) espinhosa	angrešt (m)	[angrɛʃt]
oxicoco (m)	klikva (ž)	[klɪkva]

| laranja (f) | pomeranč (m) | [pomɛrantʃ] |
| tangerina (f) | mandarinka (ž) | [mandarɪŋka] |

ananás (m)	ananas (m)	[ananas]
banana (f)	banán (m)	[bana:n]
tâmara (f)	datle (ž)	[datlɛ]

limão (m)	citrón (m)	[tsɪtro:n]
damasco (m)	meruňka (ž)	[mɛrunʲka]
pêssego (m)	broskev (ž)	[broskɛf]
kiwi (m)	kiwi (s)	[kɪvɪ]
toranja (f)	grapefruit (m)	[grɛjpfru:t]

baga (f)	bobule (ž)	[bobulɛ]
bagas (f pl)	bobule (ž mn)	[bobulɛ]
arando (m) vermelho	brusinky (ž mn)	[brusɪŋkɪ]
morango-silvestre (m)	jahody (ž mn)	[jahodɪ]
mirtilo (m)	borůvky (ž mn)	[boru:fkɪ]

231. Flores. Plantas

| flor (f) | květina (ž) | [kvetɪna] |
| ramo (m) de flores | kytice (ž) | [kɪtɪtsɛ] |

rosa (f)	růže (ž)	[ru:ʒe]
tulipa (f)	tulipán (m)	[tulɪpa:n]
cravo (m)	karafiát (m)	[karafɪa:t]
gladíolo (m)	mečík (m)	[mɛtʃi:k]

centáurea (f)	chrpa (ž)	[xrpa]
campânula (f)	zvoneček (m)	[zvonɛtʃɛk]
dente-de-leão (m)	pampeliška (ž)	[pampɛlɪʃka]
camomila (f)	heřmánek (m)	[hɛrʒma:nɛk]

aloé (m)	aloe (s)	[aloɛ]
cato (m)	kaktus (m)	[kaktus]
fícus (m)	fíkus (m)	[fi:kus]

lírio (m)	lilie (ž)	[lɪlɪe]
gerânio (m)	geránie (ž)	[gera:nɪe]
jacinto (m)	hyacint (m)	[hɪatsɪnt]

mimosa (f)	citlivka (ž)	[tsɪtlɪfka]
narciso (m)	narcis (m)	[nartsɪs]
capuchinha (f)	potočnice (ž)	[pototʃnɪtsɛ]

orquídea (f)	orchidej (ž)	[orxɪdɛj]
peónia (f)	pivoňka (ž)	[pɪvonʲka]
violeta (f)	fialka (ž)	[fɪalka]

amor-perfeito (m)	maceška (ž)	[matsɛʃka]
não-me-esqueças (m)	pomněnka (ž)	[pomneŋka]
margarida (f)	sedmikráska (ž)	[sɛdmɪkra:ska]

papoula (f)	mák (m)	[ma:k]
cânhamo (m)	konopě (ž)	[konope]
hortelã (f)	máta (ž)	[ma:ta]

| lírio-do-vale (m) | konvalinka (ž) | [konvalɪŋka] |
| campânula-branca (f) | sněženka (ž) | [sneʒeŋka] |

urtiga (f)	kopřiva (ž)	[koprʃɪva]
azeda (f)	šťovík (m)	[ʃtʲoviːk]
nenúfar (m)	leknín (m)	[lɛkniːn]
feto (m), samambaia (f)	kapradí (s)	[kapradiː]
líquen (m)	lišejník (m)	[lɪʃɛjniːk]

estufa (f)	oranžérie (ž)	[oranʒeːrɪe]
relvado (m)	trávník (m)	[traːvniːk]
canteiro (m) de flores	květinový záhonek (m)	[kvetɪnoviː zaːhonɛk]

planta (f)	rostlina (ž)	[rostlɪna]
erva (f)	tráva (ž)	[traːva]
folha (f) de erva	stéblo (s) trávy	[stɛːblo traːvɪ]

folha (f)	list (m)	[lɪst]
pétala (f)	okvětní lístek (m)	[okvetni liːstɛk]
talo (m)	stéblo (s)	[stɛːblo]
tubérculo (m)	hlíza (ž)	[hliːza]

| broto, rebento (m) | výhonek (m) | [viːhonɛk] |
| espinho (m) | osten (m) | [ostɛn] |

florescer (vi)	kvést	[kvɛːst]
murchar (vi)	vadnout	[vadnout]
cheiro (m)	vůně (ž)	[vuːne]
cortar (flores)	uříznout	[urʒiːznout]
colher (uma flor)	utrhnout	[utrhnout]

232. Cereais, grãos

grão (m)	obilí (s)	[obɪliː]
cereais (plantas)	obilniny (ž mn)	[obɪlnɪnɪ]
espiga (f)	klas (m)	[klas]

trigo (m)	pšenice (ž)	[pʃenɪtsɛ]
centeio (m)	žito (s)	[ʒɪto]
aveia (f)	oves (m)	[ovɛs]

| milho-miúdo (m) | jáhly (ž mn) | [jaːhlɪ] |
| cevada (f) | ječmen (m) | [jɛtʃmɛn] |

milho (m)	kukuřice (ž)	[kukurʒɪtsɛ]
arroz (m)	rýže (ž)	[riːʒe]
trigo-sarraceno (m)	pohanka (ž)	[pohaŋka]

| ervilha (f) | hrách (m) | [hraːx] |
| feijão (m) | fazole (ž) | [fazolɛ] |

soja (f)	sója (ž)	[soːja]
lentilha (f)	čočka (ž)	[tʃotʃka]
fava (f)	boby (m mn)	[bobɪ]

233. Vegetais. Verduras

| legumes (m pl) | zelenina (ž) | [zɛlɛnɪna] |
| verduras (f pl) | zelenina (ž) | [zɛlɛnɪna] |

tomate (m)	rajské jablíčko (s)	[rajskɛ: jabli:ʧko]
pepino (m)	okurka (ž)	[okurka]
cenoura (f)	mrkev (ž)	[mrkɛf]
batata (f)	brambory (ž mn)	[bramborɪ]
cebola (f)	cibule (ž)	[ʦɪbulɛ]
alho (m)	česnek (m)	[ʧɛsnɛk]

couve (f)	zelí (s)	[zɛli:]
couve-flor (f)	květák (m)	[kveta:k]
couve-de-bruxelas (f)	růžičková kapusta (ž)	[ru:ʒɪʧkova: kapusta]

beterraba (f)	červená řepa (ž)	[ʧɛrvena: rʒɛpa]
beringela (f)	lilek (m)	[lɪlɛk]
curgete (f)	cukina, cuketa (ž)	[ʦukɪna], [ʦuketa]
abóbora (f)	tykev (ž)	[tɪkɛf]
nabo (m)	vodní řepa (ž)	[vodni: rʒɛpa]

salsa (f)	petržel (ž)	[pɛtrʒel]
funcho, endro (m)	kopr (m)	[kopr]
alface (f)	salát (m)	[sala:t]
aipo (m)	celer (m)	[ʦɛlɛr]
espargo (m)	chřest (m)	[xrʃɛst]
espinafre (m)	špenát (m)	[ʃpɛna:t]

ervilha (f)	hrách (m)	[hra:x]
fava (f)	boby (m mn)	[bobɪ]
milho (m)	kukuřice (ž)	[kukurʒɪʦɛ]
feijão (m)	fazole (ž)	[fazolɛ]

pimentão (m)	pepř (m)	[pɛprʃ]
rabanete (m)	ředkvička (ž)	[rʒɛtkvɪʧka]
alcachofra (f)	artyčok (m)	[artɪʧok]

GEOGRAFIA REGIONAL

Países. Nacionalidades

234. Europa Ocidental

Europa (f)	Evropa (ž)	[ɛvropa]
União (f) Europeia	Evropská unie (ž)	[ɛuropska: unɪe]
europeu (m)	Evropan (m)	[ɛvropan]
europeu	evropský	[ɛvropski:]

Áustria (f)	Rakousko (s)	[rakousko]
austríaco (m)	Rakušan (m)	[rakuʃan]
austríaca (f)	Rakušanka (ž)	[rakuʃaŋka]
austríaco	rakouský	[rakouski:]

Grã-Bretanha (f)	Velká Británie (ž)	[vɛlka: brɪta:nɪe]
Inglaterra (f)	Anglie (ž)	[anglɪe]
inglês (m)	Angličan (m)	[anglɪtʃan]
inglesa (f)	Angličanka (ž)	[anglɪtʃanka]
inglês	anglický	[anglɪtski:]

Bélgica (f)	Belgie (ž)	[bɛlgɪe]
belga (m)	Belgičan (m)	[bɛlgɪtʃan]
belga (f)	Belgičanka (ž)	[bɛlgɪtʃaŋka]
belga	belgický	[bɛlgɪtski:]

Alemanha (f)	Německo (s)	[nemɛtsko]
alemão (m)	Němec (m)	[nemɛts]
alemã (f)	Němka (ž)	[nemka]
alemão	německý	[nemɛtski:]

Países (m pl) Baixos	Nizozemí (s)	[nɪzozɛmi:]
Holanda (f)	Holandsko (s)	[holandsko]
holandês (m)	Holanďan (m)	[holandʲan]
holandesa (f)	Holanďanka (ž)	[holandʲaŋka]
holandês	holandský	[holandski:]

Grécia (f)	Řecko (s)	[rʒɛtsko]
grego (m)	Řek (m)	[rʒɛk]
grega (f)	Řekyně (ž)	[rʒɛkɪne]
grego	řecký	[rʒɛtski:]

Dinamarca (f)	Dánsko (s)	[da:nsko]
dinamarquês (m)	Dán (m)	[da:n]
dinamarquesa (f)	Dánka (ž)	[da:ŋka]
dinamarquês	dánský	[da:nski:]
Irlanda (f)	Irsko (s)	[ɪrsko]
irlandês (m)	Ir (m)	[ɪr]

| irlandesa (f) | **Irka** (ž) | [ɪrka] |
| irlandês | **irský** | [ɪrski:] |

Islândia (f)	**Island** (m)	[ɪslant]
islandês (m)	**Islanďan** (m)	[ɪslandʲan]
islandesa (f)	**Islanďanka** (ž)	[ɪslandʲaŋka]
islandês	**islandský**	[ɪslantski:]

Espanha (f)	**Španělsko** (s)	[ʃpanelsko]
espanhol (m)	**Španěl** (m)	[ʃpanel]
espanhola (f)	**Španělka** (ž)	[ʃpanelka]
espanhol	**španělský**	[ʃpanelski:]

Itália (f)	**Itálie** (ž)	[ɪta:lɪe]
italiano (m)	**Ital** (m)	[ɪtal]
italiana (f)	**Italka** (ž)	[ɪtalka]
italiano	**italský**	[ɪtalski:]

Chipre (m)	**Kypr** (m)	[kɪpr]
cipriota (m)	**Kypřan** (m)	[kɪprʃan]
cipriota (f)	**Kypřanka** (ž)	[kɪprʃaŋka]
cipriota	**kyperský**	[kɪpɛrski:]

Malta (f)	**Malta** (ž)	[malta]
maltês (m)	**Malťan** (m)	[maltʲan]
maltesa (f)	**Malťanka** (ž)	[maltʲaŋka]
maltês	**maltský**	[maltski:]

Noruega (f)	**Norsko** (s)	[norsko]
norueguês (m)	**Nor** (m)	[nor]
norueguesa (f)	**Norka** (ž)	[norka]
norueguês	**norský**	[norski:]

Portugal (m)	**Portugalsko** (s)	[portugalsko]
português (m)	**Portugalec** (m)	[portugalɛts]
portuguesa (f)	**Portugalka** (ž)	[portugalka]
português	**portugalský**	[portugalski:]

Finlândia (f)	**Finsko** (s)	[fɪnsko]
finlandês (m)	**Fin** (m)	[fɪn]
finlandesa (f)	**Finka** (ž)	[fɪŋka]
finlandês	**finský**	[fɪnski:]

França (f)	**Francie** (ž)	[frantsɪe]
francês (m)	**Francouz** (m)	[frantsous]
francesa (f)	**Francouzka** (ž)	[frantsouska]
francês	**francouzský**	[frantsouski:]

Suécia (f)	**Švédsko** (s)	[ʃvɛ:tsko]
sueco (m)	**Švéd** (m)	[ʃvɛ:t]
sueca (f)	**Švédka** (ž)	[ʃvɛ:tka]
sueco	**švédský**	[ʃvɛ:dski:]

Suíça (f)	**Švýcarsko** (s)	[ʃvi:tsarsko]
suíço (m)	**Švýcar** (m)	[ʃvi:tsar]
suíça (f)	**Švýcarka** (ž)	[ʃvi:tsarka]

suíço	švýcarský	[ʃviːʦarskiː]
Escócia (f)	Skotsko (s)	[skotsko]
escocês (m)	Skot (m)	[skot]
escocesa (f)	Skotka (ž)	[skotka]
escocês	skotský	[skotskiː]
Vaticano (m)	Vatikán (m)	[vatɪkaːn]
Liechtenstein (m)	Lichtenštejnsko (s)	[lɪxtɛnʃtɛjnsko]
Luxemburgo (m)	Lucembursko (s)	[luʦɛmbursko]
Mónaco (m)	Monako (s)	[monako]

235. Europa Central e de Leste

Albânia (f)	Albánie (ž)	[albaːnɪe]
albanês (m)	Albánec (m)	[albaːnɛʦ]
albanesa (f)	Albánka (ž)	[albaːŋka]
albanês	albánský	[albaːnskiː]
Bulgária (f)	Bulharsko (s)	[bulharsko]
búlgaro (m)	Bulhar (m)	[bulhar]
búlgara (f)	Bulharka (ž)	[bulharka]
búlgaro	bulharský	[bulharskiː]
Hungria (f)	Maďarsko (s)	[madʲarsko]
húngaro (m)	Maďar (m)	[madʲar]
húngara (f)	Maďarka (ž)	[madʲarka]
húngaro	maďarský	[madʲarskiː]
Letónia (f)	Lotyšsko (s)	[lotɪʃsko]
letão (m)	Lotyš (m)	[lotɪʃ]
letã (f)	Lotyška (ž)	[lotɪʃka]
letão	lotyšský	[lotɪʃskiː]
Lituânia (f)	Litva (ž)	[lɪtva]
lituano (m)	Litevec (m)	[lɪtɛvɛʦ]
lituana (f)	Litevka (ž)	[lɪtɛfka]
lituano	litevský	[lɪtɛvskiː]
Polónia (f)	Polsko (s)	[polsko]
polaco (m)	Polák (m)	[polaːk]
polaca (f)	Polka (ž)	[polka]
polaco	polský	[polskiː]
Roménia (f)	Rumunsko (s)	[rumunsko]
romeno (m)	Rumun (m)	[rumun]
romena (f)	Rumunka (ž)	[rumuŋka]
romeno	rumunský	[rumunskiː]
Sérvia (f)	Srbsko (s)	[srpsko]
sérvio (m)	Srb (m)	[srp]
sérvia (f)	Srbka (ž)	[srpka]
sérvio	srbský	[srpskiː]
Eslováquia (f)	Slovensko (s)	[slovɛnsko]
eslovaco (m)	Slovák (m)	[slovaːk]

| eslovaca (f) | Slovenka (ž) | [slovɛŋka] |
| eslovaco | slovenský | [slovɛnski:] |

Croácia (f)	Chorvatsko (s)	[xorvatsko]
croata (m)	Chorvat (m)	[xorvat]
croata (f)	Chorvatka (ž)	[xorvatka]
croata	chorvatský	[xorvatski:]

República (f) Checa	Česko (s)	[ʧɛsko]
checo (m)	Čech (m)	[ʧɛx]
checa (f)	Češka (ž)	[ʧɛʃka]
checo	český	[ʧɛski:]

Estónia (f)	Estonsko (s)	[ɛstonsko]
estónio (m)	Estonec (m)	[ɛstonɛʦ]
estónia (f)	Estonka (ž)	[ɛstoŋka]
estónio	estonský	[ɛstonski:]

Bósnia e Herzegovina (f)	Bosna a Hercegovina (ž)	[bosna a hɛrʦɛgovɪna]
Macedónia (f)	Makedonie (ž)	[makɛdonɪɛ]
Eslovénia (f)	Slovinsko (s)	[slovɪnsko]
Montenegro (m)	Černá Hora (ž)	[ʧɛrna: hora]

236. Países da ex-URSS

Azerbaijão (m)	Ázerbájdžán (m)	[a:zɛrba:jʤa:n]
azeri (m)	Ázerbájdžánec (m)	[a:zɛrba:jʤa:nɛʦ]
azeri (f)	Ázerbájdžánka (ž)	[a:zɛrba:jʤa:ŋka]
azeri, azerbaijano	ázerbájdžánský	[a:zɛrba:jʤa:nski:]

Arménia (f)	Arménie (ž)	[armɛ:nɪɛ]
arménio (m)	Armén (m)	[armɛ:n]
arménia (f)	Arménka (ž)	[armɛ:ŋka]
arménio	arménský	[armɛ:nski:]

Bielorrússia (f)	Bělorusko (s)	[belorusko]
bielorrusso (m)	Bělorus (m)	[belorus]
bielorrussa (f)	Běloruska (ž)	[beloruska]
bielorrusso	běloruský	[beloruski:]

Geórgia (f)	Gruzie (ž)	[gruzɪɛ]
georgiano (m)	Gruzín (m)	[gruzi:n]
georgiana (f)	Gruzínka (ž)	[gruzi:ŋka]
georgiano	gruzínský	[gruzi:nski:]

Cazaquistão (m)	Kazachstán (m)	[kazaxsta:n]
cazaque (m)	Kazach (m)	[kazax]
cazaque (f)	Kazaška (ž)	[kazaʃka]
cazaque	kazašský	[kazaʃski:]

Quirguistão (m)	Kyrgyzstán (m)	[kɪrgɪsta:n]
quirguiz (m)	Kyrgyz (m)	[kɪrgɪs]
quirguiz (f)	Kyrgyzka (ž)	[kɪrgɪska]
quirguiz	kyrgyzský	[kɪrgɪski:]

Moldávia (f)	Moldavsko (s)	[moldavsko]
moldavo (m)	Moldavan (m)	[moldavan]
moldava (f)	Moldavanka (ž)	[moldavaŋka]
moldavo	moldavský	[moldavski:]

Rússia (f)	Rusko (s)	[rusko]
russo (m)	Rus (m)	[rus]
russa (f)	Ruska (ž)	[ruska]
russo	ruský	[ruski:]

Tajiquistão (m)	Tádžikistán (m)	[ta:dʒɪkɪsta:n]
tajique (m)	Tádžik (m)	[ta:dʒɪk]
tajique (f)	Tádžička (ž)	[ta:dʒɪʧka]
tajique	tádžický	[ta:dʒɪʦki:]

Turquemenistão (m)	Turkmenistán (m)	[turkmɛnɪsta:n]
turcomeno (m)	Turkmen (m)	[turkmɛn]
turcomena (f)	Turkmenka (ž)	[turkmɛŋka]
turcomeno	turkmenský	[turkmɛnski:]

Uzbequistão (f)	Uzbekistán (m)	[uzbɛkɪsta:n]
uzbeque (m)	Uzbek (m)	[uzbɛk]
uzbeque (f)	Uzbečka (ž)	[uzbɛʧka]
uzbeque	uzbecký	[uzbɛʦki:]

Ucrânia (f)	Ukrajina (ž)	[ukrajɪna]
ucraniano (m)	Ukrajinec (m)	[ukrajɪnɛʦ]
ucraniana (f)	Ukrajinka (ž)	[ukrajɪŋka]
ucraniano	ukrajinský	[ukrajɪnski:]

237. Asia

| Ásia (f) | Asie (ž) | [azɪe] |
| asiático | asijský | [azɪjski:] |

Vietname (m)	Vietnam (m)	[vjɛtnam]
vietnamita (m)	Vietnamec (m)	[vjɛtnamɛʦ]
vietnamita (f)	Vietnamka (ž)	[vjɛtnamka]
vietnamita	vietnamský	[vjɛtnamski:]

Índia (f)	Indie (ž)	[ɪndɪe]
indiano (m)	Ind (m)	[ɪnd]
indiana (f)	Indka (ž)	[ɪntka]
indiano	indický	[ɪndɪʦki:]

Israel (m)	Izrael (m)	[ɪzraɛl]
israelita (m)	Izraelec (m)	[ɪzraɛlɛʦ]
israelita (f)	Izraelka (ž)	[ɪzraɛlka]
israelita	izraelský	[ɪzraɛlski:]

judeu (m)	Žid (m)	[ʒɪt]
judia (f)	Židovka (ž)	[ʒɪdofka]
judeu	židovský	[ʒɪdovski:]
China (f)	Čína (ž)	[ʧi:na]

chinês (m)	Číňan (m)	[ʧi:nʲan]
chinesa (f)	Číňanka (ž)	[ʧi:nʲaŋka]
chinês	čínský	[ʧi:nski:]
coreano (m)	Korejec (m)	[korɛjɛʦ]
coreana (f)	Korejka (ž)	[korɛjka]
coreano	korejský	[korɛjski:]
Líbano (m)	Libanon (m)	[lɪbanon]
libanês (m)	Libanonec (m)	[lɪbanonɛʦ]
libanesa (f)	Libanonka (ž)	[lɪbanoŋka]
libanês	libanonský	[lɪbanonski:]
Mongólia (f)	Mongolsko (s)	[mongolsko]
mongol (m)	Mongol (m)	[mongol]
mongol (f)	Mongolka (ž)	[mongolka]
mongol	mongolský	[mongolski:]
Malásia (f)	Malajsie (ž)	[malajzɪe]
malaio (m)	Malajec (m)	[malajɛʦ]
malaia (f)	Malajka (ž)	[malajka]
malaio	malajský	[malajski:]
Paquistão (m)	Pákistán (m)	[pa:kɪsta:n]
paquistanês (m)	Pákistánec (m)	[pa:kɪsta:nɛʦ]
paquistanesa (f)	Pákistánka (ž)	[pa:kɪsta:ŋka]
paquistanês	pákistánský	[pa:kɪsta:nski:]
Arábia (f) Saudita	Saúdská Arábie (ž)	[sau:dska: ara:bɪe]
árabe (m)	Arab (m)	[arap]
árabe (f)	Arabka (ž)	[arapka]
árabe	arabský	[arapski:]
Tailândia (f)	Thajsko (s)	[tajsko]
tailandês (m)	Thajec (m)	[tajɛʦ]
tailandesa (f)	Thajka (ž)	[tajka]
tailandês	thajský	[tajski:]
Taiwan (m)	Tchaj-wan (m)	[tajvan]
taiwanês (m)	Tchajwanec (m)	[tajvanɛʦ]
taiwanesa (f)	Tchajwanka (ž)	[tajvaŋka]
taiwanês	tchajwanský	[tajvanski:]
Turquia (f)	Turecko (s)	[turɛʦko]
turco (m)	Turek (m)	[turɛk]
turca (f)	Turkyně (ž)	[turkɪne]
turco	turecký	[turɛʦki:]
Japão (m)	Japonsko (s)	[japonsko]
japonês (m)	Japonec (m)	[japonɛʦ]
japonesa (f)	Japonka (ž)	[japoŋka]
japonês	japonský	[japonski:]
Afeganistão (m)	Afghánistán (m)	[afga:nɪsta:n]
Bangladesh (m)	Bangladéš (m)	[bangladɛ:ʃ]
Indonésia (f)	Indonésie (ž)	[ɪndonɛ:zɪe]

Jordânia (f)	Jordánsko (s)	[jorda:nsko]
Iraque (m)	Irák (m)	[ɪra:k]
Irão (m)	Írán (m)	[i:ra:n]
Camboja (f)	Kambodža (ž)	[kambodʒa]
Kuwait (m)	Kuvajt (m)	[kuvajt]

Laos (m)	Laos (m)	[laos]
Myanmar (m), Birmânia (f)	Barma (ž)	[barma]
Nepal (m)	Nepál (m)	[nɛpa:l]
Emirados Árabes Unidos	Spojené arabské emiráty (m mn)	[spojɛnɛ: arapskɛ: ɛmɪra:tɪ]

Síria (f)	Sýrie (ž)	[si:rɪe]
Palestina (f)	Palestinská autonomie (ž)	[palɛstɪnska: autonomɪe]
Coreia do Sul (f)	Jižní Korea (ž)	[jɪʒni: korɛa]
Coreia do Norte (f)	Severní Korea (ž)	[severni: korɛa]

238. América do Norte

Estados Unidos da América	Spojené státy (m mn) americké	[spojɛnɛ: sta:tɪ amɛrɪIskɛ:]
americano (m)	Američan (m)	[amɛrɪtʃan]
americana (f)	Američanka (ž)	[amɛrɪtʃaŋka]
americano	americký	[amɛrɪIski:]

Canadá (m)	Kanada (ž)	[kanada]
canadiano (m)	Kanaďan (m)	[kanadʲan]
canadiana (f)	Kanaďanka (ž)	[kanadʲaŋka]
canadiano	kanadský	[kanadski:]

México (m)	Mexiko (s)	[mɛksɪko]
mexicano (m)	Mexičan (m)	[mɛksɪtʃan]
mexicana (f)	Mexičanka (ž)	[mɛksɪtʃaŋka]
mexicano	mexický	[mɛksɪIski:]

239. América Central do Sul

Argentina (f)	Argentina (ž)	[argɛntɪna]
argentino (m)	Argentinec (m)	[argɛntɪnɛts]
argentina (f)	Argentinka (ž)	[argɛntɪŋka]
argentino	argentinský	[argɛntɪnski:]

Brasil (m)	Brazílie (ž)	[brazi:lɪe]
brasileiro (m)	Brazilec (m)	[brazɪlɛts]
brasileira (f)	Brazilka (ž)	[brazɪlka]
brasileiro	brazilský	[brazɪlski:]

Colômbia (f)	Kolumbie (ž)	[kolumbɪe]
colombiano (m)	Kolumbijec (m)	[kolumbɪjɛts]
colombiana (f)	Kolumbijka (ž)	[kolumbɪjka]
colombiano	kolumbijský	[kolumbɪjski:]
Cuba (f)	Kuba (ž)	[kuba]

cubano (m)	Kubánec (m)	[kuba:nɛʦ]
cubana (f)	Kubánka (ž)	[kuba:ŋka]
cubano	kubánský	[kuba:nski:]

Chile (m)	Chile (s)	[ʧɪlɛ]
chileno (m)	Chilan (m)	[ʧɪlan]
chilena (f)	Chilanka (ž)	[ʧɪlaŋka]
chileno	chilský	[ʧɪlski:]

Bolívia (f)	Bolívie (ž)	[boli:vɪe]
Venezuela (f)	Venezuela (ž)	[vɛnɛzuɛla]
Paraguai (m)	Paraguay (ž)	[paragvaj]
Peru (m)	Peru (s)	[pɛru]
Suriname (m)	Surinam (m)	[surɪnam]
Uruguai (m)	Uruguay (ž)	[urugvaj]
Equador (m)	Ekvádor (m)	[ɛkva:dor]

Bahamas (f pl)	Bahamy (ž mn)	[bahamɪ]
Haiti (m)	Haiti (s)	[haɪtɪ]
República (f) Dominicana	Dominikánská republika (ž)	[domɪnɪka:nska: rɛpublɪka]
Panamá (m)	Panama (ž)	[panama]
Jamaica (f)	Jamajka (ž)	[jamajka]

240. Africa

Egito (m)	Egypt (m)	[ɛgɪpt]
egípcio (m)	Egypťan (m)	[ɛgɪptʲan]
egípcia (f)	Egypťanka (ž)	[ɛgɪptʲaŋka]
egípcio	egyptský	[ɛgɪptski:]

Marrocos	Maroko (s)	[maroko]
marroquino (m)	Maročan (m)	[maroʧan]
marroquina (f)	Maročanka (ž)	[maroʧaŋka]
marroquino	marocký	[maroʦki:]

Tunísia (f)	Tunisko (s)	[tunɪsko]
tunisino (m)	Tunisan (m)	[tunɪsan]
tunisina (f)	Tunisanka (ž)	[tunɪsaŋka]
tunisino	tuniský	[tunɪski:]

Gana (f)	Ghana (ž)	[gana]
Zanzibar (m)	Zanzibar (m)	[zanzɪbar]
Quénia (f)	Keňa (ž)	[kɛnʲa]
Líbia (f)	Libye (ž)	[lɪbɪe]
Madagáscar (m)	Madagaskar (m)	[madagaskar]

Namíbia (f)	Namibie (ž)	[namɪbɪe]
Senegal (m)	Senegal (m)	[sɛnɛgal]
Tanzânia (f)	Tanzanie (ž)	[tanzanɪe]
África do Sul (f)	Jihoafrická republika (ž)	[jɪhoafrɪtska: rɛpublɪka]

africano (m)	Afričan (m)	[afrɪʧan]
africana (f)	Afričanka (ž)	[afrɪʧaŋka]
africano	africký	[afrɪʦki:]

241. Austrália. Oceania

Português	Checo	Transcrição
Austrália (f)	**Austrálie** (ž)	[austra:lɪe]
australiano (m)	**Australan** (m)	[australan]
australiana (f)	**Australanka** (ž)	[australaŋka]
australiano	**australský**	[australski:]
Nova Zelândia (f)	**Nový Zéland** (m)	[novi: zɛ:lant]
neozelandês (m)	**Novozélanďan** (m)	[novozɛ:landʲan]
neozelandesa (f)	**Novozélanďanka** (ž)	[novozɛ:landʲaŋka]
neozelandês	**novozélandský**	[novozɛ:landski:]
Tasmânia (f)	**Tasmánie** (ž)	[tasma:nɪe]
Polinésia Francesa (f)	**Francouzská Polynésie** (ž)	[frantsouska: polɪnɛ:zɪe]

242. Cidades

Português	Checo	Transcrição
Amesterdão	**Amsterodam** (m)	[amstɛrodam]
Ancara	**Ankara** (ž)	[aŋkara]
Atenas	**Atény** (ž mn)	[atɛ:nɪ]
Bagdade	**Bagdád** (m)	[bagda:t]
Banguecoque	**Bangkok** (m)	[bangkok]
Barcelona	**Barcelona** (ž)	[barsɛlona]
Beirute	**Bejrút** (m)	[bɛjru:t]
Berlim	**Berlín** (m)	[bɛrli:n]
Bombaim	**Bombaj** (ž)	[bombaj]
Bona	**Bonn** (m)	[bonn]
Bordéus	**Bordeaux** (s)	[bordo:]
Bratislava	**Bratislava** (ž)	[bratɪslava]
Bruxelas	**Brusel** (m)	[brusɛl]
Bucareste	**Bukurešť** (ž)	[bukurɛʃtʲ]
Budapeste	**Budapešť** (ž)	[budapɛʃtʲ]
Cairo	**Káhira** (ž)	[ka:hɪra]
Calcutá	**Kalkata** (ž)	[kalkata]
Chicago	**Chicago** (s)	[tʃɪka:go]
Cidade do México	**Mexiko** (s)	[mɛksɪko]
Copenhaga	**Kodaň** (ž)	[kodanʲ]
Dar es Salaam	**Dar es Salaam** (m)	[dar ɛs sala:m]
Deli	**Dillí** (s)	[dɪli:]
Dubai	**Dubaj** (m)	[dubaj]
Dublin, Dublim	**Dublin** (m)	[dublɪn]
Düsseldorf	**Düsseldorf** (m)	[dɪsldorf]
Estocolmo	**Stockholm** (m)	[stokholm]
Florença	**Florencie** (ž)	[florɛntsɪe]
Frankfurt	**Frankfurt** (m)	[fraŋkfurt]
Genebra	**Ženeva** (ž)	[ʒenɛva]
Haia	**Haag** (m)	[ha:g]
Hamburgo	**Hamburk** (m)	[hamburk]

Hanói	**Hanoj** (m)	[hanoj]
Havana	**Havana** (ž)	[havana]

Helsínquia	**Helsinky** (ž mn)	[hɛlsɪŋkɪ]
Hiroshima	**Hirošima** (ž)	[hɪroʃɪma]
Hong Kong	**Hongkong** (m)	[hoŋkong]
Istambul	**Istanbul** (m)	[ɪstanbul]
Jerusalém	**Jeruzalém** (m)	[jɛruzalɛ:m]
Kiev	**Kyjev** (m)	[kɪef]
Kuala Lumpur	**Kuala Lumpur** (m)	[kuala lumpur]
Lisboa	**Lisabon** (m)	[lɪsabon]
Londres	**Londýn** (m)	[londi:n]
Los Angeles	**Los Angeles** (s)	[los ɛnʒɛlis]
Lion	**Lyon** (m)	[lɪon]

Madrid	**Madrid** (m)	[madrɪt]
Marselha	**Marseille** (ž)	[marsɛj]
Miami	**Miami** (s)	[majamɪ]
Montreal	**Montreal** (m)	[monrɛal]
Moscovo	**Moskva** (ž)	[moskva]
Munique	**Mnichov** (m)	[mnɪxof]

Nairóbi	**Nairobi** (s)	[najrobɪ]
Nápoles	**Neapol** (m)	[nɛapol]
Nice	**Nizza** (ž)	[nɪtsa]
Nova York	**New York** (m)	[nju: jork]

Oslo	**Oslo** (s)	[oslo]
Ottawa	**Otava** (ž)	[otava]
Paris	**Paříž** (ž)	[parʒi:ʃ]
Pequim	**Peking** (m)	[pɛkɪŋk]
Praga	**Praha** (ž)	[praha]

Rio de Janeiro	**Rio de Janeiro** (s)	[rɪodɛʒanɛ:ro]
Roma	**Řím** (m)	[rʒi:m]
São Petersburgo	**Sankt-Petěrburg** (m)	[saŋkt-pɛterburg]
Seul	**Soul** (m)	[soul]
Singapura	**Singapur** (m)	[sɪngapur]
Sydney	**Sydney** (s)	[sɪdnɛj]

Taipé	**Tchaj-pej** (s)	[taj-pɛj]
Tóquio	**Tokio** (s)	[tokɪo]
Toronto	**Toronto** (s)	[toronto]
Varsóvia	**Varšava** (ž)	[varʃava]
Veneza	**Benátky** (ž mn)	[bɛna:tkɪ]
Viena	**Vídeň** (ž)	[vi:dɛnʲ]

Washington	**Washington** (m)	[voʃɪnkton]
Xangai	**Šanghaj** (ž)	[ʃangxaj]

243. Política. Governo. Parte 1

política (f)	**politika** (ž)	[polɪtɪka]
político	**politický**	[polɪtɪtski:]

político (m)	politik (m)	[polɪtɪk]
estado (m)	stát (m)	[staːt]
cidadão (m)	občan (m)	[obtʃan]
cidadania (f)	státní příslušnost (ž)	[staːtni: prʃi:sluʃnost]

| brasão (m) de armas | státní znak (m) | [staːtni: znak] |
| hino (m) nacional | státní hymna (ž) | [staːtni: hɪmna] |

governo (m)	vláda (ž)	[vlaːda]
Chefe (m) de Estado	hlava (m) státu	[hlava staːtu]
parlamento (m)	parlament (m)	[parlamɛnt]
partido (m)	strana (ž)	[strana]

| capitalismo (m) | kapitalismus (m) | [kapɪtalɪzmus] |
| capitalista | kapitalistický | [kapɪtalɪstɪtski:] |

| socialismo (m) | socialismus (m) | [sotsɪalɪzmus] |
| socialista | socialistický | [sotsɪalɪstɪtski:] |

comunismo (m)	komunismus (m)	[komunɪzmus]
comunista	komunistický	[komunɪstɪtski:]
comunista (m)	komunista (m)	[komunɪsta]

democracia (f)	demokracie (ž)	[dɛmokratsɪe]
democrata (m)	demokrat (m)	[dɛmokrat]
democrático	demokratický	[dɛmokratɪtski:]
Partido (m) Democrático	demokratická strana (ž)	[dɛmokratɪtska: strana]

| liberal (m) | liberál (m) | [lɪbɛraːl] |
| liberal | liberální | [lɪbɛraːlni:] |

| conservador (m) | konzervativec (m) | [konzɛrvatɪvɛts] |
| conservador | konzervativní | [konzɛrvatɪvni:] |

república (f)	republika (ž)	[rɛpublɪka]
republicano (m)	republikán (m)	[rɛpublɪkaːn]
Partido (m) Republicano	republikánská strana (ž)	[rɛpublɪkaːnska: strana]

eleições (f pl)	volby (ž mn)	[volbɪ]
eleger (vt)	volit	[volɪt]
eleitor (m)	volič (m)	[volɪtʃ]
campanha (f) eleitoral	volební kampaň (ž)	[volɛbni: kampanʲ]

votação (f)	hlasování (s)	[hlasovaːni:]
votar (vi)	hlasovat	[hlasovat]
direito (m) de voto	hlasovací právo (s)	[hlasovatsi: pra:vo]

candidato (m)	kandidát (m)	[kandɪdaːt]
candidatar-se (vi)	kandidovat	[kandɪdovat]
campanha (f)	kampaň (ž)	[kampanʲ]

| da oposição | opoziční | [opozɪtʃni:] |
| oposição (f) | opozice (ž) | [opozɪtsɛ] |

| visita (f) | návštěva (ž) | [naːvʃteva] |
| visita (f) oficial | oficiální návštěva (ž) | [ofɪtsɪaːlni: na:fʃteva] |

internacional	mezinárodní	[mɛzɪna:rodni:]
negociações (f pl)	jednání (s)	[jɛdna:ni:]
negociar (vi)	jednat	[jɛdnat]

244. Política. Governo. Parte 2

sociedade (f)	společnost (ž)	[spolɛtʃnost]
constituição (f)	ústava (ž)	[u:stava]
poder (ir para o ~)	moc (ž)	[mots]
corrupção (f)	korupce (ž)	[koruptsɛ]

lei (f)	zákon (m)	[za:kon]
legal	zákonný	[za:konni:]

justiça (f)	spravedlivost (ž)	[spravɛdlɪvost]
justo	spravedlivý	[spravɛdlɪvi:]

comité (m)	výbor (m)	[vi:bor]
projeto-lei (m)	návrh (m) zákona	[na:vrx za:kona]
orçamento (m)	rozpočet (m)	[rozpotʃɛt]
política (f)	politika (ž)	[polɪtɪka]
reforma (f)	reforma (ž)	[rɛforma]
radical	radikální	[radɪka:lni:]

força (f)	síla (ž)	[si:la]
poderoso	silný	[sɪlni:]
partidário (m)	stoupenec (m)	[stoupɛnɛts]
influência (f)	vliv (m)	[vlɪf]

regime (m)	režim (m)	[rɛʒɪm]
conflito (m)	konflikt (m)	[konflɪkt]
conspiração (f)	spiknutí (s)	[spɪknuti:]
provocação (f)	provokace (ž)	[provokatsɛ]

derrubar (vt)	svrhnout	[svrhnout]
derrube (m), queda (f)	svržení (s)	[svrʒeni:]
revolução (f)	revoluce (ž)	[rɛvolutsɛ]

golpe (m) de Estado	převrat (m)	[prʃɛvrat]
golpe (m) militar	vojenský převrat (m)	[vojɛnski: prʃɛvrat]

crise (f)	krize (ž)	[krɪzɛ]
recessão (f) económica	hospodářský pokles (m)	[hospoda:rʃski: poklɛs]
manifestante (m)	demonstrant (m)	[dɛmonstrant]
manifestação (f)	demonstrace (ž)	[dɛmonstratsɛ]
lei (f) marcial	válečný stav (m)	[va:lɛtʃni: staf]
base (f) militar	základna (ž)	[za:kladna]

estabilidade (f)	stabilita (ž)	[stabɪlɪta]
estável	stabilní	[stabɪlni:]

exploração (f)	vykořisťování (s)	[vɪkorʒɪstʲova:ni:]
explorar (vt)	vykořisťovat	[vɪkorʒɪstʲovat]
racismo (m)	rasismus (m)	[rasɪzmus]

racista (m)	rasista (m)	[rasɪsta]
fascismo (m)	fašismus (m)	[faʃɪzmus]
fascista (m)	fašista (m)	[faʃɪsta]

245. Países. Diversos

estrangeiro (m)	cizinec (m)	[ʦɪzɪnɛʦ]
estrangeiro	cizí	[ʦɪzi:]
no estrangeiro	v zahraničí	[v zahranɪʧi:]

emigrante (m)	emigrant (m)	[ɛmɪgrant]
emigração (f)	emigrace (ž)	[ɛmɪgraʦɛ]
emigrar (vi)	emigrovat	[ɛmɪgrovat]

Ocidente (m)	Západ (m)	[za:pat]
Oriente (m)	Východ (m)	[vi:xot]
Extremo Oriente (m)	Dálný východ (m)	[da:lni: vi:xot]
civilização (f)	civilizace (ž)	[ʦɪvɪlɪzaʦɛ]
humanidade (f)	lidstvo (s)	[lɪdstvo]
mundo (m)	svět (m)	[svet]
paz (f)	mír (m)	[mi:r]
mundial	světový	[svetovi:]

pátria (f)	vlast (ž)	[vlast]
povo (m)	lid (m)	[lɪt]
população (f)	obyvatelstvo (s)	[obɪvatɛlstvo]
gente (f)	lidé (m mn)	[lɪdɛ:]
nação (f)	národ (m)	[na:rot]
geração (f)	generace (ž)	[gɛnɛraʦɛ]
território (m)	území (s)	[u:zɛmi:]
região (f)	region (m)	[rɛgɪon]
estado (m)	stát (m)	[sta:t]

tradição (f)	tradice (ž)	[tradɪʦɛ]
costume (m)	zvyk (m)	[zvɪk]
ecologia (f)	ekologie (ž)	[ɛkologɪe]

índio (m)	Indián (m)	[ɪndɪa:n]
cigano (m)	Rom (m)	[rom]
cigana (f)	Romka (ž)	[romka]
cigano	romský	[romski:]

império (m)	říše (ž)	[rʒi:ʃɛ]
colónia (f)	kolonie (ž)	[kolonɪe]
escravidão (f)	otroctví (s)	[otroʦtvi:]
invasão (f)	vpád (m)	[vpa:t]
fome (f)	hlad (m)	[hlat]

246. Grupos religiosos mais importantes. Confissões

| religião (f) | náboženství (s) | [na:boʒenstvi:] |
| religioso | náboženský | [na:boʒenski:] |

crença (f)	víra (ž)	[vi:ra]
crer (vt)	věřit	[verʒɪt]
crente (m)	věřící (m)	[verʒi:ʦi:]
ateísmo (m)	ateizmus (m)	[atɛɪzmus]
ateu (m)	ateista (m)	[atɛɪsta]
cristianismo (m)	křesťanství (s)	[krʃɛsťanstvi:]
cristão (m)	křesťan (m)	[krʃɛsťan]
cristão	křesťanský	[krʃɛsťanski:]
catolicismo (m)	katolicismus (m)	[katolɪʦɪzmus]
católico (m)	katolík (m)	[katoli:k]
católico	katolický	[katolɪʦki:]
protestantismo (m)	protestantismus (m)	[protɛstantɪzmus]
Igreja (f) Protestante	protestantská církev (ž)	[protɛstantska: ʦi:rkɛʃ]
protestante (m)	protestant (m)	[protɛstant]
ortodoxia (f)	pravoslaví (s)	[pravoslavi:]
Igreja (f) Ortodoxa	pravoslavná církev (ž)	[pravoslavna: ʦi:rkɛʃ]
ortodoxo (m)	pravoslavný (m)	[pravoslavni:]
presbiterianismo (m)	presbyteriánství (s)	[prɛzbɪtɛrɪa:nstvi:]
Igreja (f) Presbiteriana	presbyteriánská církev (ž)	[prɛzbɪtɛrɪa:nska: ʦi:rkɛʃ]
presbiteriano (m)	presbyterián (m)	[prɛzbɪtɛrɪa:n]
Igreja (f) Luterana	luteránská církev (ž)	[lutɛra:nska: ʦi:rkɛʃ]
luterano (m)	luterán (m)	[lutɛra:n]
Igreja (f) Batista	baptismus (m)	[baptɪzmus]
batista (m)	baptista (m)	[baptɪsta]
Igreja (f) Anglicana	anglikánská církev (ž)	[anglɪka:nska: ʦi:rkɛʃ]
anglicano (m)	anglikán (m)	[anglɪka:n]
mormonismo (m)	Mormonism (m)	[mormonɪzm]
mórmon (m)	mormon (m)	[mormon]
Judaísmo (m)	judaismus (m)	[judaɪzmus]
judeu (m)	žid (m)	[ʒɪt]
budismo (m)	buddhismus (m)	[budhɪzmus]
budista (m)	buddhista (m)	[budhɪsta]
hinduísmo (m)	hinduismus (m)	[hɪndujɪzmus]
hindu (m)	Hinduista (m)	[hɪnduɪsta]
Islão (m)	islám (m)	[ɪsla:m]
muçulmano (m)	muslim (m)	[muslɪm]
muçulmano	muslimský	[muslɪmski:]
Xiismo (m)	šíitský islám (m)	[ʃi:ɪtski: ɪsla:m]
xiita (m)	šíita (ž)	[ʃi:ɪta]
sunismo (m)	Sunnitský islám (m)	[sunnɪtski: ɪsla:m]
sunita (m)	Sunnita (m)	[sunnɪta]

247. Religiões. Padres

| padre (m) | kněz (m) | [knez] |
| Papa (m) | Papež (m) | [papɛʃ] |

monge (m)	mnich (m)	[mnɪx]
freira (f)	jeptiška (ž)	[jɛptɪʃka]
pastor (m)	pastor (m)	[pastor]

abade (m)	opat (m)	[opat]
vigário (m)	vikář (m)	[vɪka:rʃ]
bispo (m)	biskup (m)	[bɪskup]
cardeal (m)	kardinál (m)	[kardɪna:l]

pregador (m)	kazatel (m)	[kazatɛl]
sermão (m)	kázání (s)	[ka:za:ni:]
paroquianos (pl)	farnost (ž)	[farnost]

| crente (m) | věřící (m) | [verʒi:ʦi:] |
| ateu (m) | ateista (m) | [atɛɪsta] |

248. Fé. Cristianismo. Islão

| Adão | Adam (m) | [adam] |
| Eva | Eva (ž) | [ɛva] |

Deus (m)	Bůh (m)	[bu:x]
Senhor (m)	Pán (m)	[pa:n]
Todo Poderoso (m)	Všemohoucí (m)	[vʃɛmohouʦi:]

pecado (m)	hřích (m)	[hrʒi:x]
pecar (vi)	hřešit	[hrʒɛʃɪt]
pecador (m)	hříšník (m)	[hrʒiʃni:k]
pecadora (f)	hříšnice (ž)	[hrʒɪʃnɪʦɛ]

| inferno (m) | peklo (s) | [pɛklo] |
| paraíso (m) | ráj (m) | [ra:j] |

| Jesus | Ježíš (m) | [jɛʒi:ʃ] |
| Jesus Cristo | Ježíš Kristus (m) | [jɛʒi:ʃ krɪstus] |

Espírito (m) Santo	Duch (m) Svatý	[dux svati:]
Salvador (m)	Spasitel (m)	[spasɪtɛl]
Virgem Maria (f)	Bohorodička (ž)	[bohorodɪʧka]

Diabo (m)	ďábel (m)	[dʲa:bɛl]
diabólico	ďábelský	[dʲa:bɛlski:]
Satanás (m)	satan (m)	[satan]
satânico	satanský	[satanski:]

anjo (m)	anděl (m)	[andel]
anjo (m) da guarda	anděl strážný	[andel stra:ʒni:]
angélico	andělský	[andelski:]

apóstolo (m)	apoštol (m)	[apoʃtol]
arcanjo (m)	archanděl (m)	[arxandel]
anticristo (m)	antikrist (m)	[antɪkrɪst]

Igreja (f)	Církev (ž)	[tsi:rkɛf]
Bíblia (f)	Bible (ž)	[bɪblɛ]
bíblico	biblický	[bɪblɪtski:]

Velho Testamento (m)	Starý zákon (m)	[stari: za:kon]
Novo Testamento (m)	Nový zákon (m)	[novi: za:kon]
Evangelho (m)	Evangelium (s)	[ɛvangɛlɪum]
Sagradas Escrituras (f pl)	Písmo (s) svaté	[pi:smo svatɛ:]
Céu (m)	nebeské království (s)	[nɛbɛskɛ: kra:lovstvi:]

mandamento (m)	přikázání (s)	[prʃɪka:za:ni:]
profeta (m)	prorok (m)	[prorok]
profecia (f)	proroctví (s)	[prorotstvi:]

Alá	Alláh (m)	[ala:x]
Maomé	Mohamed (m)	[mohamɛt]
Corão, Alcorão (m)	Korán (m)	[kora:n]

mesquita (f)	mešita (ž)	[mɛʃɪta]
mulá (m)	Mullah (m)	[mulla]
oração (f)	modlitba (ž)	[modlɪtba]
rezar, orar (vi)	modlit se	[modlɪt sɛ]

peregrinação (f)	pouť (ž)	[poutⁱ]
peregrino (m)	poutník (m)	[poutni:k]
Meca (f)	Mekka (ž)	[mɛka]

igreja (f)	kostel (m)	[kostɛl]
templo (m)	chrám (m)	[xra:m]
catedral (f)	katedrála (ž)	[katɛdra:la]
gótico	gotický	[gotɪtski:]
sinagoga (f)	synagóga (ž)	[sinago:ga]
mesquita (f)	mešita (ž)	[mɛʃɪta]

capela (f)	kaple (ž)	[kaplɛ]
abadia (f)	opatství (s)	[opatstvi:]
convento (m)	klášter (m)	[kla:ʃtɛr]
mosteiro (m)	klášter (m)	[kla:ʃtɛr]

sino (m)	zvon (m)	[zvon]
campanário (m)	zvonice (ž)	[zvonɪtsɛ]
repicar (vi)	zvonit	[zvonɪt]

cruz (f)	kříž (m)	[krʃi:ʃ]
cúpula (f)	kopule (ž)	[kopulɛ]
ícone (m)	ikona (ž)	[ɪkona]

alma (f)	duše (ž)	[duʃɛ]
destino (m)	osud (m)	[osut]
mal (m)	zlo (s)	[zlo]
bem (m)	dobro (s)	[dobro]
vampiro (m)	upír (m)	[upi:r]

bruxa (f)	čarodějnice (ž)	[ʧarodejnɪʦɛ]
demónio (m)	démon (m)	[dɛ:mon]
espírito (m)	duch (m)	[dux]
redenção (f)	vykoupení (s)	[vɪkoupɛni:]
redimir (vt)	vykoupit	[vɪkoupɪt]
missa (f)	bohoslužba (ž)	[bohosluʒba]
celebrar a missa	sloužit	[slouʒɪt]
confissão (f)	zpověď (ž)	[spovetʲ]
confessar-se (vr)	zpovídat se	[spovi:dat sɛ]
santo (m)	světec (m)	[svetɛʦ]
sagrado	posvátný	[posva:tni:]
água (f) benta	svěcená voda (ž)	[sveʦɛna: voda]
ritual (m)	ritus (m)	[rɪtus]
ritual	rituální	[rɪtua:lni:]
sacrifício (m)	oběť (ž)	[obetʲ]
superstição (f)	pověra (ž)	[povera]
supersticioso	pověrčivý	[povertʃɪvi:]
vida (f) depois da morte	posmrtný život (m)	[posmrtni: ʒɪvot]
vida (f) eterna	věčný život (m)	[vetʃni: ʒɪvot]

TEMAS DIVERSOS

249. Várias palavras úteis

ajuda (f)	pomoc (ž)	[pomots]
barreira (f)	zábrana (ž)	[za:brana]
base (f)	základna (ž)	[za:kladna]
categoria (f)	kategorie (ž)	[katɛgorɪe]
causa (f)	důvod (m)	[du:vot]
coincidência (f)	shoda (ž)	[sxoda]
coisa (f)	věc (ž)	[vets]
começo (m)	začátek (m)	[zatʃa:tɛk]
cómodo (ex. poltrona ~a)	pohodlný	[pohodlni:]
comparação (f)	srovnání (s)	[srovna:ni:]
compensação (f)	kompenzace (ž)	[kompɛnzatsɛ]
crescimento (m)	růst (m)	[ru:st]
desenvolvimento (m)	rozvoj (m)	[rozvoj]
diferença (f)	rozdíl (m)	[rozdi:l]
efeito (m)	efekt (m)	[ɛfɛkt]
elemento (m)	prvek (m)	[prvɛk]
equilíbrio (m)	rovnováha (ž)	[rovnova:ha]
erro (m)	chyba (ž)	[xɪba]
esforço (m)	úsilí (s)	[u:sɪli:]
estilo (m)	sloh (m)	[slox]
exemplo (m)	příklad (m)	[prʃi:klat]
facto (m)	fakt (m)	[fakt]
fim (m)	skončení (s)	[skontʃɛni:]
forma (f)	tvar (m)	[tvar]
frequente	častý	[tʃasti:]
fundo (ex. ~ verde)	pozadí (s)	[pozadi:]
género (tipo)	druh (m)	[drux]
grau (m)	stupeň (m)	[stupɛnʲ]
ideal (m)	ideál (m)	[ɪdɛa:l]
labirinto (m)	labyrint (m)	[labɪrɪnt]
modo (m)	způsob (m)	[spu:sop]
momento (m)	moment (m)	[momɛnt]
objeto (m)	předmět (m)	[prʃɛdmnet]
obstáculo (m)	překážka (ž)	[prʃɛka:ʃka]
original (m)	originál (m)	[orɪgɪna:l]
padrão	standardní	[standardni:]
padrão (m)	standard (m)	[standart]
paragem (pausa)	přestávka (ž)	[prʃɛsta:fka]
parte (f)	část (ž)	[tʃa:st]

partícula (f)	částice (ž)	[tʃaːstɪtsɛ]
pausa (f)	pauza (ž)	[pauza]
posição (f)	pozice (ž)	[pozɪtsɛ]
princípio (m)	princip (m)	[prɪntsɪp]

problema (m)	problém (m)	[problɛːm]
processo (m)	proces (m)	[protsɛs]
progresso (m)	pokrok (m)	[pokrok]
propriedade (f)	vlastnost (ž)	[vlastnost]

reação (f)	reakce (ž)	[rɛaktsɛ]
risco (m)	riziko (s)	[rɪzɪko]
ritmo (m)	tempo (s)	[tɛmpo]
segredo (m)	tajemství (s)	[tajɛmstviː]
série (f)	řada (ž)	[rʒada]

sistema (m)	systém (m)	[sɪstɛːm]
situação (f)	situace (ž)	[sɪtuatsɛ]
solução (f)	řešení (s)	[rʒɛʃɛniː]
tabela (f)	tabulka (ž)	[tabulka]
termo (ex. ~ técnico)	termín (m)	[tɛrmiːn]

tipo (m)	typ (m)	[tɪp]
urgente	neodkladný	[nɛotkladniː]
urgentemente	neodkladně	[nɛotkladnɛ]
utilidade (f)	užitek (m)	[uʒɪtɛk]

variante (f)	varianta (ž)	[varɪanta]
variedade (f)	volba (ž)	[volba]
verdade (f)	pravda (ž)	[pravda]
vez (f)	pořadí (s)	[porʒadiː]
zona (f)	pásmo (s)	[paːsmo]

250. Modificadores. Adjetivos. Parte 1

aberto	otevřený	[otɛvrʒɛniː]
afiado	ostrý	[ostriː]
agradável	příjemný	[prʃiːjɛmniː]
agradecido	vděčný	[vdetʃniː]
alegre	veselý	[vɛsɛliː]

alto (ex. voz ~a)	hlasitý	[hlasɪtiː]
amargo	hořký	[horʃkiː]
amplo	prostorný	[prostorniː]
antigo	starobylý	[starobɪliː]

apropriado	vhodný	[vhodniː]
arriscado	nebezpečný	[nɛbɛzpɛtʃniː]
artificial	umělý	[umneliː]
azedo	kyselý	[kɪsɛliː]

baixo (voz ~a)	tichý	[tɪxiː]
barato	levný	[lɛvniː]
belo	překrásný	[prʃɛkraːsniː]

bom	dobrý	[dobri:]
bondoso	dobrý	[dobri:]
bonito	pěkný	[pekni:]
bronzeado	opálený	[opa:lɛni:]
burro, estúpido	hloupý	[hloupi:]
calmo	klidný	[klɪdni:]

cansado	unavený	[unavɛni:]
cansativo	únavný	[u:navni:]
carinhoso	starostlivý	[starostlɪvi:]
caro	drahý	[drahi:]
cego	slepý	[slɛpi:]

central	ústřední	[u:strʃɛdni:]
cerrado (ex. nevoeiro ~)	hustý	[husti:]
cheio (ex. copo ~)	plný	[plni:]
civil	občanský	[obtʃanski:]

clandestino	podzemní	[podzɛmni:]
claro	světlý	[svetli:]
claro (explicação ~a)	srozumitelný	[srozumɪtɛlni:]
compatível	slučitelný	[slutʃɪtɛlni:]

comum, normal	obvyklý	[obvɪkli:]
congelado	zmražený	[zmraʒeni:]
conjunto	společný	[spolɛtʃni:]
considerável	významný	[vi:znamni:]
contente	spokojený	[spokojɛni:]

contínuo	dlouhý	[dlouhi:]
contrário (ex. o efeito ~)	protilehlý	[protɪlɛhli:]
correto (resposta ~a)	správný	[spra:vni:]
cru (não cozinhado)	syrový	[sɪrovi:]
curto	krátký	[kra:tki:]

de curta duração	krátkodobý	[kra:tkodobi:]
de sol, ensolarado	sluneční	[slunɛtʃni:]
de trás	zadní	[zadni:]
denso (fumo, etc.)	hustý	[husti:]
desanuviado	bezmračný	[bɛzmratʃni:]

descuidado	nedbalý	[nɛdbali:]
diferente	různý	[ru:zni:]
difícil	těžký	[teʃki:]
difícil, complexo	složitý	[sloʒɪti:]
direito	pravý	[pravi:]

distante	daleký	[dalɛki:]
diverso	nejrůznější	[nɛjru:znejʃi:]
doce (açucarado)	sladký	[slatki:]
doce (água)	sladký	[slatki:]
doente	nemocný	[nɛmotsni:]

duro (material ~)	tvrdý	[tvrdi:]
educado	zdvořilý	[zdvorʒɪli:]
encantador	milý	[mɪli:]

enigmático	záhadný	[za:hadni:]
enorme	obrovský	[obrovski:]
escuro (quarto ~)	temný	[tɛmni:]
especial	speciální	[spɛtsɪa:lni:]
esquerdo	levý	[lɛvi:]
estrangeiro	cizí	[tsɪzi:]

estreito	úzký	[u:ski:]
exato	přesný	[prʃɛsni:]
excelente	výborný	[vi:borni:]
excessivo	nadměrný	[nadmnerni:]
externo	vnější	[vnejʃi:]

fácil	snadný	[snadni:]
faminto	hladový	[hladovi:]
fechado	zavřený	[zavrʒɛni:]
feliz	šťastný	[ʃtʲastni:]
fértil (terreno ~)	úrodný	[u:rodni:]

forte (pessoa ~)	silný	[sɪlni:]
fraco (luz ~a)	mdlý	[mdli:]
frágil	křehký	[krʃɛxki:]
fresco	chladný	[xladni:]
fresco (pão ~)	čerstvý	[tʃɛrstvi:]

frio	studený	[studɛni:]
gordo	tučný	[tutʃni:]
gostoso	chutný	[xutni:]
grande	velký	[vɛlki:]

gratuito, grátis	bezplatný	[bɛzplatni:]
grosso (camada ~a)	tlustý	[tlusti:]
hostil	nepřátelský	[nɛprʃa:tɛlski:]
húmido	vlhký	[vlxki:]

251. Modificadores. Adjetivos. Parte 2

igual	stejný	[stɛjni:]
imóvel	nehybný	[nɛhɪbni:]
importante	důležitý	[du:lɛʒɪti:]
impossível	nemožný	[nɛmoʒni:]
incompreensível	nesrozumitelný	[nɛsrozumɪtɛlni:]

indigente	chudobný	[xudobni:]
indispensável	nutný	[nutni:]
inexperiente	nezkušený	[nɛskuʃɛni:]
infantil	dětský	[detski:]

ininterrupto	nepřetržitý	[nɛprʃɛtrʒɪti:]
insignificante	bezvýznamný	[bɛzvi:znamni:]
inteiro (completo)	celý	[tsɛli:]
inteligente	moudrý	[moudri:]
interno	vnitřní	[vnɪtrʃni:]
jovem	mladý	[mladi:]

largo (caminho ~)	široký	[ʃɪroki:]
legal	zákonný	[za:konni:]
leve	lehký	[lɛhki:]

limitado	omezený	[omɛzɛni:]
limpo	čistý	[ʧɪsti:]
líquido	tekutý	[tɛkuti:]
liso	hladký	[hlatki:]
liso (superfície ~a)	rovný	[rovni:]

livre	volný	[volni:]
longo (ex. cabelos ~s)	dlouhý	[dlouhi:]
maduro (ex. fruto ~)	zralý	[zrali:]
magro	hubený	[hubɛni:]
magro (pessoa)	vychrtlý	[vɪxrtli:]

mais próximo	nejbližší	[nɛjblɪʒʃi:]
mais recente	minulý	[mɪnuli:]
mate, baço	matový	[matovi:]
mau	špatný	[ʃpatni:]
meticuloso	pečlivý	[pɛʧlɪvi:]

míope	krátkozraký	[kra:tkozraki:]
mole	měkký	[mneki:]
molhado	mokrý	[mokri:]
moreno	snědý	[snedi:]
morto	mrtvý	[mrtvi:]

não difícil	snadný	[snadni:]
não é clara	nejasný	[nɛjasni:]
não muito grande	nevelký	[nɛvɛlki:]
natal (país ~)	rodný	[rodni:]
necessário	potřebný	[potrʃɛbni:]

negativo	záporný	[za:porni:]
nervoso	nervózní	[nɛrvo:zni:]
normal	normální	[norma:lni:]
novo	nový	[novi:]
o mais importante	nejdůležitější	[nɛjduːlɛʒɪtejʃi:]

obrigatório	povinný	[povɪnni:]
original	originální	[orɪgɪna:lni:]
passado	minulý	[mɪnuli:]
pequeno	malý	[mali:]
perigoso	nebezpečný	[nɛbɛzpɛʧni:]

permanente	trvalý	[trvali:]
perto	blízký	[bli:ski:]
pesado	těžký	[teʃki:]
pessoal	osobní	[osobni:]
plano (ex. ecrã ~ a)	plochý	[ploxi:]

pobre	chudý	[xudi:]
pontual	přesný	[prʃɛsni:]
possível	možný	[moʒni:]
pouco fundo	mělký	[mnelki:]

presente (ex. momento ~)	přítomný	[prʃiːtomni:]
prévio	předešlý	[prʃɛdɛʃli:]
primeiro (principal)	základní	[za:kladni:]
principal	hlavní	[hlavni:]
privado	soukromý	[soukromi:]

provável	pravděpodobný	[pravdepodobni:]
próximo	blízký	[bli:ski:]
público	veřejný	[vɛrʒɛjni:]
quente (cálido)	teplý	[tɛpli:]

quente (morno)	teplý	[tɛpli:]
rápido	rychlý	[rɪxli:]
raro	vzácný	[vza:tsni:]
remoto, longínquo	vzdálený	[vzda:lɛni:]
reto	přímý	[prʃi:mi:]

salgado	slaný	[slani:]
satisfeito	spokojený	[spokojɛni:]
seco	suchý	[suxi:]
seguinte	příští	[prʃi:ʃti:]
seguro	bezpečný	[bɛzpɛtʃni:]

similar	podobný	[podobni:]
simples	jednoduchý	[jɛdnoduxi:]
soberbo	vynikající	[vɪnɪkaji:tsi:]
sólido	pevný	[pɛvni:]
sombrio	pochmurný	[poxmurni:]

sujo	špinavý	[ʃpɪnavi:]
superior	nejvyšší	[nɛjvɪʃi:]
suplementar	dodatečný	[dodatɛtʃni:]
terno, afetuoso	něžný	[nɛʒni:]

tranquilo	tichý	[tɪxi:]
transparente	průhledný	[pru:hlɛdni:]
triste (pessoa)	smutný	[smutni:]
triste (um ar ~)	smutný	[smutni:]
último	poslední	[poslɛdni:]

único	jedinečný	[jɛdɪnɛtʃni:]
usado	použitý	[pouʒɪti:]
vazio (meio ~)	prázdný	[pra:zdni:]
velho	starý	[stari:]
vizinho	sousední	[sousɛdni:]

500 VERBOS PRINCIPAIS

252. Verbos A-B

aborrecer-se (vr)	nudit se	[nudɪt sɛ]
abraçar (vt)	objímat	[obji:mat]
abrir (~ a janela)	otvírat	[otvi:rat]
acalmar (vt)	uklidňovat	[uklɪdnʲovat]
acariciar (vt)	hladit	[hladɪt]
acenar (vt)	mávat	[ma:vat]
acender (~ uma fogueira)	zapálit	[zapa:lɪt]
achar (vt)	mít za to	[mi:t za to]
acompanhar (vt)	doprovázet	[doprova:zɛt]
aconselhar (vt)	radit	[radɪt]
acordar (despertar)	budit	[budɪt]
acrescentar (vt)	dodávat	[doda:vat]
acusar (vt)	obviňovat	[obvɪnʲovat]
adestrar (vt)	cvičit	[ʦvɪʧɪt]
adivinhar (vt)	rozluštit	[rozluʃtɪt]
admirar (vt)	obdivovat	[obdɪvovat]
advertir (vt)	upozorňovat	[upozornʲovat]
afirmar (vt)	tvrdit	[tvrdɪt]
afogar-se (pessoa)	topit se	[topɪt sɛ]
afugentar (vt)	vyhnat	[vɪhnat]
agir (vi)	jednat	[jɛdnat]
agitar, sacudir (objeto)	třást	[trʃa:st]
agradecer (vt)	děkovat	[dekovat]
ajudar (vt)	pomáhat	[poma:hat]
alcançar (objetivos)	dosahovat	[dosahovat]
alimentar (dar comida)	krmit	[krmɪt]
almoçar (vi)	obědvat	[obedvat]
alugar (~ o barco, etc.)	najímat	[naji:mat]
alugar (~ um apartamento)	pronajímat si	[pronaji:mat sɪ]
amar (pessoa)	milovat	[mɪlovat]
amarrar (vt)	svazovat	[svazovat]
ameaçar (vt)	vyhrožovat	[vɪhroʒovat]
amputar (vt)	amputovat	[amputovat]
anotar (escrever)	poznamenat si	[poznamenat sɪ]
anular, cancelar (vt)	zrušit	[zruʃɪt]
apagar (com apagador, etc.)	setřít	[sɛtrʃi:t]
apagar (um incêndio)	hasit	[hasɪt]
apaixonar-se de ...	zamilovat se	[zamɪlovat sɛ]

aparecer (vi)	objevovat se	[objɛvovat sɛ]
aplaudir (vi)	tleskat	[tlɛskat]
apoiar (vt)	podpořit	[potporʒɪt]
apontar para ...	mířit	[mi:rʒɪt]

apresentar (alguém a alguém)	seznamovat	[sɛznamovat]
apresentar (Gostaria de ~)	představovat	[prʃɛtstavovat]
apressar (vt)	popohánět	[popoha:net]
apressar-se (vr)	spěchat	[spexat]

aproximar-se (vr)	přistupovat	[prʃɪstupovat]
aquecer (vt)	zahřívat	[zahrʒi:vat]
arrancar (vt)	odtrhnout	[odtrhnout]
arranhar (gato, etc.)	škrábat	[ʃkra:bat]

arrepender-se (vr)	litovat	[lɪtovat]
arriscar (vt)	riskovat	[rɪskovat]
arrumar, limpar (vt)	uklízet	[ukli:zɛt]
aspirar a ...	toužit	[touʒɪt]
assinar (vt)	podepisovat	[podɛpɪsovat]

assistir (vt)	asistovat	[asɪstovat]
atacar (vt)	útočit	[u:toʧɪt]
atar (vt)	uvazovat	[uvazovat]
atirar (vi)	střílet	[strʃi:lɛt]

atracar (vi)	přistávat	[prʃɪsta:vat]
aumentar (vi)	zvětšovat se	[zvetʃovat sɛ]
aumentar (vt)	zvětšovat	[zvetʃovat]
avançar (sb. trabalhos, etc.)	postupovat	[postupovat]

avistar (vt)	uvidět	[uvɪdet]
baixar (guindaste)	spouštět	[spouʃtet]
barbear-se (vr)	holit se	[holɪt sɛ]
basear-se em ...	zakládat se	[zakla:dat sɛ]

bastar (vi)	stačit	[staʧɪt]
bater (espancar)	bít	[bi:t]
bater (vi)	klepat	[klɛpat]
bater-se (vr)	prát se	[pra:t sɛ]

beber, tomar (vt)	pít	[pi:t]
brilhar (vi)	zářit	[za:rʒɪt]
brincar, jogar (crianças)	hrát	[hra:t]
buscar (vt)	hledat	[hlɛdat]

253. Verbos C-D

caçar (vi)	lovit	[lovɪt]
calar-se (parar de falar)	zmlknout	[zmlknout]
calcular (vt)	počítat	[poʧi:tat]
carregar (o caminhão)	nakládat	[nakla:dat]
carregar (uma arma)	nabíjet	[nabi:jɛt]

casar-se (vr)	**ženit se**	[ʒɛnɪt sɛ]
causar (vt)	**způsobovat**	[spu:sobovat]
cavar (vt)	**rýt**	[ri:t]
ceder (não resistir)	**ustupovat**	[ustupovat]
cegar, ofuscar (vt)	**oslepovat**	[oslɛpovat]
censurar (vt)	**vyčítat**	[vɪtʃi:tat]
cessar (vt)	**zastavovat**	[zastavovat]
chamar (~ por socorro)	**volat**	[volat]
chamar (dizer em voz alta o nome)	**zavolat**	[zavolat]
chegar (a algum lugar)	**dosahovat**	[dosahovat]
chegar (sb. comboio, etc.)	**přijíždět**	[prʃɪji:ʒdet]
cheirar (tem o cheiro)	**vonět**	[vonet]
cheirar (uma flor)	**čichat**	[tʃɪxat]
chorar (vi)	**plakat**	[plakat]
citar (vt)	**citovat**	[tsɪtovat]
colher (flores)	**trhat**	[trhat]
colocar (vt)	**klást**	[kla:st]
combater (vi, vt)	**zápasit**	[za:pasɪt]
começar (vt)	**začínat**	[zatʃi:nat]
comer (vt)	**jíst**	[ji:st]
comparar (vt)	**porovnávat**	[porovna:vat]
compensar (vt)	**hradit**	[hradɪt]
competir (vi)	**konkurovat**	[koŋkurovat]
complicar (vt)	**zkomplikovat**	[skomplɪkovat]
compor (vt)	**složit**	[sloʒɪt]
comportar-se (vr)	**chovat se**	[xovat sɛ]
comprar (vt)	**kupovat**	[kupovat]
compreender (vt)	**rozumět**	[rozumnet]
comprometer (vt)	**kompromitovat se**	[komprromɪtovat sɛ]
concentrar-se (vr)	**soustřeďovat se**	[soustrʃɛdʲovat sɛ]
concordar (dizer "sim")	**souhlasit**	[souhlasɪt]
condecorar (dar medalha)	**vyznamenat**	[vɪznamɛnat]
conduzir (~ o carro)	**řídit**	[rʒi:dɪt]
confessar-se (criminoso)	**přiznávat se**	[prʃɪzna:vat sɛ]
confiar (vt)	**důvěřovat**	[du:verʒovat]
confundir (equivocar-se)	**plést**	[plɛ:st]
conhecer (vt)	**znát**	[zna:t]
conhecer-se (vr)	**seznamovat se**	[sɛznamovat sɛ]
consertar (vt)	**dávat do pořádku**	[da:vat do porʒa:tku]
consultar ...	**konzultovat s ...**	[konzultovat s]
contagiar-se com ...	**nakazit se**	[nakazɪt sɛ]
contar (vt)	**povídat**	[povi:dat]
contar com ...	**spoléhat na ...**	[spolɛ:hat na]
continuar (vt)	**pokračovat**	[pokratʃovat]
contratar (vt)	**zaměstnávat**	[zamnestna:vat]

controlar (vt)	kontrolovat	[kontrolovat]
convencer (vt)	přesvědčovat	[prʃɛsvedtʃovat]
convidar (vt)	zvát	[zva:t]
cooperar (vi)	spolupracovat	[spolupraʦovat]
coordenar (vt)	koordinovat	[koordɪnovat]
corar (vi)	červenat se	[ʧɛrvɛnat sɛ]
correr (vi)	běžet	[beʒet]
corrigir (vt)	opravovat	[opravovat]
cortar (com um machado)	useknout	[usɛknout]
cortar (vt)	odřezat	[odrʒɛzat]
cozinhar (vt)	vařit	[varʒɪt]
crer (pensar)	věřit	[verʒɪt]
criar (vt)	vytvořit	[vɪtvorʒɪt]
cultivar (vt)	pěstovat	[pestovat]
cuspir (vi)	plivat	[plɪvat]
custar (vt)	stát	[sta:t]
dar (vt)	dávat	[da:vat]
dar banho, lavar (vt)	koupat	[koupat]
datar (vi)	datovat se	[datovat sɛ]
decidir (vt)	řešit	[rʒɛʃɪt]
decorar (enfeitar)	zdobit	[zdobɪt]
dedicar (vt)	věnovat	[venovat]
defender (vt)	bránit	[bra:nɪt]
defender-se (vr)	bránit se	[bra:nɪt sɛ]
deixar (~ a mulher)	opouštět	[opouʃtet]
deixar (esquecer)	zapomínat	[zapomi:nat]
deixar (permitir)	dovolovat	[dovolovat]
deixar cair (vt)	pouštět	[pouʃtet]
denominar (vt)	nazývat	[nazi:vat]
denunciar (vt)	donášet	[dona:ʃet]
depender de … (vi)	záviset	[za:vɪsɛt]
derramar (vt)	rozlévat	[rozlɛ:vat]
desaparecer (vi)	zmizet	[zmɪzɛt]
desatar (vt)	odvazovat	[odvazovat]
desatracar (vi)	vyplouvat	[vɪplouvat]
descansar (um pouco)	odpočívat	[otpoʧi:vat]
descer (para baixo)	jít dolů	[ji:t dolu:]
descobrir (novas terras)	objevovat	[objɛvovat]
descolar (avião)	vzlétat	[vzlɛ:tat]
desculpar (vt)	omlouvat	[omlouvat]
desculpar-se (vr)	omlouvat se	[omlouvat sɛ]
desejar (vt)	přát	[prʃa:t]
desempenhar (vt)	hrát	[hra:t]
desligar (vt)	zhasínat	[zhasi:nat]
desprezar (vt)	pohrdat	[pohrdat]
destruir (documentos, etc.)	ničit	[nɪʧɪt]

dever (vi)	musit	[musɪt]
devolver (vt)	odeslat zpět	[odɛslat spet]

direcionar (vt)	zaměřovat	[zamnerʒovat]
dirigir (~ uma empresa)	řídit	[rʒi:dɪt]
dirigir-se (a um auditório, etc.)	obracet se	[obraʦɛt sɛ]
discutir (notícias, etc.)	projednávat	[projɛdna:vat]

distribuir (folhetos, etc.)	šířit	[ʃi:rʒɪt]
distribuir (vt)	rozdat	[rozdat]
divertir (vt)	bavit	[bavɪt]
divertir-se (vr)	bavit se	[bavɪt sɛ]

dividir (mat.)	dělit	[delɪt]
dizer (vt)	říci	[rʒi:ʦɪ]
dobrar (vt)	zdvojnásobovat	[zdvojna:sobovat]
duvidar (vt)	pochybovat	[poxɪbovat]

254. Verbos E-J

elaborar (uma lista)	sestavovat	[sɛstavovat]
elevar-se acima de …	vypínat se	[vɪpi:nat sɛ]
eliminar (um obstáculo)	odstraňovat	[otstranʲovat]
embrulhar (com papel)	zabalovat	[zabalovat]

emergir (submarino)	vyplouvat	[vɪplouvat]
emitir (vt)	šířit	[ʃi:rʒɪt]
empreender (vt)	podnikat	[podnɪkat]
empurrar (vt)	strkat	[strkat]

encabeçar (vt)	řídit	[rʒi:dɪt]
encher (~ a garrafa, etc.)	plnit	[plnɪt]
encontrar (achar)	nacházet	[naxa:zɛt]
enganar (vt)	podvádět	[podva:det]

ensinar (vt)	vyučovat	[vɪuʧovat]
entrar (na sala, etc.)	vstoupit	[vstoupɪt]
enviar (uma carta)	odesílat	[odɛsi:lat]
equipar (vt)	zařizovat	[zarʒɪzovat]

errar (vi)	mýlit se	[mi:lɪt sɛ]
escolher (vt)	vybírat	[vɪbi:rat]
esconder (vt)	schovávat	[sxova:vat]
escrever (vt)	psát	[psa:t]

escutar (vt)	poslouchat	[poslouxat]
escutar atrás da porta	doslechnout se	[doslɛxnout sɛ]
esmagar (um inseto, etc.)	rozšlápnout	[rozʃla:pnout]
esperar (contar com)	očekávat	[oʧɛka:vat]

esperar (o autocarro, etc.)	čekat	[ʧɛkat]
esperar (ter esperança)	doufat	[doufat]
espreitar (vi)	nahlížet	[nahli:ʒet]

esquecer (vt)	zapomínat	[zapomi:nat]
estar	ležet	[lɛʒet]
estar convencido	přesvědčovat se	[prʃɛsvedtʃovat sɛ]
estar deitado	ležet	[lɛʒet]
estar perplexo	být v rozpacích	[bi:t v rozpatsi:x]
estar sentado	sedět	[sɛdet]
estremecer (vi)	zachvívat se	[zaxvi:vat sɛ]
estudar (vt)	studovat	[studovat]
evitar (vt)	stranit se	[stranɪt sɛ]
examinar (vt)	projednat	[projɛdnat]
exigir (vt)	žádat	[ʒa:dat]
existir (vi)	existovat	[ɛgzɪstovat]
explicar (vt)	vysvětlovat	[vɪsvetlovat]
expressar (vt)	vyslovit	[vɪslovɪt]
expulsar (vt)	vylučovat	[vɪlutʃovat]
facilitar (vt)	usnadnit	[usnadnɪt]
falar com ...	mluvit s ...	[mluvɪt s]
faltar a ...	zameškávat	[zameʃka:vat]
fascinar (vt)	okouzlovat	[okouzlovat]
fatigar (vt)	unavovat	[unavovat]
fazer (vt)	dělat	[delat]
fazer lembrar	připomínat	[prʃɪpomi:nat]
fazer piadas	žertovat	[ʒertovat]
fazer uma tentativa	pokusit se	[pokusɪt sɛ]
fechar (vt)	zavírat	[zavi:rat]
felicitar (dar os parabéns)	blahopřát	[blahoprʃa:t]
ficar cansado	unavovat se	[unavovat sɛ]
ficar em silêncio	mlčet	[mltʃɛt]
ficar pensativo	zamyslit se	[zamɪslɪt sɛ]
forçar (vt)	nutit	[nutɪt]
formar (vt)	tvořit	[tvorʒɪt]
fotografar (vt)	fotografovat	[fotografovat]
gabar-se (vr)	vychloubat se	[vɪxloubat sɛ]
garantir (vt)	zaručovat	[zarutʃovat]
gostar (apreciar)	líbit se	[li:bɪt sɛ]
gostar (vt)	mít rád	[mi:t ra:t]
gritar (vi)	křičet	[krʃɪtʃɛt]
guardar (cartas, etc.)	uchovávat	[uxova:vat]
guardar (no armário, etc.)	skladovat	[skladovat]
guerrear (vt)	válčit	[va:ltʃɪt]
herdar (vt)	dědit	[dedɪt]
iluminar (vt)	osvětlovat	[osvetlovat]
imaginar (vt)	představovat si	[prʃɛtstavovat sɪ]
imitar (vt)	napodobovat	[napodobovat]
implorar (vt)	snažně prosit	[snaʒne prosɪt]
importar (vt)	dovážet	[dova:ʒet]

indicar (orientar)	ukázat	[uka:zat]
indignar-se (vr)	rozhořčovat se	[rozhorʃtʃovat sɛ]

infetar, contagiar (vt)	infikovat	[ɪnfɪkovat]
influenciar (vt)	působit	[pu:sobɪt]
informar (fazer saber)	sdělovat	[zdelovat]
informar (vt)	informovat	[ɪnformovat]

informar-se (~ sobre)	informovat se	[ɪnformovat sɛ]
inscrever (na lista)	vpisovat	[vpɪsovat]
inserir (vt)	zasazovat	[zasazovat]
insinuar (vt)	narážet	[nara:ʒet]

insistir (vi)	trvat	[trvat]
inspirar (vt)	podněcovat	[podnetsovat]
instruir (vt)	instruovat	[ɪnstruovat]
insultar (vt)	urážet	[ura:ʒet]

interessar (vt)	zajímat	[zaji:mat]
interessar-se (vr)	zajímat se	[zaji:mat sɛ]
intervir (vi)	vměšovat se	[vmneʃovat sɛ]
invejar (vt)	závidět	[za:vɪdet]

inventar (vt)	vynalézat	[vɪnalɛ:zat]
ir (a pé)	jít	[ji:t]
ir (de carro, etc.)	jet	[jɛt]
ir nadar	koupat se	[koupat sɛ]

ir para a cama	jít spát	[ji:t spa:t]
irritar (vt)	rozčilovat	[roztʃɪlovat]
irritar-se (vr)	rozčilovat se	[roztʃɪlovat sɛ]
isolar (vt)	izolovat	[ɪzolovat]

jantar (vi)	večeřet	[vɛtʃɛrʒet]
jogar, atirar (vt)	házet	[ha:zɛt]
juntar, unir (vt)	sjednocovat	[sjɛdnotsovat]
juntar-se a ...	připojovat se	[prʃɪpojovat sɛ]

255. Verbos L-P

lançar (novo projeto)	spouštět	[spouʃtet]
lavar (vt)	mýt	[mi:t]
lavar a roupa	prát	[pra:t]
lavar-se (vr)	mýt se	[mi:t sɛ]

lembrar (vt)	pamatovat	[pamatovat]
ler (vt)	číst	[tʃi:st]
levantar-se (vr)	vstávat	[vsta:vat]
levar (ex. leva isso daqui)	odnášet	[odna:ʃet]

libertar (cidade, etc.)	osvobozovat	[osvobozovat]
ligar (o radio, etc.)	zapínat	[zapi:nat]
limitar (vt)	omezovat	[omɛzovat]
limpar (eliminar sujeira)	čistit	[tʃɪstɪt]

limpar (vt)	očišťovat	[otʃɪʃtʲovat]
lisonjear (vt)	lichotit	[lɪxotɪt]
livrar-se de ...	zbavovat se	[zbavovat sɛ]
lutar (combater)	bojovat	[bojovat]
lutar (desp.)	zápasit	[za:pasɪt]
marcar (com lápis, etc.)	označit	[oznatʃɪt]

matar (vt)	zabíjet	[zabi:jɛt]
memorizar (vt)	zapamatovat si	[zapamatovat sɪ]
mencionar (vt)	zmiňovat se	[zmɪnʲovat sɛ]
mentir (vi)	lhát	[lha:t]

merecer (vt)	zasluhovat	[zasluhovat]
mergulhar (vi)	potápět se	[pota:pet sɛ]
misturar (combinar)	směšovat	[smneʃovat]
morar (vt)	bydlet	[bɪdlɛt]

mostrar (vt)	ukazovat	[ukazovat]
mover (arredar)	přemisťovat	[prʃɛmɪstʲovat]
mudar (modificar)	změnit	[zmnenɪt]
multiplicar (vt)	násobit	[na:sobɪt]

nadar (vi)	plavat	[plavat]
negar (vt)	popírat	[popi:rat]
negociar (vi)	jednat	[jɛdnat]
nomear (função)	jmenovat	[jmɛnovat]

obedecer (vt)	podřizovat se	[podrʒɪzovat sɛ]
objetar (vt)	namítat	[nami:tat]
observar (vt)	pozorovat	[pozorovat]
ofender (vt)	urážet	[ura:ʒet]

olhar (vt)	dívat se	[di:vat sɛ]
omitir (vt)	vynechávat	[vɪnɛxa:vat]
ordenar (mil.)	rozkazovat	[roskazovat]
organizar (evento, etc.)	pořádat	[porʒa:dat]

ousar (vt)	troufat si	[troufat sɪ]
ouvir (vt)	slyšet	[slɪʃɛt]
pagar (vt)	platit	[platɪt]
parar (para descansar)	zastavovat se	[zastavovat sɛ]
parecer-se (vr)	být podobný	[bi:t podobni:]

participar (vi)	zúčastnit se	[zu:tʃastnɪt sɛ]
partir (~ para o estrangeiro)	odjíždět	[odji:ʒdet]
passar (vt)	míjet	[mi:jɛt]
passar a ferro	žehlit	[ʒehlɪt]

pecar (vi)	hřešit	[hrʒɛʃɪt]
pedir (comida)	objednávat	[objɛdna:vat]
pedir (um favor, etc.)	prosit	[prosɪt]
pegar (tomar com a mão)	chytat	[xɪtat]

pegar (tomar)	brát	[bra:t]
pendurar (cortinas, etc.)	věšet	[veʃɛt]
penetrar (vt)	pronikat	[pronɪkat]

pensar (vt)	myslit	[mɪslɪt]
pentear-se (vr)	česat se	[ʧɛsat sɛ]

perceber (ver)	všímat si	[vʃiːmat sɪ]
perder (o guarda-chuva, etc.)	ztrácet	[straːʦɛt]
perdoar (vt)	odpouštět	[otpouʃtet]
permitir (vt)	dovolovat	[dovolovat]

pertencer a ...	patřit	[patrʃɪt]
perturbar (vt)	rušit	[ruʃɪt]
pesar (ter o peso)	vážit	[vaːʒɪt]
pescar (vt)	lovit ryby	[lovɪt rɪbɪ]

planear (vt)	plánovat	[plaːnovat]
poder (vi)	moci	[moʦɪ]
pôr (posicionar)	rozmisťovat	[rozmɪsťovat]
possuir (vt)	vlastnit	[vlastnɪt]

predominar (vi, vt)	převládat	[prʃɛvlaːdat]
preferir (vt)	dávat přednost	[daːvat prʃɛdnost]
preocupar (vt)	znepokojovat	[znɛpokojovat]
preocupar-se (vr)	znepokojovat se	[znɛpokojovat sɛ]
preocupar-se (vr)	znepokojovat se	[znɛpokojovat sɛ]

preparar (vt)	připravit	[prʃɪpravɪt]
preservar (ex. ~ a paz)	zachovávat	[zaxovaːvat]
prever (vt)	předvídat	[prʃɛdviːdat]
privar (vt)	zbavovat	[zbavovat]

proibir (vt)	zakazovat	[zakazovat]
projetar, criar (vt)	projektovat	[projɛktovat]
prometer (vt)	slibovat	[slɪbovat]
pronunciar (vt)	vyslovovat	[vɪslovovat]

propor (vt)	nabízet	[nabiːzɛt]
proteger (a natureza)	chránit	[xraːnɪt]
protestar (vi)	protestovat	[protɛstovat]
provar (~ a teoria, etc.)	dokazovat	[dokazovat]

provocar (vt)	provokovat	[provokovat]
publicitar (vt)	dělat reklamu	[delat rɛklamu]
punir, castigar (vt)	trestat	[trɛstat]
puxar (vt)	táhnout	[taːhnout]

256. Verbos Q-Z

quebrar (vt)	lámat	[laːmat]
queimar (vt)	pálit	[paːlɪt]
queixar-se (vr)	stěžovat si	[steʒovat sɪ]
querer (desejar)	chtít	[xtiːt]

rachar-se (vr)	praskat	[praskat]
realizar (vt)	uskutečňovat	[uskutɛʧňovat]
recomendar (vt)	doporučovat	[doporuʧovat]

reconhecer (identificar)	poznávat	[pozna:vat]
reconhecer (o erro)	přiznávat	[prʃɪzna:vat]
recordar, lembrar (vt)	vzpomínat	[vspomi:nat]
recuperar-se (vr)	uzdravovat se	[uzdravovat sɛ]
recusar (vt)	odmítat	[odmi:tat]

reduzir (vt)	zmenšovat	[zmɛnʃovat]
refazer (vt)	předělávat	[prʃɛdela:vat]
reforçar (vt)	upevňovat	[upɛvnʲovat]
refrear (vt)	zabraňovat	[zabranʲovat]

regar (plantas)	zalévat	[zalɛ:vat]
remover (~ uma mancha)	odstraňovat	[otstranʲovat]
reparar (vt)	opravovat	[opravovat]
repetir (dizer outra vez)	opakovat	[opakovat]

reportar (vt)	podávat zprávu	[poda:vat spra:vu]
repreender (vt)	nadávat	[nada:vat]
reservar (~ um quarto)	rezervovat	[rɛzɛrvovat]
resolver (o conflito)	urovnávat	[urovna:vat]
resolver (um problema)	vyřešit	[vɪrʒɛʃɪt]

respirar (vi)	dýchat	[di:xat]
responder (vt)	odpovídat	[otpovi:dat]
rezar, orar (vi)	modlit se	[modlɪt sɛ]
rir (vi)	smát se	[sma:t sɛ]

romper-se (corda, etc.)	roztrhat se	[roztrhat sɛ]
roubar (vt)	krást	[kra:st]
saber (vt)	vědět	[vedet]
sair (~ de casa)	vyjít	[vɪji:t]

sair (livro)	vyjít	[vɪji:t]
salvar (vt)	zachraňovat	[zaxranʲovat]
satisfazer (vt)	uspokojovat	[uspokojovat]
saudar (vt)	zdravit	[zdravɪt]
secar (vt)	sušit	[suʃɪt]

seguir ...	následovat	[na:slɛdovat]
selecionar (vt)	vyhledat si	[vɪhlɛdat sɪ]
semear (vt)	sít	[si:t]
sentar-se (vr)	sednout si	[sɛdnout sɪ]

sentenciar (vt)	odsuzovat	[otsuzovat]
sentir (~ perigo)	cítit	[tsi:tɪt]
ser diferente	lišit se	[lɪʃɪt sɛ]

ser indispensável	být potřebný	[bi:t potrʃɛbni:]
ser necessário	být potřebný	[bi:t potrʃɛbni:]
ser preservado	zachovat se	[zaxovat sɛ]
ser, estar	být	[bi:t]

servir (restaurant, etc.)	obsluhovat	[opsluhovat]
servir (roupa)	hodit se	[hodɪt sɛ]
significar (palavra, etc.)	znamenat	[znamɛnat]
significar (vt)	znamenat	[znamɛnat]

simplificar (vt)	zjednodušovat	[zjɛdnoduʃovat]
sobrestimar (vt)	přeceňovat	[prʃɛtsɛnʲovat]
sofrer (vt)	trápit se	[tra:pɪt sɛ]
sonhar (vi)	snít	[sni:t]
sonhar (vt)	snít	[sni:t]
soprar (vi)	foukat	[foukat]
sorrir (vi)	usmívat se	[usmi:vat sɛ]
subestimar (vt)	podceňovat	[podtsɛnʲovat]
sublinhar (vt)	podtrhnout	[podtrhnout]
sujar-se (vr)	ušpinit se	[uʃpɪnɪt sɛ]
supor (vt)	předpokládat	[prʃɛtpokla:dat]
suportar (as dores)	trpět	[trpet]
surpreender (vt)	udivovat	[udɪvovat]
surpreender-se (vr)	divit se	[dɪvɪt sɛ]
suspeitar (vt)	podezírat	[podɛzi:rat]
suspirar (vi)	vzdechnout	[vzdɛxnout]
tentar (vt)	pokoušet se	[pokouʃɛt sɛ]
ter (vt)	mít	[mi:t]
ter medo	bát se	[ba:t sɛ]
terminar (vt)	končit	[kontʃɪt]
tirar (vt)	sundávat	[sunda:vat]
tirar cópias	rozmnožit	[rozmnoʒɪt]
tirar uma conclusão	dělat závěr	[delat za:ver]
tocar (com as mãos)	dotýkat se	[doti:kat sɛ]
tomar emprestado	půjčovat si	[pu:jtʃovat sɪ]
tomar nota	zapisovat si	[zapɪsovat sɪ]
tomar o pequeno-almoço	snídat	[sni:dat]
tornar-se (ex. ~ conhecido)	stávat se	[sta:vat sɛ]
trabalhar (vi)	pracovat	[pratsovat]
traduzir (vt)	překládat	[prʃɛkla:dat]
transformar (vt)	transformovat	[transformovat]
tratar (a doença)	léčit	[lɛ:tʃɪt]
trazer (vt)	přivážet	[prʃɪva:ʒet]
treinar (pessoa)	trénovat	[trɛ:novat]
treinar-se (vr)	trénovat	[trɛ:novat]
tremer (de frio)	chvět se	[xvet sɛ]
trocar (vt)	vyměňovat si	[vɪmnenʲovat sɪ]
trocar, mudar (vt)	měnit	[mnenɪt]
usar (uma palavra, etc.)	použít	[pouʒi:t]
utilizar (vt)	používat	[pouʒi:vat]
vacinar (vt)	dělat očkování	[delat otʃkova:ni:]
vender (vt)	prodávat	[proda:vat]
verter (encher)	nalévat	[nalɛ:vat]
vingar (vt)	mstít se	[msti:t sɛ]
virar (ex. ~ à direita)	zatáčet	[zata:tʃet]
virar (pedra, etc.)	převrátit	[prʃɛvra:tɪt]
virar as costas	odvracet se	[odvratsɛt sɛ]

viver (vi)	**žít**	[ʒiːt]
voar (vi)	**létat**	[lɛːtat]
voltar (vi)	**vracet se**	[vraʦɛʦɛ]

votar (vi)	**hlasovat**	[hlasovat]
zangar (vt)	**zlobit**	[zlobɪt]
zangar-se com ...	**zlobit se**	[zlobɪt sɛ]
zombar (vt)	**vysmívat se**	[vɪsmiːvat sɛ]